本书获得潍坊科技学院"十三五"山东省高等学校人文社会科学研究基地——农圣文化研究中心研究项目　重点项目"乡村振兴战略下《齐民要术》农耕文化传承与创新研究"（2018NS008）、潍坊科技学院 2018 年度哲学社会科学（乡村振兴与区域经济）项目"寿光市农业产业化与农村城镇化互动机制及协调发展研究"（2018WKRQZ005）和 2019 年山东省社会规划研究项目《寿光模式的新时代内涵与实践价值研究》（19CPYJ98）资助。

农村专业经济协会运行机制
创新实证研究

葛晓军　著

EMPIRICAL RESEARCH ON THE OPERATION MECHANISM

INNOVATION OF RURAL PROFESSIONAL ECONOMOC ASSOCIATION

中国社会科学出版社

图书在版编目（CIP）数据

农村专业经济协会运行机制创新实证研究／葛晓军著．—北京：
中国社会科学出版社，2020.3
ISBN 978 - 7 - 5203 - 6056 - 2

Ⅰ.①农…　Ⅱ.①葛…　Ⅲ.①农业合作组织—研究—中国
Ⅳ.①F321.42

中国版本图书馆 CIP 数据核字（2020）第 034802 号

出 版 人　赵剑英
责任编辑　王　衡
责任校对　李　莉
责任印制　王　超

出　　　版　中国社会科学出版社
社　　　址　北京鼓楼西大街甲 158 号
邮　　　编　100720
网　　　址　http://www.csspw.cn
发 行 部　010 - 84083685
门 市 部　010 - 84029450
经　　　销　新华书店及其他书店

印　　　刷　北京明恒达印务有限公司
装　　　订　廊坊市广阳区广增装订厂
版　　　次　2020 年 3 月第 1 版
印　　　次　2020 年 3 月第 1 次印刷

开　　　本　710×1000　1/16
印　　　张　17
插　　　页　2
字　　　数　238 千字
定　　　价　79.00 元

序　言

自改革开放以来，以各家各户为基本经营单位的家庭联产承包责任制助长了农民之间的"原子化"问题，更兼有人口流动规模不断增大趋势，很多农村出现了较严重的"空心化""老年人化"等现象和劳动力日趋短缺问题，农村内生发展力量的聚合更趋困难。大力发展农村专业经济协会凝聚分散农民成为增强农村内生力量、解决"三农"问题及推进乡村振兴的关键。

中国农村专业经济协会曾一度不论在组建数量，还是在运作规模上都取得相当程度的发展，但是，自从 2007 年《农村专业合作社法》实施以来，与非营利性的农村专业经济协会相比，农村专业合作社不论从发展数量，还是从发展规模上看都已经远远超过前者，而农村专业经济协会却因为各方面原因呈现发展缓慢甚至停滞不前态势，甚至部分农村专业经济协会改转为农村专业合作社。同时，随着农村发展形势和农业发展环境的不断变化，农村专业经济协会在运行中面临很多新的问题、新的挑战和发展障碍，陷入一种尴尬的发展局面：农村专业经济协会普遍运行低效，相当数量的农村专业经济协会由于运行机制不完善，在运行机制和运行模式等关键问题上也没有进行及时创新或改革，发展能力不高，发展后劲不足，陷入"低水平发展陷阱"，更为甚者，有不少数量的农村专业经济协会因运行不善导致最终消亡。作为一种组织载体，农村专业经济协会是分散经营的农民在激烈的市场竞争下运用组织化手段降低风险的理性选择，具有自发性、民主性、服务性、独立性等发展特点，不仅承担着发展农村经济、保障农民利益的责任，而且在创新农村社会管理、提升农村民主化水平方面被寄予厚望。但因中国农民善分不善合的属性和国家政府惯用权力强势整合农村产生的产权惯性，农村专业经济协会在形成和发展中对政府有较强的依赖性，从某种程度上可以说是制度嵌入的结果，农村专业经济协会与政府之间必然存在着深刻的内在关联，在农村专业经济协会发展过程中，政府扮演着规划者、服务者、协调者、规范者的角色，但基于压力型体制下的政绩考核、利益权衡、人情关系等因素，政府行为却往往有着更加复杂的展现，有时甚至背离了公共角色的内在要求。然而，从农村、农业和农民等发展需求来看，农村专业经济协会不断创新自身运行机制是必不可少的。鉴于此，本书以山东省农村专业经济协会为例，探究对目前中国农村专业经济协会能否持续生存和发展壮大起决定作用的运行机制设置及其运行中存在的问题、面临的挑战、发展障碍及其深层原因，试图结合现实探索改善和创新农村专业经济协会运行机制的路径和对策，以提高运行绩效，选择真正在实践中能够破解或走出"发展后劲乏力、低水平发展陷阱和最终走向消亡"等发展困境的运行模式，真正发挥农村专业经济协会帮助农户提高生产经营能力和增收创收等服务职能，为山东省乃至全国农村专业经济协会持续健康运行提供有价值的理论指导和经验借鉴。

第一，本书对国内外学者关于该领域相关研究成果进行了系统性综述和述评，在此基础上，对与本书研究相关的概念、基础理论和运行机理结合论文研究内容进行了深入阐述，奠定本书研究的理论基础和分析依据。第二，以山东省农村专业经济协会具体运行实践情况为例，系统分析了发展和运行现状的总体状况、地市农经协运行状况、组织机制状况、主要运行机制构成状况与存在的问题和缺陷及其深层次原因。第三，选取 32 家农村专业经济协会为样本，甄选相关评价指标，构建农村专业经济协会运行绩效评价指标体系，综合利用层次分析法与模糊分析法等方法，用变异系数法对相关指标的客观权重进行预处理,利用主客观组合赋权法计算各指标权重,对目前农村专业经济协会运行绩效进行评价,并对影响农村专业经济协会运行的因素及其影响程度和原因进行了分析。第四,对国外农村专业经济协会运行特点及其运行经验进行了比较分析,之后辩证地总结出给予中国农村专业经济协会运行的经验借鉴和启示。第五,将理论分析与实证分析相结合,提出农村专业经济协会运行机制改善路径和对策。第六,分别依托临沭柳编工艺品协会和寿光蔬菜协会两种创新型运行模式进行了实证分析,提出了"协会+龙头企业会员+农村专业合作社会员+农户会员"型与"协会+企业会员+经纪人+农户会员"型两种至少目前来看能够突破"低水平发展陷阱"的运行模式。第七,就论文的研究结论、政策建议和研究展望进行概括性总结。

本书主要结论包括:第一,目前绝大部分农村专业经济协会处于初级发展阶段,主要管理者和经营者通常是由少数核心会员控制,普通会员很少担当管理者和经营者,这乃是"委托—代理"问题严重及整体运行低效的根源。第二,农村专业经济协会经营管理的实质在于设计合理有效的运行机制,"非营利性、无偿服务性和社会性"等本身发展属性束缚了大部分农村专业经济协会创新运行机制与运行模式,因此,面对中国特殊的农村、农民和农业发展实际,农村专业经济协会在不违背"非营利性"和"无偿服务性"等发展原则下,只有创新协会会员构成结构及相关运行机制构成和运营模式,激励和发挥会员的自主性、合作性和创新性,确保会员能够依托农村专业经济协会实现自身利益最大化,才能真正破解或克服"发展后劲乏力、运行低效、低水平发展陷阱及最终走向消亡"等问题。第三,大部分农村专业经济协会发展规模小而分散、整体经济实力不强、影响政府公共决策能力极其有限等现实状况,导致农村专业经济协会和政府之间的关系突出体现为依赖性、不均衡性和过渡性等特征,对政府部门和市场组织的依赖性仍然较突出。第四,很多农村专业经济协会与政府行为非均衡的博弈地位致使政府的越位、错位、缺位等非正常行为严重，挤压了农村专业经济协会发展的空间，造成农村专业经济协会独立性的丧失，使农村专业经济协会混淆了发展内源动力和外部助力的边界，增加了农村专业经济协会内外整合的难度，最终导致农村专业经济协会发展乏力。第五，政府在农村专业经济协会发展中面临"上热下冷""村庄空心化"等现象带来的行为困境，基层政府还缺乏为农村专业经济协会提供支持的权能和资源，影响了政府在农村专业经济协会中的行为功能发挥。第六，农村专业经济协会发展中优化政府行为的路径须"以法治为根基，以需求为导向"，在"社会协同、农民参与"的发展理念下建构农村专业经济协会与政府行为高效良性互动的平台，促进农村专业经济协会持续高效运行和发展壮大。

本书能够与时俱进不断创新协会发展理念和指导思想。强化农村生态文明建设，培育生态文明理念，构建农村生态文明体系，优化生态环境，加强生态文明监管，发展乡村生态产业；走"城市智慧化"之路，坚持"四化同步"，促进城乡深度融合，完善城乡之间的共建共治共享机制，以城乡均衡发展为目标，优化筹融资方式，推进乡村智慧生产和智慧生活进程；旨在"城乡一体化"，以城乡均等化理念为指导，推进城乡公共服务、社会保障和生活便利性均等化；积极弘扬并创新传承中华优秀传统文化基因打造独具特色的协会文化，例如，传承创新农圣贾思勰著的《齐民要术》所内涵的经济、生态、爱民等优秀农圣文化思想，充分整合利用各类农圣文化元素，积极开展城乡特色塑造工程；以产业发展为纽带，积极开展城乡协调发展的产业融合工程，建设并不断完善城乡产业网络、城乡要素流网络和城镇间网络，积极推动城乡一体化。

当然，本书对于农村专业经济协会面对新时代不断出现的新情况新问题该如何应对等方面还需要进一步进行研究。例如，在帮助分散经营农户增产增收时，如何处理好这些农户与家庭农场主、各类型农民专业合作社等较大经营规模生产经营主体会员之间的关系等问题。

再例如，为更好的协同乡村振兴战略实施如何从哪些方面的机制进行创新？对于统一制度和政策框架下农村专业经济协会的某些运行机制还有待于更多成功案例的验证等问题。

张友祥

潍坊科技学院经济管理学部主任、
寿光市新时代乡村振兴与县域经济研究院院长、
经济学博士、教授、博士生导师

目　　录

第一章 导论

一 研究背景

　　"一带一路"倡议、乡村振兴战略及新型城镇化等发展背景给"三农"问题增加了很多新的特征。中国农业发展环境日趋国际化，农产品市场需求层次和需求质量随着国际国内经济社会的发展不断发生很大的变化，各种市场风险和不确定性增加，小规模细碎化"一家一户"经营体制与现代化较大规模家庭农场、农村专业合作性经济组织等多元化经营体制共存，政府与分散农户之间难以形成直接有效的沟通机制，农业发展面临的生态环境挑战加剧，新常态下农村经济社会发展和农业生产正处于调整结构转型发展之中。面对上述一系列发展形势和发展背景的变化，自20世纪80年代初由分散经营农户自愿组建的各种不同发展类型和运行模式的农村专业经济协会，也正面临新的问题、新的矛盾和新的发展障碍，正处于新的"十字路口"：怎样在不违背"非营利发展属性"的基础上摆脱资金严重不足的束缚？向何处发展？选择怎样的运行模式？如何改进目前低效和不完善的运行机制？以尽快转变目前中国农村专业经济协会尴尬的发展局面，促进农村专业经济协会突破发展困境，更好地为解决"三农"问题和促进现代农业发展及新农村建设发挥更大的作用。

　　在不根本改变家庭承包经营的基础上，多种多样的农村专业经济协会将从事同一产业或相关产业的分散经营农户有效地组织起来，在共同应对竞争日趋激烈的市场和日趋复杂艰难的发展环境，维护农户相关利益，增强应对各种挑战能力，创造和维护良好的农村发展秩序，改善农业发展环境，有效解决细碎化小规模农业生产经营与大市场之间的矛盾，提高现代农业生产的组织化、标准化和市场化程度等方面做出了很多有益的创造和重大贡献。发达国家农业发展的成功经验也足以证明，传统"民办、民管、民受益"原则下的农村专业经济协会等合作性经济组织是现代农业发展进程中必要的农户组织。从微观农业经济发展看，农村专业经济协会在一定程度上使分散细碎、小规模农户的生产经营进一步规模化和标准化，整合农户现有的农业生产资源以提高其综合利用效率，促进先进农业科学技术、生产管理方式、经营手段和更多发展资金的积极投入，有助于各种农业生产费用的节省，最大限度帮助农户获取农业产业链带来的农产品附加值和利润。从宏观农业经济发展看，农村专业经济协会在一定程度上增强了政府对有效解决"三农"问题的调控和对各项农业发展政策的制定及实行的力度，强化了分散农户与各级政府之间的有效沟通与协商渠道，规范了政府在财政、税收、金融等方面对分散农户农业生产和经营的支持。从市场机制调节农业生产经营功能看，农村专业经济协会能够为农户的产前各种农资供应和新品种引进推广、产中的各种农业发展信息和科学技术的有效供给、产后的农产品各环节精细加工和营销等方面提供及时先进的专业化服务。

目前，农村专业经济协会作为中国农村一种有效率的制度安排和非营利性组织，其发展本质是农户在遵循自愿、平等、合作和互利等运行原则的基础上，通过合理设置有效的运行结构和运行机制将"一家一户"分散经营的劣势转化为有组织和一定发展规模的整体优势，拓展农业生产和农产品增值空间，整合和优化配置现有的各种农业资源，共同实现和分享规模经济。如果农村专业经济协会不能设置科学的运行结构和有效的运行机制来维护会员的切身权益，农村专业经济协会就失去存在和发展的意义。20世纪80年代以来，中国农村专业经济协会的发展经历了一个从不规范到逐步规范、从松散型到紧密型、从单纯服务职能型逐渐发展为能够带动会员创办自身经济实体的综合职能型的曲折发展过程。伴随着不同发展过程的转变，农村专业经济协会运行结构和运行机制的设置及其各种运行问题逐渐凸显。通过以山东省农村专业经济协会运行实践为例，进行实地考察发现，目前农村专业经济协会实际发展和运行状况主要表现为：大多数农村专业经济协会发展基金不足、自身创新发展能力不强、协会的重大事务和决策通常被少数核心会员及其管理者和经营者控制、"内部人控制问题"突出、农户彼此之间的合作能力差、"免费搭车"和各种投机活动等经济行为普遍存在，管理机构和监事会等运行结构和某些规章形同虚设、对经济实体等部门经理人员的聘用机制和激励机制不规范、会员的剩余索取权与控制权不对称、普通会员监督激励机制缺乏等问题。究其原因，主要是由于运行结构和运行机制的设置不完善、运行低效、监管制度不完善并且乏力以及缺乏创新型运行模式。可见，在农村专业经济协会运行过程中，不断改善有利于农村专业经济协会运行的外部发展环境和条件、健全内部治理和运行结构、改进和完善运行机制、创新和改革运行模式，使会员真正成为农村专业经济协会的利益主体并切实维护会员切身权益，是促进中国目前乃至今后农村专业经济协会规范运行和持续发展的重要研究课题。同时，从组织发展理论上看，运行机制问题乃是影响和决定农村专业经济协会能否生存和持续发展壮大的关键问题。因此，不管从理论层次还是从实际发展需求层面上，深入研究农村专业经济协会的运行机制问题，是中国目前农村专业经济协会健康发展的现实需要。

二 研究目的与意义

在农村专业经济协会这个非营利性质的社团法人中，会员在农村专业经济协会中同时充当服务消费者、协会利益主体、惠顾者和所有者等四种不同性质的角色，与农村专业合作社等营利性组织相比，管理难度更大，在其运行中面临的问题更复杂，在兼顾公平与效率之间的关系上更倾斜于追求会员之间的公平发展特性，这些情况决定了农村专业经济协会的管理结构、运行结构及其运行机制的特殊性。因此，如何通过改善农村专业经济协会的管理结构、运行结构和运行机制以提高其运行效率，一直是农村专业经济协会实践面临的重大课题，同时，也是学者关注和研究的热点问题。

（一）研究目的

针对目前中国相当数量农村专业经济协会发展停滞甚至萎缩或改转为农村专业合作社等其他类型组织以及运行低效、深受"非营利性"和"无偿服务性"等本身特性约束致使发展后劲不足和陷入"低水平发展陷阱"等主要问题，本书利用农村专业经济协会运行的相关理论和机理，综合采用多种分析和研究方法，以山东省农村专业经济协会为例，对中国目前农村专业经济协会运行中存在的问题、面临的新挑战、发展障碍及其深层原因进行阐析，在此基础上，借鉴发达国家农村专业经济协会运行机制设置及其成功运行经验，探索如何通过改善和创新农村专业经济协会的组织管理结构、会员构成格局、运行结构以及运行机制等主要构成要素，以提高其运行效率，依托实践中较成功的临沭柳编工艺品协会和寿光蔬菜协会创新性改进运行模式，帮助农村专业经济协会破解或走出"发展后劲不足"和"低水平发展陷阱"问题，真正发挥农村专业经济协会帮助农户提高生产经营能力和增收创收的职能，对当前乃至今后农村专业经济协会改善运行结构和运行机制、提高运行效率、改进运行模式提供一定的理论指导和实践借鉴。具体来看，本书研究目的主要包括以下几个方面。

第一，系统梳理国内外关于农村专业经济协会发展和运行的相关研究成果和理论，系统性分析和总结目前中国农村专业经济协会运行现状，进一步明晰农村专业经济协会的运行特性及其运行机制设置和运行应该遵循的原则，以更好地把握中国农村专业经济协会的制度性质和发展趋势。

第二，对中国农村专业经济协会的组织机制、产权安排、运行原则、运作方式、主要运行机制构成要素等方面存在的主要问题、缺陷和障碍及其深层次原因给予系统性并富有一定阐释力的理论阐析和实践证明，进而对中国农村专业经济协会如何进行创新和改善运行机制有比较准确的把握。

第三，选取山东省不同类型和不同发展层次的农村专业经济协会进行运行绩效分析，构建农村专业经济协会运行绩效评价指标体系，找出影响农村专业经济协会运行绩效的因素并按其影响程度和重要性进行排序，剖析这些影响因素产生的深层次原因，为研究和探索农村专业经济协会运行机制创新和改善的路径及对策提供具有针对性的依据。

第四，通过理论分析和实证分析，构建一个对中国农村专业经济协会创新和改善运行机制具有一定阐释力的理论分析框架，以此为切入点，促进当前乃至今后中国农村专业经济协会提升竞争力，增强发展后劲。

第五，提出"协会＋企业会员＋农户会员"型与"协会＋龙头企业会员＋农村专业合作社会员＋农户会员"型两种创新型运行模式，并运用新制度经济学等相关理论对此做出合理解释。

（二）研究意义

在市场经济条件下，现行的农村经济体制不能解决农户小规模生产与农业社会化大生产及大市场之间的矛盾，也不能解决农户在现代农业生产中面临的技术、信息、管理等一系列问题。为解决上述矛盾和问题，几十年来建立了各种类型的合作性农村经济组织，其中农村专业经济协会发展较快。但是在《农民专业合作社法》的实施以及外部发展环境条件的不断变化的情况下，中国农村专业经济协会的发展和运行出现一定程度的偏差和动荡。鉴于此，不论从理论层面还是从实践层面上，都急需对目前乃至今后中国农村专业经济协会的运行结构及其运行机制进行创新和改革。

就理论意义而言，本书以博弈论、组织学和新制度经济学等理论为分析依据，综合运用多种方法对农户在农村专业经济协会运行中非合作或合作意识较差的原理及原因给予剖析，对农村专业经济协会运行结构设置和运行机制设置的机理进行理论阐述和实证分析，然后，选取山东省农村专业经济协会为分析样本，构建了关于农村专业经济协会运行绩效的评估指标体系和分析框架，在此基础上就如何改善农村专业经济协会运行结构及其运行机制主要构成进行了一定程度的探索，丰富发展了农村专业经济协会管理和运行方面的理论，拓展了民营非企业单位组织管理和运行问题的研究。

就现实意义而言，完善且有效的运行结构及其运行机制是农村专业经济协会规范运行和发展壮大的关键，也是优化整合并充分利用农业资源提高农户增收创收能力的保证。本书通过分析阐明目前山东省农村专业经济协会运行中存在的缺陷、影响因素及其深层次原因，并以此为基础，试图结合现实探索改善和创新农村专业经济协会运行机制的路径和对策，以提高运行绩效，选择真正在实践中能够破解或走出发展后劲乏力、低水平发展陷阱和最终走向消亡等发展困境的运行模式，真正发挥农村专业经济协会帮助农户提高生产经营能力和增收创收等服务职能，帮助农户加深对农村专业经济协会运行规律的认知，为山东省乃至全国农村专业经济协会今后持续健康运行提供有价值的理论指导，为相关政府部门制定农村合作性经济组织发展和农村经营体制改革的相关政策提供依据。

三　国内外研究动态综述

（一）国外研究动态综述

1. 关于农村专业经济协会等农村合作性经济组织理论研究的演变

自农村专业经济协会等不同类型农村合作性经济组织产生以来，随着时代和境遇的变迁以及农村合作性组织不断发展，国外学者对农村合作经济组织理论及其发展内容的研究不断深化，研究方法也不断改进，研究范围不断拓展，从农村合作性经济组织的定义、章程、相关规章制度、发展目的等基本性内容扩展到组织管理、运营方式、运行机制等方面。美国学者 Fetrow 和 Elsworth 认为农村专业经济协会等合作性经济组织是"农场主为了获取销售、采购等专业性服务而自愿组建的一种商业型组织"①。英国学者 Barton 研究认为合作性经济组织的主要职能是帮助组织成员提高农产品价格、提升市场竞争力、降低各种交易成本、提高农产品科技含量和附加值②。Hendrikse 和 Veerman 以营销合作组织为实证，从交易成本的角度分析了成员控制合作组织的需求与合作经济组织的融资结构之间的关系。③ Porter 和 Scully 认为，农村专业经济协会等合作经济组织虽然普遍存在技术低效、资源配置低效和规模低等问题，但在一定程度上共同抵御农产品市场垄断和各种不确定性等市场风险带来的损失。④ Cook 认为农村专业经济协会存在的所有权与经营权分离的问题，一般包括公共所有权问题、短视问题、投资组合问题、控制问题和影响成本问题，合作组织是低效率的。⑤ 20 世纪 80 年代以来，国外学者开始利用博弈理论、产权理论、交易成本理论以及新制度经济学理论，从新的领域和新的角度研究农村合作性经济组织的产权结构及其安排、治理机构及其制度安排、内部人控制、运行机制及其运行效率、组织与市场、其他组织、政府等外界环境之间关系问题等深度问题。

2. 关于农村专业经济协会等合作性经济组织管理和运行问题的研究

Staatz 选取农产品生产—加工产业链作为研究平台，研究农村专业经济协会等合作性经济组织中的农户会员与加工企业彼此之间的利

① Fetrow, W. W. and Elsworth, R. H., "Agricultural Cooperation in the United States", *Farm credit Admin. But*, 54, 1947: 214.

② Barton, D. Principles, *Cooperatives in Agriculture Englewood Cliffs*, NJ: Prentice-Hall, 1989.

③ Hendrikse G. W. J. & Veerman C. P., "Marketing Cooperatives and Financial Structure: A Transaction Costs Economies Analysis", *Journal of Agricultural Economies*, 26 (3), 2001: 205–216.

④ Porter P. K. & Scully G. W; "Economic Efficiency in Cooperatives", *Journal of Law and Economics*, 11 (10), 1987: 489–512.

⑤ Cook M. L, "The Future of U. S. Agricultural Cooperatives: A Neo-institutional Approach", *American Journal of Agricultural Economies*, 9 (11), 1995: 53–59.

益及合作等方面问题，认为农村专业经济协会发展与专用性资产相关，如果加工企业的专用资产所占比例远超过农户的专用资产比例，以农村专业经济协会作为联系纽带的所有权安排及利益机制将会失效[①]。Fulton 和 Giannalcas 认为资产产权结构及其界定不清晰、严禁剩余索取权转让、严格限制彼此产权流动等僵化的产权安排不利于农村专业经济协会等合作性组织运行和发展，农村专业经济协会要持续有效运行就应该对"内部保留部分剩余索取权、剩余索取权可以转让、合理规定会员进退出权"等产权问题进行改善[②]。Cook 认为"能否提高会员的农业科学知识及其生产技术、能否转变会员社会经济发展观念"等问题会对农村专业经济协会运行效果和发展状况造成很大影响[③]。Borgen 认为农村专业经济协会中的一些激励问题与投资激励相关，包括公共所有权（搭便车）问题、短视问题、投资组合问题。另一些激励问题与决策相关，包括控制问题和影响成本问题。[④] Sexton 利用自己改进的博弈论方法，将农村合作经济组织看成旨在完成纵向一体化功能而具有横向联合性质的俱乐部，成员决定是否加入农村合作经济组织根据合作组织能为自己带来收益的多少决定的，并且这种联盟结构要保持持续稳定，必须提供与其他替代性的群体组织至少相当的收益。[⑤] Staatz 认为，在农村合作经济组织内部实行按比例分担责任和分享利益，是实现稳定合作的有效途径；随着农村合作经济组织

[①] Staatz, J., "Farmers Incentives to Take Collective Action via Co-operatives: A Transaction Cost Approach", In J. S. Royer (Ed.), *Cooperative Theory: New Approaches*, Washington. DC: USDA, 1987: 87 – 107.

[②] Fulton, M. and K. Giannalcas, "Organizational Commitment in a Mixed Oligopoly: Agricultural Cooperatives and Investor-Owned Fimls", *American Journal of Agricultural Economics*, 83 (5), 2000: 1258 – 1265.

[③] Cook, M. L., "The Role of Management Behavior in Agricultural Cooperatives", *Journal of Agricultural Cooperation*, (6), 1994: 42 – 58.

[④] Borgen S. O., Rethinking Incentives Problems in Cooperative Organizations, Norwegian: Norwegian Agricultural Economies Research Institute, 2003.

[⑤] Sexton. R., "The formation of cooperatives: A game decision making and stability American", *Journal of Theoretic Approach with Implications for Cooperative Finance Agricultural Economics*, 68 (2), 1986: 214 – 225.

发展规模的不断扩大，由于社员直接参与管理的日益困难，合作社由社员的民主控制转向专家管理控制，出现了类似公司的"委托—代理"问题。① 新制度经济学派对农村专业经济协会的低效率管理和运行等问题进行了专门研究，一致认为僵化的组织治理结构、模糊的产权安排、较严重的内部人控制现象、高素质职业型管理人员稀缺等诸多不利因素，在一定程度上导致农村专业经济协会低效率运行和发展。

3. 关于农村专业经济协会职能的经济学研究

国外一些学者从经济学的不同角度对农村专业经济协会的市场竞争尺度、平衡利益相关者利益冲突等经济职能进行了专门研究。Sexton 基于市场经济角度，把农村专业经济协会作为进行现代农业纵向一体化生产的农户自愿组成的社会团体，认为开放会员进退会资格会利于消除"内部人控制问题"和"农产品市场垄断性问题"，从而更有效应对市场失灵；通过整合优化配置内部农业生产资源，就能以最小成本实现和维护协会的整体效益，而且，他重点考察分析了农村专业经济协会运行模式与分散经营的农户在控制生产成本方面上的差距。② Iliopoulos 和 Cook③ 以及 Veerman④ 等学者从交易成本视角解释农村合作经济组织的起源，认为合作经济组织能够将市场力量与内部组织元素相结合从而促使交易费用降低，有效减少交易成本是它产生的根本动因。从交易成本角度研究农户组建和发展农村专业经济协会的原因和条件只有在那些具有比较优势农业产业部门及其相关领域才

---

① Staatz, J. M., "Recent Developments in the Theory of Agricultural Cooperation", *Journal of Agricultural Cooperation*, 16 (2), 1987: 4 – 95.

② Sexton. R., "The Formation of Cooperatives: A Game Decision Making and Stability American", *Journal of Theoretic Approach with Implications for Cooperative Finance Agricultural Economics*, 68 (2), 1986: 214 – 225.

③ Iliopouls C. & Cook, M. L., "The Internal Organization of the Cooperative Firm: An Extension of a New Institutional Digest", *Journal of Cooperatives*, 11 (14), 1999: 78.

④ Hendrikse, G. W. J. Veerman, C. P., "Marketing Cooperatives Analysis and Financial Structure: A Transaction Costs Economics", *Journal of Agricultural Economics*, 26 (3) 2001: 205 – 216.

会有农村专业经济协会生成和发展的可能。

4. 关于农村专业经济协会职能的社会学研究

英国社会学家 Hendrikse 研究提出，农村专业经济协会与那些营利性经济组织具有本质的不同，其主要社会职能表现在于农户通过组建或加入自己的社会团体依靠自己的自治行为达成分散经营的农户再组织起来的结果①。Clegg 通过调研我国山东省农村合作经济组织建设和发展的基础上，对中国农村合作经济组织的政策和实践进行了分析：自改革开放以来的农村合作经济组织的发展历程划分为 1983 年至 1991 年期间的新社会主义合作经济阶段、1991 年至 1997 年期间的社会主义市场经济中的准合作社阶段、1997 年以后的农民专业合作社三个不同的阶段，对各阶段政府规范、支持合作社的政策进行了简要梳理；由此总结出，中国政府充分意识到有责任支持农村合作经济组织的建设和发展，以实现农业结构调整的国家政策目标，但要吸取 20 世纪 50 年代的经验教训，政府推动合作经济组织发展和利用合作经济组织作为实施农业政策的工具之间有一条界限，政府应该审慎行事；中国政府允许地方层面因地制宜地建设、发展合作社，以便通过各种模式的探索逐步实现标准化，但这也导致了地方政府影响力和自治程度的不确定性。② 上述研究成果表明，农村专业经济协会在一定程度上有助于农村社区的社会管理、思想教育、合作精神等方面社会工作管理和发展。

国外社会工作方面的学者关于政府行为对于农村专业经济协会运行模式、会员的作用等方面问题也进行了一定程度上的研究。他们主要从农村社会管理、农村社区建设、社会工作等多角度出发，对农村专业经济协会在促进农村社会发展和城镇化建设等方面进行了大量的专题研究。

---

① Hendrikse, Cx W. J., "Screening, Competition and the Choice of the Cooperative as an Organizational Form", *Journal of Agricultural Economics*, 49 (2), 1998: 202 – 217.

② Jenny Clegg, "Rural Cooperatives in China: Policy and Practice", *Journal of Small Business and Enterprise Development*, 13 (2), 2006: 219 – 234.

（二）国内研究动态综述

1. 农村专业经济协会定义、类型、特征及功能方面的研究

民政部《关于加强农村专业经济协会发展和登记管理工作指导意见》对农村专业经济协会的定义：从事相同产业或行业的农户自愿组成的共同互助发展的非营利性组织，由协会统一为会员提供产、供、销等生产经营过程中所需求的各种服务。根据服务领域主要划分为农村专业技术协会、农民经纪人协会和农村行业协会；根据领办人主要划分为"政府领办型、龙头企业领办型、农村基层干部领办型和种养殖大户等农村能人领办型"等主要类型。调研发现，目前山东省农村专业经济协会主要发展模式有"党支部＋公司＋协会"模式、"能人＋协会"模式、"农业服务机构＋协会"模式、"龙头企业＋协会"模式等。王红晓等部分学者研究认为我国目前农村专业经济协会的发展特征表现为：从组织发展性质及其目的看，它应属于非营利性质的民办非企业组织，经民政部门主管注册的法人社团；从其经营的业务看，它主要为会员供给生产经营过程所需求的各种专业性惠农服务；从其组织化程度看，其内部会员关系较松散，各种相关利益联结关系不很紧密。① 潘劲等学者研究认为各种类型的协会都是基于特定的依托对象以及会员生产具有的共同需求而组建的，协会为会员提供的服务方式主要包括单项服务和综合系列服务两类，同时，在协会运行中，为了增强对会员的凝聚力和吸引力，提高为会员服务的能力，对内服务，对外营利，可以积极创办一定的经济实体。② 吴传毅，杨花英经过调查实证研究认为农村专业经济协会是目前服务我国新农村建设的重要主体，其职能主要体现在"担当沟通会员与政府之间的桥梁、推进农业产业化经营的重要组织形式、表达农民利益的有效渠道、帮助农产品进行国际贸易的组织保障、增强农村民主管理的主要

---

① 王红晓：《专业合作社——农村专业经济协会发展的路径选择》，《边疆经济与文化》2009 年第 3 期。

② 潘劲：《农产品行业协会的治理机制分析》，《中国农村观察》2005 年第 5 期。

载体"等方面①。

　　2. 关于农村专业经济协会运行机制方面的研究

　　吴传毅、杨花英认为农村专业经济协会运行机制状况直接影响其能否持续发展和壮大，产权结构及其界定情况、协会治理结构、管理制度和方式、利益与合作等具体机制的设置情况、与市场和政府等外界联动情况等是构成农村专业经济协会运行机制的主要要素，这些要素彼此之间影响和制约的互动过程就形成农村专业经济协会运行机制。② 任强、刘健结合实证从要素构成、运营过程、规章制度建设等方面对农村专业经济协会运行机制进行研究，提出内部运行机制的完善程度和能否有效运行离不开良好的外部发展条件和环境③。国鲁来通过实证研究农村专业经济协会，提出能否强化法制化、专业化、科技化及社会工作化等功能关系到农村专业经济协会的运行效率④。陈化水提出由于缺乏资金而不能够兴办自己的加工、营销等经济实体，为了使会员增收创收，被迫与外界的农产品加工企业等合作兴办股份合作制企业或者签订契约，结果，一些农村专业经济协会在利益机制、发展机制等方面就很有可能受制于外界的企业⑤。柴富成等学者经过实证研究后提出，由于资金来源上异质性明显，致使一些农村专业经济协会不能真正实现"一人一票"制的民主管理和对重大事务进行民主决策，甚至出现"股金分红"成为利益分配的主要方式⑥。尤庆国、林万龙对农村专业经济协会运行机制及其运行状况作了实证，认为会员之间股权结构出现异质性就会使财务管理、决策等重大事务的运行向少数核心会员发生倾斜，甚至会产生"内部人控制问题"；

---

　　① 吴传毅、杨花英：《我国农村专业经济协会运行机制研究》，《人民论坛》2012年第9期。

　　② 同上。

　　③ 任强、刘健：《中国农村经济合作组织的运行机制研究》，《农村经济》2009年第9期。

　　④ 国鲁来：《农民合作组织发展的促进政策分析》，《中国农村经济》2006年第6期。

　　⑤ 陈化水：《新农村建设视野下农村专业经济协会的发展问题探讨》，《科技管理研究》2011年第8期。

　　⑥ 柴富成：《如何提高我国农业生产的组织化程度》，《经济导刊》2011年第3期。

会员构成结构会影响协会的运行机制及会员的经济利益①。王厚俊、孙小燕认为由于治理机制设置方面存在缺陷，其实际运行就很有可能产生产权界定模糊、激励机制低效乏力、内部人控制现象突出等问题，在很大程度上影响农村专业经济协会的正常运行和发展②。罗必良认为会员进退机制和监督机制等主要机制要素的设置及其运行状况是影响农村专业经济协会运行效率的关键因素，也是发生"搭便车行为""柠檬市场"等问题的主要根源③。张晓山基于制度安排视角，实证分析了农村专业经济协会运行中的管理问题、利益机制、公共资产积累以及与外界组织之间的互动和沟通等方面问题，提出农村专业经济协会在实际运行过程中，不仅要适应农业生产和农村经济发展的实际需求，而且要遵循农村专业经济协会传统运行原则及其内在性规律，发挥和利用其职能为会员生产经营服务④。潘劲认为"坚持市场导向、突破封闭性地域界限、加强与其他经济组织彼此合作与交流"是提高农村专业经济协会运行效果的主要影响因素；提出"资金筹集机制、重大事务决策机制、经营和管理机制"是影响农村专业经济协会能否有效运行的关键因素⑤。郭晓鸣、廖祖君等学者提出为会员维权的合约机制设置及其运行状况在很大程度上影响农村专业经济协会的规模扩展、自身发展实力及产业链拓展等方面⑥。傅晨等学者主要从产权制度及其安排、治理结构、政府支持政策及其行为、会员参与制度、运营决策、会员构成、利益机制、会员经济行为等方面对我国

---

① 尤庆国、林万龙：《农村专业合作经济组织的运行机制分析与政策影响评价》，《农业经济问题》2005 年第 9 期。

② 王厚俊、孙小燕：《我国农民专业合作经济组织发展过程中的问题及对策研究——结合安徽省霍山县案例的分析》，《农业经济问题》2006 年第 7 期。

③ 罗必良：《农民合作组织：偷懒、监督及其保障机制》，《中国农村观察》2007 年第 2 期。

④ 张晓山：《走向市场：农村的制度变迁与组织创新》，经济管理出版社 1996 年版，第 122—128 页。

⑤ 潘劲：《对一个官办型农产品行业协会个案研究——安徽省霍山县茶叶产业协会调研报告》，《经济研究参考》2005 年第 54 期。

⑥ 郭晓鸣、廖祖君：《龙头企业带动型、中介组织联动型和合作社—体化三种农业产业化模式的比较》，《中国农村经济》2007 年第 4 期。

目前农村专业经济协会运行问题进行了实证研究和分析①。

3. 关于农村专业经济协会与政府关系的研究

郭红东和徐旭初提出政府的法律法规、实际扶持行为、政策、调控引导、监督制度及其行为对我国目前农村合作经济组织的运行起重大影响作用，政府的科学指导政策及其行为、针对农户生产经营多样化需求的支持行为有助于农村合作经济组织运行和发展壮大②。张晓山通过实证分析后提出，政府不仅要注重与农村专业经济协会进行良性互动，而且政府应该积极创造条件培育和发展适应现代农业发展需求的良好外界环境、有利条件和职业型农民③。梅德平提出政府应该在农村专业经济协会提高农户生产经营能力、市场竞争力，优化农业产业结构，增强农户合作意识和精神培育，推广现代农业生产技术，提高农村经济发展水平等方面进行大力宣传，有助于农村专业经济协会的运行和发展，如果政府的扶持行为乏力或者政府行政行为的过度介入都不利于农村专业经济协会的有效运行④。

4. 关于农村专业经济协会等合作经济组织运行影响因素方面的研究

国内许多学者基于市场、资源和制度等角度专注于农村专业经济协会运行影响因素方面的研究。徐旭初等学者提出农户细碎化分散经营、会员彼此合作意识薄弱、农户发展资金稀缺、现代职业型农民稀缺等因素都在很大程度上影响农村专业经济协会的运行。农产品特性、农业科技推广程度、农业和农村经济发展政策、农村经济发展水平等因素对农村专业经济协会运行和发展有很大影响作用⑤。席爱华

---

① 傅晨：《农民专业合作经济组织的现状及问题》，《经济学家》2004 年第 5 期。

② 郭红东、徐旭初：《我国农民专业合作经济组织发展的完善与创新——基于对浙江省实践的分析》，《中国软科学》2004 年第 12 期。

③ 张晓山：《提高农民的组织化程度积极推进农业产业化经营》，《农村合作经济经营管理》2003 年第 2 期。

④ 梅德平：《农民专业合作经济组织培育中的政府职能》，《江汉论坛》2005 年第 8 期。

⑤ 徐旭初：《农民专业合作：基于组织能力的产权安排——对浙江省农民专业合作社产权安排的一种解释》，《浙江学刊》2006 年第 3 期。

和陈宝峰借助 logistic 模型对影响农村专业经济协会运行的影响因素进行了实证研究，认为农村经济和社会发展程度、农户个人的农业生产条件和占有资源状况、农业生产的历史基础和发展条件、政府扶持农户生产的力度、农村市场发育程度等因素对农村专业经济协会具体运行路径和运行模式选择影响很大，在有些时候起决定作用①。匡和平认为农户市场经营能力、协会自身发展实力、协会所拥有的农业生产资源及其质量、所从事的农产品市场竞争力及市场占有份额等因素对农村专业经济协会能否持续运行及其运行效率影响很大②。马彦丽、林坚等学者提出影响农村专业经济协会能否持续运行及其运行绩效的因素主要包括会员合作意识及其合作能力、会员彼此间的信任程度、协会凝聚力及其吸引力等方面的因素③。

从国外和国内学者对农村专业经济协会理论与运行方面等相关领域的研究成果和研究趋势看，社会学、组织学、经济学、制度学等学科知识以及博弈论、交易成本理论、集体行动逻辑理论、产权理论、契约理论、俱乐部理论等理论都被学者不同程度上的采用，研究方法和研究角度不断创新，研究领域和研究内容不断拓展和加深，从研究分析农村专业经济协会有关生成和发展理论、服务职能、运行规律和特性、组织结构、发展的必要性、影响运行和发展的因素拓展到运行模式、发展条件、产权关系、存在问题、与外界组织关系等诸多方面。近些年，部分学者借助产权理论和博弈论，利用实证专门就农村专业经济协会治理结构和治理制度进行研究。这些研究成果对目前乃至今后农村专业经济协会的生成、发展和运行提供了相当程度的理论依据和现实基础。

综上所述，在研究内容上，已有部分成果主要是针对农村专业经

① 席爱华、陈宝峰：《农机户参与农机合作组织的意愿研究》，《农业技术经济》2007年第4期。
② 匡和平：《新时期农村专业经济协会发展的制约因素探析》，《改革与战略》2011年第9期。
③ 马彦丽、林坚：《集体行动的逻辑与农民专业合作社的发展》，《经济学家》2006年第2期。

济协会运行过程中某方面或某个问题进行分析，少量研究成果尽管涉及农村专业经济协会微观方面的管理机制、利益机制等运行机制，但是大多数成果也只限于理论和原则方面的定性分析以及案例描述，把内部运行机制和外部运行机制等主要机制构成要素作为一个整体系统进行分析的研究成果很少；在研究方法上，已有研究成果大多进行定性分析、比较分析或选取某一具体案例进行分析，而没有从整体上对农村专业经济协会运行机制进行定性和定量相结合的系统研究；从研究结论上，已有成果大多倾向于政策方面的讨论，缺乏从理论视角剖析现阶段农村专业经济协会运行过程中出现的新问题和新矛盾以及具体的解决路径。

针对上述研究的不足与缺陷，本书选取山东省农村专业经济协会为研究平台，将农村专业经济协会运行机制作为一个整体进行系统性分析研究，探索新常态下，体现中国农村发展特色和适应农户生产经营需求的农村专业经济协会究竟应该建立什么样的运行结构和运行机制，以确保农村专业经济协会运行机制高效运行和持续发展，促进乡村振兴战略的顺利实施及城乡一体化的建设。

四 研究思路和方法

（一）研究思路

本书构建了"研究目标—资源—组织运行结构—运行机制构成要素—改进措施—运行模式比较与选择—政府扶持"的分析思路。文章首先阐析了农村专业经济协会相关理论和运行机理；其次，分析了目前山东省农村专业经济协会发展运行状况，选取32家农村专业经济协会为样本对其运行绩效进行了实证分析，在此基础上，分析并归纳影响农村专业经济协会有效运行的主要因素及其原因；再次，借鉴西欧、北美、日本等发达国家农村专业经济协会较成功运行实践经验，利用理论和实践相结合的方法，针对所存在的问题和缺陷，探索并提出改善农村专业经济协会产权结构、运行结构、主要运行机制构成的具体措施；复次，在比较目前山东省农村专业经济协会主要运行模式的基础上，提炼出"协会 + 企业会员 + 农户会员"型与"协会 + 龙头企业会员 + 农村专业合作社会员 + 农户会员"型等创新型运行模式，并选取典型案例进行论证；最后，借鉴发达国家政府部门对农村专业经济协会的扶持经验，提出山东省乃至全国政府扶持农村专业经济协会有效运行的路径和政策建议。研究思路如图 1 – 1 所示。

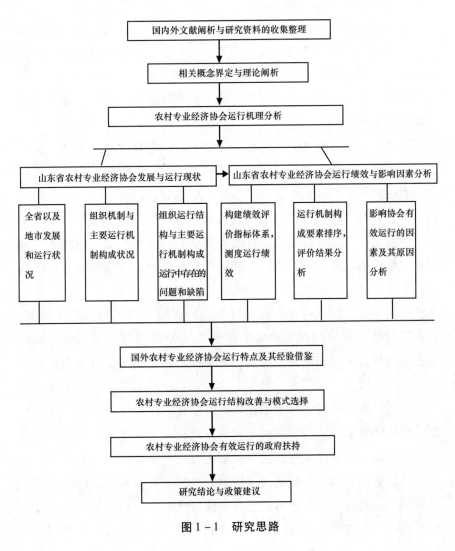

图 1 – 1　研究思路

（二）研究方法

第一，实践分析与理论分析相结合。本书选取山东省发展和运行具有典型代表性的32个不同类型并各具特色的农村专业经济协会为样本，进行了走访调查和统计分析，同时利用相关组织理论，对山东省目前农村专业经济协会的治理、运行结构及其运行状况进行了理论分析，做到理论与实践相结合。

第二，定性分析方法与定量分析方法相结合。运用定性分析方法对农村专业经济协会主要运行机理和主要运行机制构成要素进行了定性分析，同时，借助实际调研获得的大量调研数据，运用计量经济学等定量分析方法对农村专业经济协会运行效果进行了分析，加强了对论题论证的科学性。

第三，实证分析法与规范分析法相结合。在对农村专业经济协会运行机理进行分析的基础上，重点研究山东省32个农村专业经济协会的实际调研数据和相关信息，分析了山东省农村专业经济协会的产权安排及其制度特征、组织结构及其职能以及运行机制主要构成要素状况及其运行情况，并运用新制度经济学等相关理论对其做出了合理解释，然后探讨相应的改进措施和对策。从理论上对农村专业经济协会概念和内涵及相关概念进行了界定，并运用博弈论、产权论等相关方法分析了农村能人牵头领办农村专业经济协会的原理和现实原因，分析了分散经营小规模农户容易产生"搭便车问题"的根源，探讨了促进会员共同合作的相关机制，进而探讨并提出了促进会员合作的有效途径。

第四，案例分析法。本书在分析山东省农村专业经济协会运行机制主要构成要素时，选取相关案例进行论证；论证了当今农村专业经济协会由于非营利性束缚而使自身缺乏发展基金，致使大多数农村专业经济协会或停滞不前或最终走向消亡。为了突破和走出这种尴尬的发展局面，农村专业经济协会应该创新传统的单一农户个体会员构成格局，将企业性质或准企业性质的营利性组织纳入会员，创新相关运行机制，让会员之间彼此带动营利，最终真正实现帮助农户提高生产经营能力进而增收创收的目的。为了证实这种运行模式创新的价值，本书选取临沭柳编工艺品协会和寿光蔬菜协会作为典型案例进行说明。

五　研究主要内容与研究创新点

（一）研究主要内容

文章共包括八个章节。第一章导论，本章包括研究背景、问题的提出、研究目的和研究意义，国内外学者对该问题的相关研究成果和研究动态，本书的研究思路和技术路线，研究的主要内容与创新点。第二章理论基础，本章首先对农村专业经济协会概念及其发展特征、属性进行了界定；其次对产权理论、新公共管理理论、合作经济理论、交易费用理论、公共选择理论、博弈理论和农户行为理论等农村专业经济协会运行的相关基础理论进行了阐述；最后对农村专业经济协会主要运行机理进行了分析，包括对农村专业经济协会运行的阻力和动力、主要角色、利益共享、合作机理等主要运行机理进行了阐述，并选取相关发展案例进行论证说明。第三章山东省农村专业经济协会运行现状，本章对农村专业经济协会的概念及其发展属性和特征进行界定；对山东省农村专业经济协会发展和运行状况进行分析总结；利用相关具体数据对山东省不同经济社会发展水平的地市农村专业经济协会发展和运行状况进行分析；对山东省农村专业经济协会产权制度分析、组织结构及其运行状况进行分析。第四章山东省农村专业经济协会运行绩效与影响因素分析，本章首先对选取的山东省32个农村专业经济协会样本走访调查，获取相关资料和数据，针对影响农村专业经济协会运行的因素，建立评价指标体系并确定研究方法，然后，对农村专业经济协会运行机制进行综合评价，在此基础上，对农村专业经济协会运行机制评价结果进行分析，归纳总结出农村专业经济协会运行的影响因素与原因。第五章国外农村专业经济协会运行特点及其经验借鉴，本章对美国、日本、西欧等发达国家农村专业经济协会运行特征和发展经验进行比较总结，然后归纳提炼出对山东省乃至全国农村专业经济协会发展和运行的启示与经验借鉴。第六章农村专业经济协会运行机制改善路径和对策，本章提出农村专业经济协会组织运行结构以及决策机制、合作机制、利益机制、基本保障机制、经营发展机制和监督机制等主要构成要素的改进措施，同时，选取相应的发展案例进行论证。第七章案例分析，在对目前农村专业经济协会主要运行模式及其战略选择进行比较分析的基础上，重点分析了临沭柳编工艺品协会："协会＋龙头企业会员＋农村专业合作社会员＋农户会员"型与寿光蔬菜协会："协会＋企业会员＋经纪人＋农户会员"型两种运行模式，并在结论与讨论章节中将这两种创新型运行模式进行了评价和比较。第八章主要结论、建议与展望，本章分析了政府扶持农村专业经济协会运行的理论依据、行为以及山东省政府具体扶持实践，在此基础上，提出政府扶持农村专业经济协会有效运行的政策建议和扶持路径。

（二）研究创新之处

第一，研究视角方面的创新性。纵观已有关于农村合作性经济组织研究成果中，绝大部分集中在农村专业合作社发展及其运行方面，少数针对具体行业协会发展及其运行的研究，很少针对农村专业经济协会发展尤其关于运行基础及运行机制问题进行系统性研究。然而农村专业经济协会与农村专业合作社和具体行业协会具有本质的区别。本论文针对目前绝大部分农村专业经济协会发展停滞甚至萎缩或改转为农村专业合作社等其他类型组织以及运行低效、深受"非营利性"特性约束致使发展后劲不足和低水平发展陷阱等主要问题，将论文研究视角定位于既关注如何破解或消除农村专业经济协会运行基础——组织机制存在的问题和缺陷、主要运行机制构成方面存在的问题和缺陷、影响运行低效的因素及原因等主要制约问题，同时还关注现实中究竟选择什么样的农村专业经济协会高效运行模式和运行机制来破解或走出"发展后劲不足"和"低水平发展陷阱"问题，研究视角将会有一定程度的创新。

第二，研究内容方面的创新性。针对已有研究成果关于农村专业经济协会发展尤其关于运行基础及运行机制问题的缺失，本书主要创新性探索和研究以下几方面内容：一是以山东省为例重点分析了现行农村专业经济协会运行基础——组织机制存在的问题和缺陷、决策机制和利益机制等主要运行机制构成方面存在的问题和缺陷等严重影响并制约农村专业经济协会发展和持续健康运行的问题，并辅以具体案例进行实证。二是构建农村专业经济协会运行绩效评价体系，选取现行不同类型和不同发展层次的农村专业经济协会进行实际调查，实证分析和总结目前影响农村专业经济协会有效运行的主要因素及其发生原因，明晰了破解或克服这些影响农村专业经济协会持续有效运行的因素和缺陷的作用方向与改革力度。三是在借鉴国外农村专业经济协会有效运行经验的基础上，本论文依托"临沭柳编工艺品协会"和"寿光蔬菜协会"分别创新会员构成格局及其相关运行机制这两个成功案例，在坚持"非营利性、社会性、无偿服务性"等自身属性的前提下，让会员之间彼此带动相互营利，最终真正实现了帮助农户提高生产经营能力进而增收创收的发展目的，同时也使自身破解并走出了"发展后劲不足"和"低水平发展陷阱"，提出了"协会＋企业会员＋农户会员"型与"协会＋龙头企业会员＋农村专业合作社会员＋农户会员"型两种创新型运行模式，并运用新制度经济学等相关理论对此做出合理解释，在很大程度上有助于农村专业经济协会成功破解或走出"发展后劲不足"和"低水平发展陷阱"，但又能够始终保持"非营利性、社会性、无偿服务性"等自身属性。

第三，研究方法方面的创新性。一是为了科学合理解释培育现代职业农民等类型农村能人的重要性及由农村能人牵头组建农村专业经济协会的必要性，文章运用智猪博弈理论和相关模型进行了解释；二是为了实证分析农村专业经济协会运行绩效及其影响因素，文章在参考和借鉴农村专业合作社等领域相关研究成果的基础上，以选取的农村专业经济协会为样本，构建了农村专业经济协会运行绩效评价指标体系，为了解决某些指标定量化问题将层次分析法与模糊分析法有机结合，用变异系数法对相关指标的客观权重进行预处理，利用主客观组合赋权法计算各指标权重，根据评价结果，对农村专业经济协会运行结构和主要构成按重要性程度进行排序。

第二章　理论基础

一　相关概念的界定

（一）农业合作经济组织

1. 农业合作经济组织的概念与内涵

组织是指某些发展能力弱小的群体为了实现共同利益或相同目标，在遵循共同认可的内在发展规律和运行程序的基础上，彼此之间协调行动、共同合作、相互联合而发展成的社会团体。[①] 农业合作经济组织有很多种不同的称呼，如农产品加工协会、生猪养殖合作社，农户用水协会等属于农业合作经济组织。当然，不同的称呼体现了各自不同的内涵和发展外延，但都表明了某些小规模生产或经营农户为了各自经济利益，围绕某类农业产业或某种农产品加工或营销而进行不同程度的合作。从发展本质上说，农业合作经济组织基本上都是以劳动联合或生产资源联合为主，其次还有部分农业合作经济组织以资金、股份等资本联合作为补充。农业合作经济组织在实际发展中，实行自主管理、自我经营、自负盈亏、自我发展和自我积累，其运行宗旨和发展目的都是为组织成员提供农业生产或经营中所需要的各种专业性服务和某些准公共产品。

---

① 郭红东：《当前我国政府扶持农村专业合作经济组织发展的行为选择》，《农村合作经济经营管理》2002 年第 5 期。

2. 合作化与集体化的区别

合作化是组织成员在承认私人具有独立的资产自主产权基础上，为了更好地实现各自经济利益而进行的某种交易的共同联合。在农业生产或经营中，当农户在参与某种合作组织后，农户原先分散而独立的生产或交易行为或劳动环节，在合作组织规章制度下实现了不同程度上的联合。个体行为或单独劳动环节的交易费用，由于达成某种程度上的联合而得以不同程度上的减少，这种以劳动或资本为基础的联合是在组织成员共同承认私人产权的前提下进行的，这种产权制度的激励特征是以组织成员拥有充分的"进退自由权"为根本保障的①。

集体化是将本来是私人拥有的财产，以某种手段或某种方式集中在一起，转变为集体成员共同具有的公共财产，从根本上否认了私人财产独立自主产权的存在。在农业集体化中，由集体来共同决定农业生产或农产品经营的决策，农业生产程序也必须由集体决定，个人的生产意愿和个人利益必须服从集体意愿和集体利益，集体成员失去了"进退自由权"。

（二）农村专业经济协会

1. 国外学者关于农村专业经济协会等合作经济组织的概念和内涵

农村专业经济协会在国外已经发展了 100 多年，许多国家的农村专业合作经济组织在组建、发展和运行等方面取得了较好的成功经验。国际上对农村专业经济协会等合作经济组织有着不同的界定，其中有代表性的定义包括：农村专业经济协会是一种非营利性的农民社团组织，一般由生产者会员自愿组建、拥有、管理和控制，为生产者会员或作为惠顾者会员或股东会员的共同利益，共同协作和运作②；农村专业经济协会是具有共同需要的农户为了克服自身所不能解决的

---

① 黄祖辉、徐旭初：《农民专业合作组织发展的影响因素分析——对浙江省农民专业合作组织发展现状的探讨》，《中国农村经济》2002 年第 3 期。

② Fulton，"The Future of Cooperatives in Canada：A Property Rights Approach"，*American Journal of Agricultural Economics*，77（1），1995：1144 –1152.

生产经营中面临的困难而自愿结合起来，在非营利基础上为本协会会员提供服务，在利益分配上根据各会员参与劳作的比例获得相关利益[1]；农村专业经济协会是一个由具有在非营利基础上为自身提供生产经营过程中所需服务、具有共同所有权利益的农户自主结合成的自愿性质的契约组织[2]；国外还有学者将农村专业经济协会定义为由力图实现自我经济服务的农户自愿结合成的具有民主性质的经济联合体，目的是消除被那些中间商所剥夺去的利润以及提供自己所有、管理和控制的公正的生产和经营计划[3]；美国威士康星大学合作性经济组织研究中心的定义认为"农村专业经济协会是一个由其惠顾者会员自愿所有和自主管理控制，在非营利或低成本基础上创办自己所有和经营管理的企业性经济实体"[4]；国际合作组织联盟成立100周年大会上，对其定义为"农村专业经济协会是由自愿联合的农户，通过其共同所有和民主管理控制的企业性实体，以提供共同的经济、社会和文化等方面发展需要的自治性质的经济联合体"[5]。

综上所述，总结和分析国外不同学者和研究机构关于农村专业经济协会的定义，可以发现其基本内涵主要包括：农村专业经济协会是一种由作为惠顾者（使用者）的会员"共同所有、民主管理、自我控制的法人社会团体"；农村专业经济协会由会员联合拥有，在重大事务和重大经营活动上，会员是独立决策的；农村专业经济协会对内是非营利的组织，与其会员进行交易是不能营利的，然而，为了增加

① Tennbakk, B. Marketing, "Cooperatives in Mixed Duopolies", *Journal of Agricultural Economics*, 46 (1), 1995: 33–45.

② Cook, M. L., "The Future of U. S. Agricultural Cooperatives: A Neo-Institutional Approach", *American Journal of Agricultural Economics*, 77 (10), 1995: 1153–1159.

③ Vitaliano, P., "Cooperative enterprise: An alternative conceptual basis for analyzing a complex institution", *American Journal of Agricultural Econmics*, 65 (3), 1983: 1078–1083.

④ Sexton, R. J., "Imperfect Competition in Agricultural markets and the Role of Cooperatives: A Spatial Anslysis", *American Journal of Agricultural Economics*, 72 (3), 1990: 709–720.

⑤ Fulton, M., "The Future of Canadian Agricultural Cooperatives: A Property Rights Approach", *American Journal of Agricultural Economics*, 77 (5), 1995: 1144–1152.

全体会员的共同利益和增强协会的自身发展能力，对外是可以营利的；农村专业经济协会的会员集所有者和惠顾者于一体，所有会员在平等的前提下实行民主管理。

2. 国内关于农村专业经济协会的概念和内涵

中国农业部和中国科协联合出台的《关于加强对农民专业协会指导和扶持工作的通知》中关于农村专业协会的定义是：农村专业协会是指在坚持自有生产资料所有权和维护私有财产权基础上，由农户在自愿的基础上相互联结，以提高自身生产经营能力和增收创利为发展目的，按照协会章程在生产经营资金、农业生产技术、生产管理、加工和营销等方面实施互助性合作，不以营利为目的具有法人性质的民间社会团体。

综合梳理国内相当部分学者关于农村专业经济协会概念和内涵的研究成果，一般认为：农村专业经济协会是一种农民自觉和自愿发起的协作性组织，它以市场为导向，先进的农业科技为先导，从事和经营同一类农业产业的农户、涉农企业和农村专业合作社、信用社等生产主体和单位遵循市场规律自愿组织起来，共同传递和使用科技信息，实行标准化生产和产业化运作，共同开拓市场，统一协调农产品价格，提高了分散生产、小规模经营的农民组织化程度和市场竞争力，对于优化调整农业产业结构，推进农业生产经营的市场化、产业化、标准化和国际化，繁荣农村经济，帮助农民提高增收创收能力，都起着重大作用。[①]

本书认为，农村专业经济协会是市场经济发展环境日益复杂的形势下，众多小规模生产经营农户在涉农部门、农村能人等拥有某种专有性资源和专有资产的不同类型牵头领办人倡导或动员下，自愿结成的经济性社会团体，是有效联结小农户和大市场的中介组织；

---

① 黄浩明：《非营利组织战略管理》，中国人民大学出版社 2003 年版，第 189—193 页；廖运凤：《对合作制若干理论问题的思考》，《中国农村经济》2004 年第 5 期；杨文志：《对农村专业技术协会及其相关问题的探讨》，《中国农村经济》2002 年第 3 期；杨惠芳：《嘉兴市农村专业合作经济组织的实践与思考》，《农业经济问题》2005 年第 3 期。

在实际运行过程中，农村专业经济协会在坚持和遵循"非营利性、社会性、公平性"等运行原则的前提下，为真正提高农户会员自身生产经营能力和增收创利这一最终发展目的而无偿提供各种农业生产经营专业性服务和准公共物品，可以大胆创新运行机制和运行模式，可以突破传统的运行模式和路径，创造一切有利条件和环境为农户会员最终致富；对内始终坚持非营利性原则，与其会员进行交易是不能营利的，对外是可以营利的，可以通过多种渠道和途径创办自己的农产品加工企业、农产品营销公司等多类型经济实体；或者将涉农性企业、农村专业合作社等营利性组织纳入会员，挖掘不同类型会员的优势，让会员之间良性互动，真正带动农户会员增收创利。

3. 农村专业经济协会运行类型

按经营和服务内容，农村专业经济协会划分为种植类、养殖类、农业生产专业技术服务类、种养殖混合类、农产品加工营销类、农用机械服务类等类型。

根据协会成员构成，农村专业经济协会可划分为"纯农户会员""农户+协会+企业""政府+农户+协会""农户+协会+企业+市场""协会+农户+农村专业合作社"等类型①。

根据协会组建牵头人不同，农村专业经济协会可分为能人牵头型、龙头企业带动型、农技部门兴办型、政府发起型、供销社带动型等类型②。能人牵头型大都由农村能人围绕区域内某一农业主导产业或特色农产品，自发联结从事同一产业或相同农产品组建的，其特点是在运行中主要凭借农村能人等领班者的技术、管理经验、资金、销售网点等优势资源。龙头企业带动型一般在实际运行中由龙头企业向会员无偿或优惠提供资金、技术、管理等资源，农户会员提供基地、

① 万江红、管珊：《农村专业技术协会的实践形态与发展定位——基于与农民专业合作社的比较》，《华中农业大学学报》（社会科学版）2013年第4期。
② 黄志宏：《"鸿源米业"值得推广的"公司+协会+基地+农户"模式》，《中国农村经济》2006年第6期。

劳力等生产初级农产品，这种类型一般规模较大，协会常常作为中介代表农户会员与龙头企业签订合同，形成产加销一条龙的现代农业生产经营体系。农技部门兴办型依靠县或乡镇的农技推广站、种子站等不同种类的涉农部门，利用其人才、技术、设备等生产资源组织区域内及周边地区的农户组建农村专业经济协会，其特点是充分利用那些涉农部门的人才、技术、设备等农业生产资源，减少组建和运行成本。政府发起型是指相关政府部门为了促进区域内的农业生产和农村经济发展以便更好地解决"三农问题"而组织区域内的农户组建的，其特点是利用和发挥政府部门的优势资源及其组织和协调功能。供销社带动型是指供销合作社一方面为了实现自己的经济利益、另一方面也为了帮助本区域内的农户增收创收而组织农户组建的，其特点是充分利用其营销网络和供销信息。

根据农村专业经济协会功能和服务内容，可分为生产为主型、农资采购为主型、农产品销售型、农产品加工型、农业生产或经营服务型、产供销综合型六种基本类型①。

根据农村专业经济协会与政府的关系，可分为农户自己独办型、政府主办型以及政府和农户结合型三种基本类型②。

4. 农村专业经济协会主要职能

根据实际走访调查现行大批农村专业经济协会，本书认为，农村专业经济协会作为一种非营利性的经济类社会团体，其发展职能主要为会员无偿提供各种生产性服务、准公共物品、帮助政府宣传并实施各项相关政策、培育现代职业农民、提高会员生产经营素质以及帮助会员联系沟通外界其他经济组织及市场和政府，帮助农户以市场为生产经营导向调整优化农业产业结构，在坚持协会自身整体非营利的前提下，创造条件和有利环境帮助会员营利创收。

---

① 郭晓鸣等：《龙头企业带动型、中介组织联动型和合作社一体化三种农业产业化模式的比较——基于制度经济学视角的分析》，《中国农村经济》2007 年第 4 期。

② 曹慧娟、郝世绵、张德化：《化解农民专业合作社发展困境的思路——"行业协会+合作社模式"》，《绥化学院学报》2015 年第 2 期。

（三）农村专业经济协会与农村专业合作社的区别

农村专业合作社是那些较长时期从事相同农产品生产、经营、加工或销售的农户，按照国际合作社通行规则和中国《农业合作社法》以及自愿原则组建的合作性质的农业经济组织。农村专业合作社成员实行平等持股、自愿入社、自我生产、自负盈亏、共负风险、共享营利等运营原则。目前，农村专业合作社在组织合作社成员生产和经营方面主要实行"充当龙头角色"和"充当中介组织角色"两种组织方式。

农村专业合作社在运行机制方面主要呈现以下特点。

第一，主体日益多元化。合作社作为一类经营实体，在制度设计上具有一定范围的特殊性，在生产和经营中需要按照企业化经营方式进行管理和运行，因此，农村专业合作社应该像企业那样具备从事生产和经营的资源和要素。

第二，实行成员惠顾与按股分红相结合的利益分配机制。农村专业合作社为了体现合作社成员互助合作性质，在利益分配设计上实行会员惠顾与有限资本报酬有机结合原则，但是不同农村专业合作社具体利益分配内容和机制设计及其具体运行方式彼此不同。

第三，建立了一定程度上的农业生产经营风险防范机制。为了在一定程度上确保农村专业合作社经营活动稳定运行，在合作社的收入中提取一定数额的风险金，但是不同的农村专业合作社具体提取方式和提取比例及提取时间彼此之间有所差别。

第四，设计农产品生产经营全过程产品质量监督控制制度。农村专业合作社在农产品生产和经营过程中，对生产资料实施统一采购，对农户生产和经营技术进行统一培训，对合作社成员统一提供生产技术服务，对合作社成员提供的产品质量按统一标准进行检查验收，对合作社成员验收符合标准的农产品进行统一销售的产品；同时，对合作社成员统一提供种苗、统一组织生产和管理、统一对合作社成员的农作物或养植物进行病虫害防治、集中收购合作社成员的农产品、对合格的农产品统一包装，这样，对合作社成员的农产品实行全过程规范控制和严格质量管理，确保合作社成员的农产品质量达到订单标准和要求。

农村专业经济协会和农民专业合作社在发展目标、职能和运营方式等方面呈现出许多共同点：都以农户为组织成员构成主体，都以服务成员为根本宗旨，都是为了完善和改进农业生产和经营体制，推进农业现代化进程，提高成员农产品市场竞争力，推动农业产业结构调整和优化，带动农民增收创收，提升农户现代农业发展素质，培育新型现代职业农民；在组织结构设置上都基本上设有理事会、理事长、监事或监事会等机构，都实行民主管理方式①。但是，从根本上说，农村专业经济协会与农村专业合作社还呈现以下几方面突出的不同点。

第一，农村专业经济协会作为一类非营利性社团组织，是代表其会员的市场主体，在其发展中联系生产和市场，已成为会员和政府之间相互沟通的重要纽带，注重培育和提高会员的农业生产效率和增收创收能力，完善现代农业生产服务体系，促进分散细碎化小规模农业生产经营向现代农业产业化、标准化和质量化转变，同时，农村专业经济协会也积极推进现代农业新技术、新科技和新产品的推广和广泛应用。

第二，农村专业经济协会坚持进退会自愿和自由原则以及灵活的运营方式，有利于吸纳涉农企业、科研单位、农业领域研发人员、农村专业合作社等成为会员，农村专业经济协会不直接以市场主体身份参与市场竞争，这在很大程度上降低了市场风险和各种不确定性带来的损失，有利于那些经济实力较弱、发展能力较低及发展素质较差的农户参与。

第三，农村专业经济协会作为一类公益性社会组织，还具有协助

① 李勤、杨程：《新农村建设背景下的农村专业经济协会发展及作用研究——以安徽省为例》，《宜春学院学报》2017 年第 3 期。

政府进行行业管理和监督的职责，帮助会员调和行业之间纠纷及保护会员合法权益，确保同行业生产效益最大化。

第四，农村专业经济协会通过不同层次协会之间建立的组织网络，可以无偿的帮助会员及时获取广泛的农业生产和经营信息，通过举办各种免费性农业科技讲座、农业新科技培训班等活动，有助于促进农业新产品和新技术的推广和应用。在信息共享、完善自我和推广新产品、提高农民素质上，农村经济协会更具有开放性和优势。

（四）农村专业经济协会运行机制

周艳认为农村专业经济协会产权、治理和运行结构、组织管理制度和管理方式、利益机制、服务机制以及与市场、政府等外部环境的联结与互动机制等构成要素之间相互作用和影响、彼此制约的动态过程就形成运行机制，农村专业经济协会运行机制状况直接影响协会自身发展和壮大[1]。尤庆国和林万龙研究了山东省莱阳市龙山果蔬协会的运行机制，认为由于股权结构的异化造成财务运行偏向于为少数核心会员创造利润、组织和运行结构不合理及其决策机制运行不正常、普通会员只能得到少量的价格优惠，却不能获取任何股金分红[2]。温美荣、胡宝贵等认为农村专业经济协会运行机制就是各构成要素的动态互动关系及其运行机理，其职能发挥将影响甚至决定农村专业经济协会的发展状况及其发展能力；农村专业经济协会运行的实质就是一个经济联合的过程，也就是农业生产资源和生产要素优化配置和优化组合的过程[3]。

农村专业经济协会的运行效果是其各种机制构成运行功能的整合和发挥，其运行绩效主要表现为所创造的社会经济效益与包括带给会

---

① 周艳：《安徽省农村专业经济协会现状及对策研究》，《当代经济》2011 年第10 期。

② 尤庆国、林万龙：《农村专业合作经济组织的运行机制分析与政策影响评价》，《农业经济问题》2005 年第 9 期。

③ 温美荣：《农民专业经济协会：内在制约因素与未来发展趋势》，《理论探讨》2011 年第 3 期；胡宝贵：《推进农村专业经济协会外部机制建设探讨》，《党政干部论坛》2012 年第 7 期。

员的价值感知和认同在内的农村专业经济协会主体效果两个方面。农村专业经济协会的运行机制主要包括协会的生成机制、组织管理机制、利益机制、激励和决策机制等内部运行机制，经济协会与市场的联结机制，经济协会与政府的互动影响和共同促进机制三个有机联系的部分。周艳以安徽省农村专业经济协会为例进行了实证研究，认为必须通过强化法制化、专业化、组织化、规范化、市场化、产业化、科技化、社会化等功能健全农村专业经济协会运行机制①。

综上所述，农村专业经济协会运行机制包括内部运行机制和外部运行机制。其中，内部运行机制构成要素主要包括内部产权安排机制、治理和运行结构、管理决策机制、利益机制、合作机制、保障机制、经营发展机制等。外部运行机制主要指与市场、政府等的联结与互动机制等。从实质上说，农村专业经济协会的运行机制就是这些内部和外部构成要素的相互联系及运行过程。

二 农村专业经济协会运行的基础理论分析

(一) 产权理论

产权是指产权主体对产权客体所拥有的一系列权利组的总称。Hendrikse 和 Veerman 认为，"产权是一种社会制度下对特定主体可以强制实施占有或利用某种经济品的权利，从实质上说就是怎样界定以及应采取怎样的使用形式的问题"②。Hendrikse 研究认为，"产权就是指主体关于某些客体受益或受损的权利，产权不是人与物之间的关系，而是由于对某些事物等客体的占有和使用所引起的人们之间相关被明确界定的行为性和社会性关系"③。产权制度是指界定每个人在

---

① 周艳：《安徽省农村专业经济协会现状及对策研究》，《当代经济》2011 年第10 期。

② Hendrikse, G. W. J. & Veerman, C. P., "Marketing Cooperatives and Financial Structure: a Transaction Costs Economics Analysis", *Journal of Agricultural Economics*, 26 (3), 2001: 205 – 216.

③ Hendrikse, G. W. J., "Screening, Competition and the Choice of the Cooperative as an Organizational Form", *Journal of Agricultural Economics*, 49 (2), 1998: 202 – 217.

稀缺资源等客体占有、利用方面的地位的一组经济和社会关系。产权可以分解为使用权、所有权、收益权、处置权、监督权和转让权等一组权利。产权具备有限性、可交易性、自由性、可分解性、排他性等根本特征，根据产权拥有主体分为私人产权、社团产权和集体产权。私人产权指某项财产的产权属于个人所有，其他主体被完全排斥在外；社团产权指某个社团的财产产权只属于该社团成员所有，任何社团成员可自主行使产权，但不能占有产权，产权主体是由自然人或法人组成的社团，其他社团成员被完全排斥在外；集体产权与社团产权两者的区别在于集体中每个成员可以拥有收益权和转让权，但不能单独自主行使使用权和处置权，使用权和处置权只能由集体成员共同行使[①]。现代产权制度具有产权明晰、权责明确、自主流转、严格尊重和保护等基本特征。农村专业经济协会的产权特征表现为进退自由、民主权利实行"一人一票"制、会员充分享受协会提供的各种服务、一般按每个会员的惠顾额进行利益分配等方面。明晰的产权界定一般具有降低不确定性、将外部性进行内部化、整合配置资源、激励、约束等多种功能。

（二）新公共管理理论

随着市场经济不断深化和在世界范围内广泛蔓延，"政府失灵"现象日益突出，庞大臃肿的官僚制已不能适应农业生产和农产品市场多样性。就质量安全的需求，农产品和农资等各种交易成本大幅度增加，许多准公共物品供给和各种农业生产专业性服务日益艰难，单靠政府无能为力，在这种发展背景和形势下，新公共管理理论就随之产生。新公共管理理论提倡和鼓励公民积极参与对国家重大事务的决策和管理，鼓励公民积极从事自主治理权，鼓励和倡导公民在自愿基础上积极组建各种类型合作性经济组织，帮助和协同政府参与市场经济以及

---

① 郭海霞：《整合"公司与农户"的利益冲突》，《中国农民合作社》2011 年第 2 期；[美] 科斯・诺思、威廉姆森等：《制度、契约与组织》，刘刚等译，经济科学出版社 2003 年版，第 156 页。

帮助政府在社会经济和政治文化发展方面起到协调作用①。部分新公共管理理论研究者认为，由于现代社会子系统日益繁杂，由之组成的社会网络也更加复杂，许多社会子系统各自为了维护自有资源和提高自身发展能力，纷纷自愿组建各自的经济组织，并且制定自己的组织章程、规章制度和运行规则，这些经济性组织在运行中始终与政府及其他组织保持良好的互动关系，目的是准确获取更多的发展信息和创造良好的发展环境，同时，积极帮助政府维护社会公共秩序和不断完善市场②。在农业不同产业部门中，农户作为理性的微观经济单位组织，为了克服和解决自身在生产经营中的困难和问题，突破规模过小细碎化经营带来的不经济问题的束缚，优化或调整农业产业结构、提高现代农业一体化、商品化和标准化水平，以提高自身生产经营能力和自己农产品市场竞争力，遵循产业组织成长和发展理论，生活在同一或邻近地域的农户在自愿的基础上组建不同类型的农村专业经济协会，为会员提供农业生产经营不同环节的准公共物品及专业性服务。从发展本质和发展手段等方面讲，农村专业经济协会是在特定农业生产经营环境下的一种制度安排和农业生产资源整合与优化配置方式。

（三）合作经济理论

Royer 和 Bhuyan 研究认为小规模生产经营农户在生产中进行合作的实际情况，提出合作社拥有土地等农业生产资料所有权，在合作社这个集体组织中农户协同劳动，对劳动成果实行按劳分配③。Helm-

---

① Banerjee, A. D. D. Mookherjee, K. Munsh, D. Ray, "Inequality, Control Rights, and Rent Seeking: Sugar Cooperatives in Maharashtra", *Journal of Political Economy*, 109 (1), 2001: 138 - 190.

② 吴东民、董西明：《非营利组织管理》，中国人民大学出版社 2003 年版，第 129—132 页；徐旭初：《农民专业合作：基于组织能力的产权安排——对浙江省农民专业合作社产权安排的一种解释》，《浙江学刊》2006 年第 3 期；战明华等：《市场导向下农村专业合作组织的制度创新——以浙江台州上盘镇西兰花合作社为例》，《中国农村经济》2004 年第 5 期。

③ Royer, J. S. and S. Bhuyan, "Forward Integration by Farmer Cooperatives: Comparative Incentives and Impacts", *Journal of Cooperatives*, 10 (1), 1995: 33 - 48.

berger 和 Hoos 提出为了便于管理，在一定地域范围内建立一个大田庄，把这一地域范围内的所有农户个体所有的土地等生产资料统一归属于大田庄，所有农户都在大田庄内共同从事农业生产和劳作，按当初每个农户入股的土地数、向田庄交纳的资金额和劳动贡献量等资产和资源比例，对劳动成果进行统筹分配[1]。LeVay 研究认为在农业生产经营中，可以根据实际情况，在坚持"自愿、互惠、互助、公平、互利"原则的基础上，农户可以组建和发展不同类型的农村或农业合作性的专业性经济组织，政府应该从法律法规、发展政策、财政、资金、筹资融资等运行环境和条件大力扶持[2]。随着市场经济的发展，市场需求不断发展变化，不同国家和地区由于各自的经济社会发展水平以及政治文化环境的差异，在坚持"进退自愿、公平、管理民主"等传统原则下，农村合作性经济组织的具体合作内容不断增加和完善，具体运行方式也因不同具体发展环境和条件而互不相同。

（四）交易费用理论

交易费用理论是研究采取何种方式进行产权界定和产权制度安排，目的是尽可能优化现有资源配置、提高资源使用效率以便最终降低各种交易费用。这里的"交易费用"侧重指相关制度的设置、安排、执行及其监督等运行成本。科斯指出之所以会产生交易费用，主要是因为交易本身的稀缺性。Phillips 认为交易产品的性能和技术等特性、市场存在的各种不确定性和各类风险、交易对手数量及其特征、现有及潜在的竞争对手数量及其特征等因素是产生市场交易费用的主要原因[3]。在市场经济日趋复杂和竞争日趋激烈、农业发展环境日趋严峻下的农业生产经营中，生产规模过小、分散经营、发展能力

---

① Helmberger, P. G. and S. Hoos, "Cooperative Enterprise and Organization Theory", *Journal of Farm Economics*, 23 (2), 1962: 285 – 290.

② LeVay, C., "Agricultural Cooperative Theory: A Review", *Journal of Agricultural Economics*, 34 (3), 1983: 1 – 44.

③ Phillips, R., "Economic Nature of the Cooperative Association", *Journal of Farm Economics*, 35 (3), 1953: 195 – 199.

薄弱的农户进行各种市场交易时，需要耗费搜寻相关交易信息、搜寻并确定交易对象、商洽农产品价格、签订交易合约、履行交易合约、监督交易合约以及交易市场秩序维护费等诸多环节和方面的费用，同时，明晰相关产权界定、确定产权制度和维护农产品产权以及与政府、其他厂商和经济组织之间进行沟通等方面也需要耗费一定的交易费用。因此，面对如此的发展情况和环境，那些地处同一或邻近地域并且从事相同农业产业的农户为了降低和节省这些交易费用，就很可能自愿联合组建和发展农村专业经济协会。

（五）公共选择理论

公共选择理论的核心内容是指由许多不同成员结合成的集体组织或社会团体，为了增加成员的共同经济利益或维护成员的资产产权，组织和协调成员共同合作生产，共同为成员提供专业性服务或准公共物品，但是，由于组织成员之间发展素质和水平存在差异，经常产生个人利益与集体利益之间的冲突以及"个人投机主义"行为等问题，这些冲突和问题往往导致集体组织的发展目标难以实现。"公共物品"与"私人物品"在消费上有本质上的区别，主要表现在消费者消费时的非竞争性和非排他性，这样，组织成员在消费组织生产和提供的公共物品或各种专业性服务时，不受其对组织贡献程度大小限制；同时，在组织成员之间合作行动中，单个成员的积极程度和贡献程度就会因之受到不同程度的影响和削弱，在组织运行中容易盛行"搭便车"和"个人投机行为"[1]。

组织生产和提供准公共品或专业性服务的数量和质量往往与一个组织的成员规模及其成员的异质性明显程度密切相关。事实证明，在那些成员较少并且彼此之间异质程度明显的组织或社会团体中，不论对少数核心成员还是多数成员来说，他们都深深感觉自己从所属组织

---

① 德姆塞茨：《关于产权的理论、财产权利与制度变迁》，上海三联书店、上海人民出版社 1994 年版，第 178—181 页。

或团体中获得的收益远比自己为获取这部分收益单独生产经营需要支付的成本更高，这样，成员合作行动的积极性较高，而且组织协调成员共同合作的成本较低，最终就能够确保组织生产或提供足够的准公共物品或专业性服务，实现组织发展目标①。反之，在那些成员相当较多并且彼此之间异质程度不明显的组织或团体中，组织或团体的凝聚力较差，而且组织协调成员共同合作的成本较高，"搭便车"和"个人投机行为"问题较为严重，这样，组织或团体最终难以为成员生产或提供足够的准公共物品或专业性服务，最终组织或团体发展目标就很难实现。

在实际运行中，组织一般都通过制定章程、规章制度或者实施某些激励性政策和措施，强制和激发成员合作行动，实现组织发展目标。Hendrikse 和 Veerman 认为为了促使成员能够合作行动，组织或团体应该制定具有强制性的章程、规章制度、政策或采取强制性措施，也可以制定激励性的政策或采取激励性的措施和手段②。从各国目前农村专业经济协会等农村合作性经济组织运行和发展状况看，由于发展类型和运行模式多种多样，会员规模大小不一，不同会员之间在生产经营能力、生产技术、资金、思想文化素质和水平等方面的差异程度彼此不一，这样，在不同农村专业经济协会运行中，会员合作行动的积极性和努力程度以及公共选择问题就存在很大差别。因此，为了促进农村专业经济协会的有效运行和发展目标的最终实现，制定激励性机制等有效运行机制、明晰资产产权、完善组织运行机构、有效章程、规章制度、培育现代职业型农民、培育会员的合作意识以及积极获取政府在财政、政策、法律法规、资金等各方面扶持等措施，是非常必要的。Taylor 认为，在传统农业生产方式和经营形式下，面对日趋激烈的市场竞争，农户为了自身经济利益最大化，不断努力提

---

① 冯开文：《合作制度变迁与创新研究》，北京中国农业出版社 2003 年版，第 92—97 页。

② Hendrikse, G. W. C., P. Veerman, "Marketing Cooperatives: An Incomplete Contracting Perspective" *Journal of Agricultural Economics*, 52（1），2001：53 – 64.

升自己市场竞争力和理性"经济人"水平，不断改进农业生产经营
方式，想法优化农业产业结构和优化配置自有农业资源，不断调整和
优化自己的行为决策；同时，政府也不断优化政策和制度环境努力确
保农户生产经营的自主决定权①。在农村专业经济协会运行中，在专
用性资产或资源投资方面，那些种养殖大户等农村能人与普通农户不
对等，而且普通农户大部分也都是"理性的"，"敲竹杠"等问题时
常发生，导致种养殖大户等农村能人逐渐缺乏投资的积极性，甚至选
择退出，导致农村专业经济协会缺乏发展后劲、各种专业性服务供给
难以得到保障②。

（六）博弈理论

博弈理论是对决策主体关于某经济行为采取如何行动、做出如何
决定等对策进行研究的理论，包括"对弈双方主体、博弈应遵循的规
则、策略和对策的选取及其制定、对弈双方各自的收益函数"等要素
和环节，如果按博弈最终结果可划分为非合作博弈与合作博弈两种基
本类型。合作博弈理论主要分析在一个组织中，成员采取积极合作行
为策略下未来收益问题，只要合作收益最少不低于非合作收益，合作
策略才能被选取和付诸行动；在构建合作博弈分析模型时，不要求对
弈双方相互完全掌握对方有效的行动信息。非合作博弈理论主要用来
分析一个组织成员相互对集体准公共物品供给决策行为的选择，成员
之间彼此的行为选择偏好和主见互不相同，也有可能某些成员的决策
行为会在很大程度上影响甚至决定其他成员的利益和未来收益，因
此，成员彼此之间的沟通程度和信任程度、合作成本的大小、合作意
识培育成本大小、监督合约履行情况的成本大小等因素都影响甚至最
终决定某些成员的决策选择，致使所有成员最终基本上选取非合作行

---

① Taylor, R. A., "The Taxation of Cooperatives: Some Economic Implications", *Canadian Journal of Agricultural Economics*, 12 (3), 1971: 136 - 139.

② 包忠明、徐龙志:《优化农民合作组织运行机制的个案分析与对策建议》，《农村经济与科技》2011 年第 6 期。

动策略；在构建非合作博弈分析模型时，要求对弈双方彼此之间应该事先完全了解和掌握对方的有效行动信息①。

由于博弈主体彼此之间的决策行为相互影响，因此，应该将所有博弈主体的一系列决策行为看成一个战略组合整体，所有对弈者之间的博弈实质上就是一个由所有对弈者的最优策略形成的均衡性博弈。按照博弈论理论观点，农村专业经济协会作为一个农户彼此互助性的社会团体，不同会员都是对弈主体，由于彼此之间在个人利益上、未来收益、个人支付函数以及个人策略选择空间互不相同，而且在某些会员之间可能存在很大的差异，因此，会员之间将需要较长一段时间的博弈，最终做出能够最大限度确保自身利益最大化的策略选择，使农村专业经济协会整体达到博弈均衡。

三　农村专业经济协会运行机理分析

农村专业经济协会运行机制就是在遵循相关运行机理的基础上，内部治理和运行结构以及内部、外部运行机制各构成要素的动态互动关系，从实质上说就是整合优化和配置生产要素等农业资源的经济联合过程。现行运行绩效良好的农村专业经济协会实践表明，能否坚持相关理论指导和遵循相关运行机理，整合利用自身内部条件和所处外部环境来设置组织结构和运行机制构成是其能否有效运行和持续发展壮大的关键所在。本节就农村专业经济协会运行原理、阻力、动力、主要角色、利益共享及合作生成等相关运行机理进行分析，为构建有效的农村专业经济协会运行机制夯实指导性基础。

农村专业经济协会运行过程就是有效整合和充分利用自身为会员所能提供的各类农业生产要素和各种功能的过程，从其发展本质上讲

---

① 程敏、余燕：《基于演化博弈论的知识链组织间知识共享研究》，《科技管理研究》2011年第2期；[法]克里斯汀·蒙特、丹尼尔·塞拉：《博弈论与经济学》，经济管理出版社2005年版，第240—249页。

也就是会员自愿向农村专业经济协会进行各种投入以追求自己利益最大化的行为过程。因此，表明一个农村专业经济协会运行机制良好的重要衡量标准——会员最终从归属的农村专业经济协会所获取的利益多少以及能否使其提高生产能力和增收创收。本节在借鉴已有研究成果的基础上，考虑到会员主要是为了获取农村专业经济协会所生产或提供的准公共物品和专业性服务，以提高自身增收增利能力，因此，在这里选取会员的惠顾额、公共物品、营利目标、市场竞争力和专业性服务等要素作为变量构建一个分析模型，分析农村专业经济协会实际运行机制设置应该遵循的基础前提和条件。模型建立的假设条件：农村专业经济协会的会员都是独立生产或经营者和"理性经济人"，所有会员的经济行为都是均质的。

设定农村专业经济协会会员的目标函数为：

$$O_i = j_i^{\alpha_i} w_i^{\beta_i} z_i^{\gamma_i} h_i^{\eta_i}, i = 1,2,3,\cdots,n \tag{1}$$

其中，O_i 表示会员的目标函数，i 表示第 i 个会员，j 表示会员需求的技术服务，α 表示技术的效益弹性，w 表示物质资本要素，β 表示准公共物品要素的效益弹性，z 表示市场竞争力（用参与市场交易的农产品数量表示），γ 表示市场竞争力的效益弹性，h 表示会员的惠顾额，η 表示惠顾额的效益弹性。

会员为获利需要为农村专业经济协会做出支付。设第 i 个会员支付的总额可以表示为：

$$c_i = p_w w_i + p j_i + p_z z_i + p_h h_i, i = 1,2,3,\cdots,n \tag{2}$$

其中，c_i 表示第 i 个会员所有支付的总额，$p_w w_i$ 表示第 i 个成员为获得公共物品的支付额，$p j_i$ 表示第 i 个成员为获得技术服务的支付额，$p_z z_i$ 表示第 i 个成员为获得市场竞争力的支付额，$p_h h_i$ 表示第 i 个成员为获得协会惠顾额的支付额。那么，整个农村专业经济协会全体会员的总支付可以表示为：

$$C = \sum_{i=1}^{n} c_i = p_j \sum_{i=1}^{n} j_i + p_w \sum_{i=1}^{n} w_i + p_z \sum_{i=1}^{n} z_i + p_h \sum_{i=1}^{n} h_i, i = 1,2,3,n$$

$$C = P_J J + P_W W + P_Z Z + P_H H \tag{3}$$

其中，农村专业经济协会提供的各种技术服务总量为 $J = \sum\limits_{i=1}^{n} j_i$，农村专业经济协会提供的准公共物品总量为 $W = \sum\limits_{i=1}^{n} w_i$，农村专业经济协会所提升的市场竞争总量为 $Z = \sum\limits_{i=1}^{n} z_i$，农村专业经济协会从会员获得的惠顾额总量为 $H = \sum\limits_{i=1}^{n} h_i$。

组建或加入农村专业经济协会的会员的营利模型表示为：

$$\max \quad O_i = j_i^{\alpha_i} w_i^{\beta_i} z_i^{\gamma_i} h_i^{\eta_i}, i = 1,2,3,\cdots,n \tag{4}$$

$$st \quad c_i = p_w w_i + p j_i + p_z z_i + p_h h_i, i = 1,2,3,\cdots,n \tag{5}$$

对模型求解，得出其一阶条件：

$$\alpha_i j_i^{\alpha_i-1} w_i^{\beta_i} z_i^{\gamma_i} h_i^{\eta_i} - \lambda P_J = 0 \tag{6}$$

$$\beta_i j_i^{\alpha_i} w_i^{\beta_i-1} z_i^{\gamma_i} h_i^{\eta_i} - \lambda P_W = 0 \tag{7}$$

$$\gamma_i j_i^{\alpha_i} w_i^{\beta_i} z_i^{\gamma_i-1} h_i^{\eta_i} - \lambda P_Z = 0 \tag{8}$$

$$\eta_i j_i^{\alpha_i} w_i^{\beta_i} z_i^{\gamma_i} h_i^{\eta_i-1} - \lambda P_H = 0 \tag{9}$$

$$c_i - p_w w_i - p j_i - p_z z_i - p_h h_i = 0 \tag{10}$$

其中，λ 为拉格朗日乘数。由式（10）可以得到：

$$h_i = (c_i - p_W w_i - p j_i - p_z z_i)/p_H \tag{11}$$

由式（6）、式（7）、式（8）分别与式（9）联立就可以求得：

$$P_J = \frac{\alpha_i h_i}{\eta_i j_i} \times P_H \ (10), \ P_W = \frac{\beta_i h_i}{\eta_i w_i} \times P_H \ (11), \ P_Z = \frac{\gamma_i h_i}{\eta_i z_i} \times P_H \ (12)$$

将式（10）、式（11）和式（12）代入式（9）中，得到：

$$h_i = \frac{1}{P_H}\Big[c_i - P_H \frac{h_i}{\eta_i}(\alpha_i + \beta_i + \gamma_i)\Big] \tag{13}$$

式（13）的解就表示农村专业经济协会中第 i 个会员与协会之间产生的惠顾额总量，从会员营利角度看，这个惠顾额总量也就是该会员组建或加入某个农村专业经济协会所需求的最优惠顾额量。这个惠顾额总量大小将最终影响和决定该会员对农村专业经济协会的信赖程度。分别从其构成结构及其发展趋势等角度，对这个最优惠顾额总量进行分析，就能从中发现农村专业经济协会运行的基本机理。

①一般运行机理分析

对式（13）进一步整理得到：

$$h_i = \frac{c_i \eta_i}{P_H(\alpha_i + \beta_i + \gamma_i + \eta_i)} \quad i = 1, 2, 3, \cdots, n \tag{14}$$

式（14）表明，在其他条件不变的情况下，h_i 是 c_i 和 η_i 的增函数，是（$\alpha_i + \beta_i + \gamma_i + \eta_i$）的减函数，这意味着，会员对农村专业经济协会的准公共物品和专业性服务的总需求越高（h_i 增大），与农村专业经济协会发生的惠顾额在自己农业生产经营中的作用就越大（η_i 增大），那么，该会员对经济协会惠顾额的量随之增大（h_i 增大）；而经营中技术服务、物质资本和市场竞争力等要素的作用越大 [（$\alpha_i + \beta_i + \gamma_i + \eta_i$）增大]，该会员对经济协会惠顾额的需求就越小。这表明会员在技术、资本或者其他方面能力越强，对农村专业经济协会的需求就越小，这从理论上证明农村专业经济协会是单个农户等弱势群体联合的本质要求。

②经济行为分析

根据分配净尽理论，由式（1）可以得到：

$$\frac{\partial O_i}{\partial j_i} = \alpha_i j_i^{\alpha_i - 1} w_i^{\beta_i} z_i^{\gamma_i} h_i^{\eta_i}, i = 1, 2, 3, \cdots, n \tag{15}$$

$$\alpha_i = \frac{\partial O_i}{\partial j_i} \Big/ \frac{O_i}{j_i}, i = 1, 2, 3, \cdots, n \tag{16}$$

同理，可以求得：

$$\beta_i = \frac{\partial O_i}{\partial w_i} \Big/ \frac{O_i}{w_i}, i = 1, 2, 3, \cdots, n \tag{17}$$

$$\gamma_i = \frac{\partial O_i}{\partial z_i} \Big/ \frac{O_i}{z_i}, i = 1, 2, 3, \cdots, n \tag{18}$$

$$\eta_i = \frac{\partial O_i}{\partial h_i} \Big/ \frac{O_i}{h_i}, i = 1, 2, 3, \cdots, n \tag{19}$$

如果符合分配净尽理论，就有：$\alpha_i + \beta_i + \gamma_i + \eta_i = 1$，此时，假定农产品市场是完全竞争，并且所有生产要素都按同比例发生变化，就有：

$$\frac{\partial O_i}{\partial j_i} = \frac{\partial O_i}{\partial w_i} = \frac{\partial O_i}{\partial z_i} = \frac{\partial O_i}{\partial h_i} = \alpha_i \frac{\partial j_i}{j_i} + \beta_i \frac{\partial w_i}{w_i} + \gamma_i \frac{\partial j_i}{z_i} + \eta_i \frac{\partial j_i}{h_i}$$

$$(20)$$

$$\frac{\partial O}{O} / \frac{\partial \lambda}{\lambda} = \alpha_i + \beta_i + \gamma_i + \eta_i = 1 \qquad (21)$$

根据分配净均衡原理，有：$o_i = c_i$，那么就有：

$$\frac{\partial c_i}{\partial j_i} = P_{Oi} J_i = \frac{\partial o_i}{\partial j_i} \qquad (22)$$

同理得到：$P_{Oi} W_i = \dfrac{\partial o_i}{\partial w_i}$，$P_{Oi} Z_i = \dfrac{\partial o_i}{\partial z_i}$，$P_{Oi} H_i = \dfrac{\partial o_i}{\partial h_i}$ (23)

其中，$P_{Oi} H_i$ 表示农村专业经济协会惠顾的市场价格总量，$P_{Oi} J_i$ 表示农村专业经济协会所提供的各类技术服务的市场价格总量，$P_{Oi} W_i$ 表示农村专业经济协会所提供的准公共物品和专业性服务的市场价格总量，$P_{Oi} Z_i$ 表示农村专业经济协会为会员所提升的市场交易农产品的市场价格总量。

根据上列相关方程进一步整理得到：

$$h_i = \frac{1}{P_H} \Big[c_i - \frac{P_H}{P_{O_i}} (P_{O_i} J j_i + P_{O_i} W_i w_i + P_{O_i} Z_i z_i + P_{O_i} H_i h_i) \Big] \qquad i = 1,$$

$$2, 3, \cdots, n \qquad (24)$$

式（24）显示，农村专业经济协会运行行为与其所占有的各种生产要素和各类服务功能的价格紧密关联，c_i 代表会员对农村专业经济协会的支出总额，其他变量分别代表农村专业经济协会所提供的技术性服务、准公共物品及各类专业性服务等要素和市场竞争力等方面的支出，农村专业经济协会的运行可以转化为"以价格体系来表征的内部基础条件和外部发展环境相结合的投入—产出过程"。投入—产出效率的大小在很大程度上决定会员对农村专业经济协会的行为和态度。

综上所述，第一，农村专业经济协会对会员的凝聚力决定于其发展规模和运行效益。农村专业经济协会的"对外营利"和"对内非营利"特征可转化为"外部市场收益"与"内部服务支出"的成本核算问题。"每个会员的经济行为"可表示为对经济协会追求"利益最大化行为"。农村专业经济协会的内部结构存在着无偿为会员提供服务的非营利特性，会员与农村专业经济协会的惠顾额总量是影响其运行状况和发展趋势的重大因素，惠顾额总量越大，经济协会的凝聚力越大，其发展规模就越大，对外效益也就越高；反之，凝聚力就减小，对外效益就降低，有解散破产的可能。

第二，农村专业经济协会经营业务范围和经营规模是持续发展的关键。从模型的结果来看，农村专业经济协会的运行状况直接受会员参与行为的总支出预算 c_i 影响，间接地受会员与农村专业经济协会的惠顾额 h_i 影响。这表明农村专业经济协会的持续发展并不断壮大，一方面要不断增加会员的惠顾额这一内在需求；另一方面应该同时扩大经济协会的总支出预算这个其本质上满足会员的经济要求。现实中有许多农村专业经济协会组建不久就不能持续生存和发展的原因之一就是没有适应市场经济发展需求及时扩大经营范围。

第三，提高农户生产经营能力是农户组建和参与农村专业经济协会的必要性。会员与农村专业经济协会发生的惠顾额量，一方面与自身所需求的总服务量呈正相关，同时，也与农村专业经济协会农产品交易功能大小呈正相关变化；但是，另一方面随着会员自身生产经营条件、市场竞争力、农业生产技术和能力等生产要素的增强而减少。当农村专业经济协会为会员提供的服务职能越多，经济协会就越有强大的发展后劲；当会员个人收入增加、农业生产经营能力提高、掌握了某种农业生产技术或者个人应对市场能力提高后，对经济协会的需求就降低，退出行为倾向就会增大。因此，农村专业经济协会只有不断创新运行方式，不断提升凝聚力和吸引力，提升为会员增收创收能力，新的会员就会增加，自身才能不断发展壮大。

第四，会员之间差异性影响农村专业经济协会运行效率。农村专业经济协会在组建之初，必须注重会员之间在思想发展观念、农业科学技术水平、农业生产经营能力、经济实力等方面差异，应该尽量避免会员之间差异过大，而且在经济协会发展中，也应该注意不要使会员之间的差异过大，应该努力缩小会员之间的差别，使会员之间在生产实力等方面合理组合，平衡差异，防止出现会员之间集团分化、甚至发生部分会员要求重组等不利于经济协会持续发展的问题发生。

（一）农村专业经济协会运行的阻力和动力分析

1. 农村专业经济协会运行的阻力分析

孙亚范以及郭红东等分别对影响农户是否参与或组建农村专业经济协会等合作性经济组织的因素和问题进行了研究，他们认为农产品特征、农业生产经营的商品化程度、农业生产集群特征、农户成员的认知程度和自身素质、制度环境以及政府支持程度都是重要的影响因素，如果这些因素较差或农户成员彼此间的差异性较大就会成为农村合作性经济组织生成和发展的阻力[1][2]。本部分借鉴已有研究成果，着重基于农户角度分析在农村专业经济协会组建和运行过程中，有哪些因素是动力，有哪些因素是阻力。为了更好地分析和发现问题，在不影响分析结果正确性的前提下，在此提出三个假设条件：①农户对农村专业经济协会的参与和合作行为都属于理性经济行为；②当前的农户都是不同程度的理性经济人；③在任何给定的约束条件下，农户的经济行为都是基于成本—收益角度分析比较后的最优选择。

从农户对农村专业经济协会所持有的观点和态度方面分析。共

---

① 孙亚范：《现阶段我国农民合作需求与意愿的实证研究和启示——对江苏农户的实证调查与分析》，《江苏社会科学》2003 年第 1 期。

② 郭红东、徐旭初、邵雪伟、陆宏强：《我国农民专业合作经济组织发展的完善与创新——基于对浙江省实践的分析》，《中国软科学》2004 年第 12 期。

发放调查问卷 200 份，收回有效问卷 195 份。调查结果显示，认为协会对自己生产经营非常重要、不能没有协会的有 103 人，刚刚过总数的一半；认为一般重要、对自己生产经营有所帮助的为 52 人，占总数的 20.1%；认为协会只对生产环节有帮助的会员有 15 人；认为加入协会只是为了农产品销售的会员有 23 人；有两名打算退出协会。有 178 名会员直接或间接与协会签订农资采购或农产品销售合同，表明农村专业经济协会对会员的生产和销售等方面的服务功能比较好；195 名会员向农村专业经济协会缴纳了会费，说明在收回的 195 份有效问卷中的会员全部缴纳了会费，表明他们组建农村专业经济协会还是积极的；有 33 份问卷填写了他们加入的农村专业经济协会兴办了农产品营销机构或农产品加工机构等不同类型的经济实体，实行了股份制，这表明部分农村专业经济协会正努力创新运行模式和改善运行机制，积极创办经济实体，以增强自我发展能力。

从农村专业经济协会发展和运行的社会经济基础方面分析。分析统计 195 份有效问卷调查结果发现：选答信任的会员有 190 人，普遍认为农村专业经济协会既然是自己自愿组建的，会员之间、会员与协会之间、会员与管理成员之间都应该相互信任，相互信任是农村专业经济协会履行服务功能的根本；填写需要有能力的领办人的会员有 168 人，表明农村专业经济协会需要富有领导和组织能力及知识水平高的领办人，农户才会认可；填写农户的知识水平和生产经营能力重要的会员有 145 人，表明农户整体素质是农村专业经济协会组建和发展的主体；填写区域经济发展水平和社会发展基础等外部条件重要的有 95 人，表明超过一半的会员认可农村专业经济协会发展需要良好的外部环境和运行条件。

从农村专业经济协会的决策方式分析。分析统计 195 份有效问卷调查结果发现：有 90% 的会员认为协会的重大决策和重要业务行动应该由全体会员决定，表明了绝大部分会员仍然接受传统的协会"民办、民管、民受益"原则，表明决策机制的设计及其运行方式是影响农户是否组建和建设农村专业经济协会的重要因素，但是也从侧面反映农户一定程度的保守思想，缺乏创新发展思维；有65%的会员主张经济协会的重大决策和重要业务行动可以由会员代表大会决定，没有必要让全体会员都参加表决，这样会节约成本，提高决策效率。上述不同的两个百分比，反映了会员之间的知识水平和发展素质的不同。

从农户对农村专业经济协会需求方面分析。调查发现小规模分散经营农户在生产经营活动中主要面临"市场信息缺乏、资金严重不足、管理和技术传统落后、效益低下"等困难和问题，分析统计195份有效问卷调查结果发现：56%的农户表示非常需求，28%的农户表示一般需求，15%的农户表示可有可无，仅有1%的农户表示没有需求。从理论上讲，对这些要素需求程度越高，对农村专业经济协会的需求就越大。

从农户个人发展属性特征与农村专业经济协会的关系方面分析。调查和走访发现：户主文化程度的高低与农户参与组建农村专业经济协会的积极性和热情呈正相关；农户的年龄大小与农户参与组建农村专业经济协会的积极性和热情也显示呈正相关，因为，农户越年轻化，能力就越大，离乡打工的可能性就越大。

从农户生产经营方式和特征角度分析。在目前现行的农业生产经营体制下，农户生产经营方式和特征主要集中表现为"农业机械化程度"和"农业生产经营收入的比重占家庭总收入的比重"两个方面，农业机械化程度越高或者农业生产经营收入的比重占家庭总收入的比重越大，则农户参与组建农村专业经济协会的意愿就越大。

综上所述，从农户角度调查分析发现，农村专业经济协会在其组建和运行过程中的阻力来自农户个体行为、知识和思想等方面的影响因素有很多，但是"农户发展观念、知识存量、经营资金困乏、农户的综合生产经营能力和素质普遍较低"等因素对农村专业经济协会正常运行的阻力作用比较集中突出。

2. 农村专业经济协会运行的动力机制

农户组建和参与农村专业经济协会的动力主要表现为能够降低自身农业生产经营成本和各种交易成本以及提升自身增收创收能力，由内生动力和外生动力两部分构成。内生动力产生于内部会员之间的合作互助、共享农业资源以及一定程度的规模经济和正外部经济等方面；外生动力主要来源于外部环境中的市场竞争力以及政府在政策、财政、科技、税收等方面的支持。

农户参加农村专业经济协会的前提是得到的收益大于因参加协会造成的直接收益损失，因此，从经济学角度看，农村专业经济协会组建的理论前提是提高协会运行能力、降低运行成本、追求效益最大化。在农村专业经济协会整个运行过程中，其投入的农业要素资源经过整合与优化配置，能够产生一定程度的规模经济和正外部经济，降低各种农业风险和市场不确定性等可能导致的收益损失，节省各种农资采购和农产品销售等交易成本，提高农业产业化和标准化程度，提升农产品市场竞争力。

（1）农村专业经济协会发展的内生动力分析

专业化分工与协作是农村专业经济协会发展内生动力生成要素之一。在农业生产过程中，生产场所分散、农作物种类和生产方式以及生产工具等多种多样、不同农业生产对象的生产周期和生产规模各不相同等农业生产特性在很大程度上限制了其连续的生产过程以及不断细分的生产或加工环节。农产品特殊方式的专业化分工和相互协作程序，依靠个体分散经营、规模过小、实力弱小的农户是不能完成的，必须由许多农户组建成农村专业经济协会等合作性经济组织，通过将其内部的农业资源要素优化配置和进一步转化利用，实施专业化分工与协作，才有可能完成。

第一，降低生产和经营成本。农村专业经济协会通过整合全体会员的农业资源要素使农业生产经营规模不断扩大，有效减少农户在分散生产和经营状态中的各种成本，增强农产品市场竞争力，获得规模经济效益。

第二，共克农业生产障碍和共享知识等稀缺农业资源。农村专业经济协会能够有效帮助会员克服农业生产技术水平低下、农产品质量低劣、农产品价格相互挤压等一系列个体独自生产经营中的障碍。同时，通过提供农业生产技术培训和农业知识教育等服务功能，建立知识等稀缺资源共享机制，激励和组织会员互惠互助，提高农业产业化、标准化和现代化水平，提高会员经济效益①。

第三，形成外部性经济。农村专业经济协会通过实行专业化分工与协作有机结合，将会员之间彼此孤立的生产、包装、加工和销售等环节有机组织起来，拓展农业产业链，实施农业产业化和一体化经营，形成外部性经济，增强内部发展动力。

第四，发展规模经济。农村专业经济协会通过统一提供"农资采购、农业科技、农用机械、先进品种"等服务功能以及创办自己的经济实体，大幅度降低生产经营成本，给会员带来一定的规模经济效益。

第五，建立明晰的产权制度。在农村专业经济协会整个运行机制构成中，明晰的产权制度是其能否健康运行的前提条件和运行基础。如果资产产权制度不明晰，或者产权界定不明确，那么，在实际运行中就会面临来自产权方面的困难和阻力，因此，在农村专业经济协会组建之初就必须建立明晰的产权制度，为强化内生动力奠定良好基础。

由于农户对农村专业经济协会所带来的预期收益存在不确定性，农户之间的发展能力和发展素质参差不齐，所以，在农村专业经济协会生成和运行的不同阶段，其内生动力的形成因素就不同，表现在：在农村专业经济协会探索组建阶段，降低运行成本和发展规模经济是主要内生力量；在农村专业经济协会发展成长阶段，专业化分工与协作、共享知识等农业资源是主要动力；在成熟阶段，发展自身经济实

---

① 沈费伟、肖泽干：《国外农民协会发展模式及对外国的经验启发》，《世界农业》2011年第9期。

体形成外部经济是主要内生动力（见图2-1）。

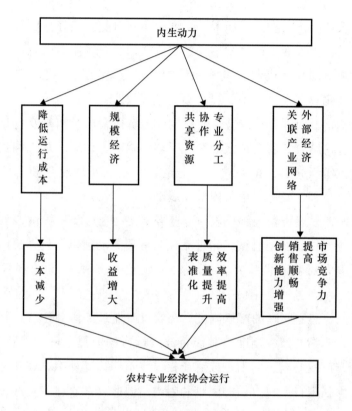

图2-1 农村专业经济协会内生动力作用机理

（2）农村专业经济协会发展的外生动力分析

外生动力是指从外部向农村专业经济协会直接输入农业生产资源或者营造良好的外部发展条件，经过相关运行机制的运行就可直接转换为内生动力。农村专业经济协会外生动力因素主要包括各级政府部门和涉农部门的各类支持、政府部门科学的指导和调控、信息以及农业产业政策等方面（见图2-2）。

直接的财政拨款、税收优惠、小额贷款和有关物资帮助等要素直接解决农村专业经济协会在帮助会员农业生产和经营中的要素投入不足问题，提高农村专业经济协会将农业和农村发展资源整合和向更深

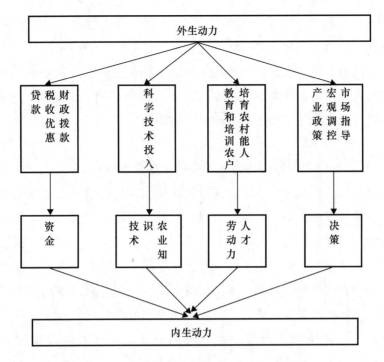

图2－2 农村专业经济协会外生动力作用机理

层次转化的能力。

政府在科技投入、扶持农村能人发展以及培训职业农民等方面措施可以迅速转变和提高农村专业经济协会运行水平，更有利于提高农村专业经济协会的资源整合和转化能力，从而促进内生动力的增长。

政府有效的科学引导、宏观调控和产业扶持政策有助于农村专业经济协会有效的发挥市场主体地位和进行有效决策，改善和充分利用外部发展环境和条件，提升自身运行能力。

根据组织动力机制形成原理，结合目前我国农村专业经济协会的实际运营状况，对于大部分各类型农村专业经济协会，在实际运行中，首要问题是高度注重自身建设，同时，积极创造条件获取各级政府和涉农部门等外部组织的引导和支持，既要强化内生动力机制建设，也要注重其外生动力机制建设，两者不能偏废。尤其是在那些经济社会发展欠发达的农村地区，处于初创阶段的农村专业经济协会，最好采取"政府 + 协会 + 农户"型的外生动力运行模式，尽最大努力将外生动力因素整合并转化为内生要素，不断改进和完善内部组织和运行结构、运行机制构成和相关制度设置，使外生力量更多更好的转化为内生力量，提高整体发展能力，经过一定时期的运行和发展，最终就可以转化为以内生动力推动为主的运行模式。

（二）农村专业经济协会运行中的主要角色分析

同发达国家农村经济协会发展状况相比，目前中国农村专业经济协会普遍呈现规模小、数量多、服务功能水平较低、农业产业化和标准化低、运行不稳定、无序状态严重、运行绩效较差、停滞于初级阶段、会员文化素质低等诸方面特点。从中国农村专业经济协会发展和运行角度看，各级政府和涉农部门的引导、支持、典型示范和推广以及市场主导型的龙头企业或公司的介入是必需的外部条件，农村能人在农村专业经济协会的整个运行过程中处于关键地位并发挥主导作用。

1. 农村能人在农村专业经济协会运行中的角色分析

调查发现，当前绝大部分农户都是理性的，农户组建和加入农村专业经济协会的现实目的是提高自身生产经营能力和获得更高收益；同时，农户搭便车和背信弃义的思想和现象普遍存在，因此，普通农户对种养殖大户等农村能人具有严重的依赖性。本部分运用博弈论中的智猪博弈分析这一现象及解决办法。

在博弈论经济学中，"智猪博弈"属纳什均衡的一个典型模式：假设猪圈里有一大一小两头猪共用同一个食槽，在猪圈的另一头安装一个控制猪食供应的按钮开关，每当把按钮按一下就有 100 毫升的猪食流进食槽。由于按钮和食槽分置猪圈两端，去按按钮的猪来回跑一趟就需要消耗相当于 20 毫升的猪食①。两只猪都必须就"在食槽旁

---

① 刘峰、鲁可荣：《农村专业经济协会发展困境及政策建议》，《学会》2011 年第 1 期。

等还是去按按钮"做出决策，这里面对四种情形：①如果两头猪都同时去按按钮，然后再一同回来吃食，大猪吃到 70 毫升，小猪吃 30 毫升，各扣除因劳动消耗的 20 毫升后，实际上相当于大猪吃 50 毫升，小猪吃 10 毫升；②如果小猪去按按钮，大猪吃 90 毫升，小猪只能吃 10 毫升，扣除因劳动消耗的 20 毫升后，实际上小猪吃相当于 – 10 毫升；③如果大猪去按开关，小猪吃 40 毫升，大猪吃 60 毫升，扣除因劳动消耗的 20 毫升后，实际上大猪吃相当于 40 毫升；④如果两头猪都共同选择不去按按钮，它们实际上吃食都是零。这种"智猪博弈"用净进食量表示的矩阵（见表 2 – 1）。

表 2 – 1　　　　　　　　　**智猪博弈净进食量矩阵**　　　　　　单位：毫升

大猪＼小猪	按		等待	
按	50	10	40	40
等待	90	– 10	0	0

　　根据"智猪博弈"净进食量矩阵：大猪的最终行为决策取决于小猪的行为，如果小猪选择按按钮，大猪选择等待；如果小猪选择等待，大猪就只能选择去按开关；对小猪来说，不管大猪做出什么决定，它都只能选择等待。

　　根据"智猪博弈"理论模型，可以分析生产经营规模小、实力或能力弱的一般农户与生产经营规模大、经济实力或经营管理能力较强的农村能人在组建和发展农村专业经济协会中的决策及其行为表现。分析中把农村能人比作"大猪"，把普通农户比作"小猪"，在农村专业经济协会的组建和运行中，双方都面临选择"主动牵头组建或努力发展"和"被动等待或搭便车"两种策略。为了构建博弈模型，假设：①农村能人和一般农户都是追求自身经济利益最大化的理性经济人；②不论由谁牵头组建和发展农村专业经济协会都要付出成本相当于 10 个单位的代价，如果共同组建和发展，就平均各付出成本相当于 5 个单位的代价；③不考虑其他任何变量和因素的影响，组建和发展农村专业经济协会最终的总收益均为 20 个单位，农村能人与一般农户的收益分配比例是固定的，按 4∶1 进行分配，这样，农村能人的收益相当于 16 个单位，普通农户的收益相当于 4 个单位。这种"智猪博弈"用净收益表示的矩阵（见表 2 - 2）。

表 2 - 2　　　　　　　　　　**智猪博弈净收益矩阵**

农村能人 ＼ 普通农户	牵头组建		等待加入	
牵头组建	11	-1	6	4
等待加入	16	-6	0	0

　　农村能人和普通农户关于组建和发展农村专业经济协会的博弈过程可表述为：①如果农村能人和普通农户都选择牵头积极组建和发展农村专业经济协会，那么农村能人将得到 16 单位的收益，付出 5 单位的成本，净收益为 11 个单位；而普通农户将得到 4 个单位的收益，付出 5 个单位的成本，其净收益为 - 1 个单位。②如果农村能人牵头组建农村专业经济协会，将得到 16 个单位的收益，付出 10 个单位的成本，净收益为 6 个单位；而普通农户因没有牵头组建不用付出成本，其净收益为 4 个单位。③如果普通农户牵头积极组建和发展农村专业经济协会，将得到 4 个单位的收益，付出 10 个单位的成本，最终其净收益为 - 6；农村能人因没有牵头组建不用付出成本，最终净收益为 16 个单位。④如果农村能人和普通农户都选择等待搭便车，不牵头组建农村专业经济协会，最终净收益都是 0。

　　由农村能人和普通农户的"智猪博弈"净收益矩阵不难看出，在农村能人和普通农户对是否牵头组建和发展农村专业经济协会的选择做出决策这一博弈中，农村能人最后的决策取决于普通农户的选择。如果普通农户选择积极牵头组建和发展农村专业经济协会，农村能人当然选择等待；如果普通农户选择等待，农村能人如果组建和发展农村专业经济协会就只能选择积极牵头领办；对普通农户来说，不管农村能人做出何种选择，它都只能选择等待和搭便车①。因此，农村专业经济协会的发展，尽管利益分配在不同发展层次的会员之间存在着诸多利害冲突，但是如果共同合作，在合作中那些最终获益较多的农户应该拿出其中的一部分让渡给那些获益较少的农户，否则，共同合作发展就无从谈起。

根据实际走访调查结果以及上述理论分析，目前由政府出面制定措施，培育更多的种田能手、种养殖大户以及农产品营销大户等农村能人，动员农村能人积极主动带领众普通农户组建和发展农村专业经济协会，乃是农村经济社会发展的必然选择。

2. 政府在农村专业经济协会中的角色分析

根据凯恩斯关于市场经济下国家干预理论，当前各国政府都不同程度加强了对农业生产经营的支持力度，积极制定相关法律和各类扶持政策促进各类农村合作性专业经济组织的发展。苑鹏和刘凤芹提出，在中国现阶段各类型农民合作性经济组织的生成和运行过程中，在一定程度上离不开政府的支持和推动，国家和政府不同程度的宏观干预以及筹资融资、税收、财政等方面政策都是必不可少的，同时，还需要政府积极营造良好的外部发展环境，总之，政府的扶持力度与农民合作性经济组织在运行中面临的阻力呈反相关②。

从目前中国农村专业经济协会发展和运行水平来看，绝大部分尚处在初级阶段，由于在实际运行中普遍存在资金短缺、吸引力弱小、自身发展能力小等现实问题，这就迫切需要相关政府部门积极有效的扶持和帮助；但是，政府作为外部推动力只是营造良好的外部发展条件和环境，不能从根本上改变农村专业经济协会自身发展规律，而要采取"宏观调控、规范引导、强力支持、有效监督、真诚服务"等

---

① 刘洁、祁春节：《农村专业技术协会的制度变迁与创新——基于若斯理性选择模型的解释》，《科技进步与对策》2011年第6期。

② 苑鹏、刘凤芹：《美国政府在发展农民合作社中的作用及其启示》，《农业经济问题》2007年第9期。

正向扶持方式，不能采取过度行政干涉和强制推行命令。

国外典型的农村专业经济协会运行实践证明，内在动力和外在动力的有机互动协调是其持续健康运行的充要条件。

（1）政府对农村专业经济协会的外部动力作用机制分析

农村专业经济协会的普通农户会员知识水平和生产经营能力普遍低弱、主要领导成员组织管理能力不高、协会自身发展基金缺乏等缺陷制约进一步发展和壮大，由于缺少政府在资金、发展政策等方面强有力的扶持，许多农村专业经济协会兴办的农产品加工企业等经济实体面临运营资金短缺、经营规模小、筹融资艰难、产业链较短等困难。在被走访调查的由农村专业经济协会兴办的10个农产品加工企业等经济实体中，就有7个经济实体反映不能像企业和农村专业合作社等营利性组织那样，充分享受"融资、产业、财税、技术"等政府的优惠政策。

走访调查发现，政府施予农村专业经济协会的外部动力主要包括：制定并实施相关的政策和法律法规、财政支持、完善农户土地流转制度、保障筹资融资、调整产业结构、减免税收、帮助和支持农村剩余劳动力转移等方面；同时，政府还应该积极营造良好的农村专业经济协会的发展和运行环境，鼓励并支持兴办农产品加工业等经济实体，将外部优势资源转化为协会内部发展优势，加强对农村专业经济协会的宣传和监督。

（2）政府对农村专业经济协会内部动力作用机制分析

政府通过直接投资或者拨专项扶持款、发放信贷、提高农产品价格、培育现代职业型农民、对农户进行农业科技教育培训等措施强化农村专业经济协会的内部动力，在一定程度上转化为农村专业经济协会自身发展能力。

政府通过调整和提高农产品价格，提高农户从加入经济协会的预期经济效益，激励更多能力更高的农户自愿自主地组建或加入农村专业经济协会，有利于农村专业经济协会扩大发展规模。

政府实施各项措施和手段全面提高农户综合生产经营素质。农户是农村专业经济协会组建和运行中的主体和基本力量，农户的文化和农业科技知识水平影响其经济行为，因此，政府可以通过实施以下措施来全面提高农户的整体发展素质和能力，进而提高农村专业经济协会的内生发展动力。这些措施和途径主要包括：扩大对农村的义务教育尤其是农业科技教育投资，重点教育培训农户现代农业科学知识、农业生产经营信息技术、市场经济知识以及市场营销知识，让农户全面了解现代农业经济和农村发展新知识和新理论，培育农户具有先进的农业发展理念、竞争和创新意识，摒弃狭隘短浅的小农发展意识，使他们尽快成为富有开拓创新精神的现代化职业农民。

政府实施可行措施促进农村劳动力产业化转移。根据调查结果，有效劳动力以及经营土地数量等农业资源要素在很大程度上影响甚至决定农村专业经济协会的运行绩效。综合素质较高或年轻力壮的农村剩余劳动力流转到非农产业，继续留在农业生产中的农户经营土地数量就相对增多，农业产业化、专业化和规模化程度就相应有所提高，在这种发展情况下，经济实力弱、知识水平和综合素质低的农户已经难以适应日益规模扩大的现代化农业生产，由此产生了对农村专业经济协会的需要。政府通过制定相关制度和优惠政策加快农村剩余劳动力转移，使分散细碎的土地流转集中在那些种养殖大户手中，鼓励他们组建发展农村专业经济协会，实行农业生产的产业化、规模化和集约化经营①。

政府作为农村专业经济协会外生动力主要生成者，在促使外生动力转化为内生动力的过程中，应该积极帮助农村专业经济协会解决资金短缺问题；积极培育完善农业和农村市场机制；为了提高外生动力资源和要素的投入效率，应该建立科学的外生动力要素投入监督和评价体系；当农村专业经济协会进入成熟阶段后，政府应该积极改善和营造农村专业经济协会的外部发展环境，推动农村专业经济协会尽快

---

① 张明林、吉宏：《集体行动与农业合作组织的合作条件》，《企业经济》2005 年第 8 期。

提升内生动力和内生发展能力。

综上所述，在中国经济社会发展的转型期和新常态下，农村专业经济协会与政府之间的协调互动呈现出依存性、不均衡性和过渡性等特征。各级政府尤其是地方政府借助农村专业经济协会推进农业产业结构调整优化，贯彻执行国家农业生产和农村发展政策；农村专业经济协会充分利用政府的特殊资源优势用以协调、沟通和改善各种相关的外部关系，改善外部发展环境，不断提高自身发展能力。目前，从整体发展水平和发展状态角度看，大部分农村专业经济协会正处于初始阶段，与政府的互动关系呈现出不均衡性，对政府的依赖性较大，因此，政府尤其地方政府在发动宣传、稀缺资源、技术服务以及职业型农业人才培育等方面的支持是必不可少的。

3. 市场在农村专业经济协会运行中的角色分析

本节提及的市场特指农产品市场和农业生产要素市场，其发育和完善程度主要表现为农产品流通、销售体系以及农业生产要素市场的完善程度。如果农户面临的农产品流通和销售问题越严重，农业生产要素市场发育越不完善，农户就越渴望组建和发展农村专业经济协会；如果农村专业经济协会在农产品流通、销售以及农业生产要素采购等对接市场方面的服务功能越全面、服务水平越高，其吸引力就越大，农户就越倾向于参与农村专业经济协会①。

（1）农村专业经济协会适应市场机制分析

在市场经济条件下，农村专业经济协会为了更好地促使农户生产与市场直接对接，必须以市场为导向，结合农产品市场交易特点和现代农业发展要求，不断改进和合理设置相应的运行制度及机制构成。本节就农村专业经济协会如何有效对接和适应市场机制运行规律进行分析，以促进市场导向下的农户生产经营的有序运行和现代农业发展。

---

① 张翠娥、王祖贵：《客观需要与主观需求：农民合作组织的发展困境——对江西一个传统农业地区的调查》，《经济研究导刊》2007 年第 4 期。

根据制度经济学观点，农村专业经济协会在实际运行中，首要问题是合理设置运行制度以节省各种交易成本和提高运行效率。农户是农业生产和农村市场交易的主体，调查了解到，农产品市场需求不确定性、农户作为"理性经济人"的有限性、农户的"搭便车"和"投机"行为、农业资产专用性以及农产品质量安全等因素都不同程度地影响农户市场交易，面临日趋激烈的市场竞争，大部分农户难以独自完成市场交易，导致农户生产经营的经济效益降低。

根据产业经济学观点，当前中国分散农户的细碎化生产经营方式，规模过小，缺乏竞争潜力和规模经济效益。这就要求农村专业经济协会积极借鉴和引进市场化运作方式，通过规范化管理，帮助农户不断调整优化农业产业结构，进行规模化和标准化农业生产，提高组织整体适应市场经济的能力。

（2）市场通过市场需求机制影响农村专业经济协会运作方式

农户单独无力应对日益复杂的大市场经济，导致品种落后、产量少、品质差、商品价值低等农业生产劣势，因此，农户积极与各类农产品批发市场沟通对接，组建"农产品批发市场＋经济协会＋农户"等类型农村专业经济协会，紧紧围绕市场需求变化，及时调整农业产业结构和作物品种结构，引进种植那些品种新、品质优良、产量大、竞争力强的农产品，实现农业生产基地与市场的有效对接①。

（3）市场通过规范管理机制影响农村专业经济协会运行

农村和农业市场应该加强对农业资源专业市场的规范化建设和管理，健全市场法规、管理秩序和农产品监管体系，对所有进入市场的农产品都要进行严格质检；同时，应该尽快建立完备的市场工作体系和运行机制，注重市场形象建设，创造公平竞争的农村市场环境以及

---

① 战明华等：《市场导向下农村专业合作组织的制度创新——以浙江台州上盘镇西兰花合作社为例》，《中国农村经济》2004 年第 5 期。

农产品和农资等物品交易秩序。农村专业经济协会应该强化农户现代市场管理认知水平和相关市场经济知识，加强农户的市场文化和市场道德教育。

（4）市场通过信息服务机制影响农村专业经济协会运行

在信息化已成为经济社会发展重大影响因素的背景下，农村和农业市场应该面向区域化和国际化，通过及时了解和掌握市场信息及其导向功能，将农业领域中的生产和竞争融入国内国际市场经济大环境中。农村专业经济协会应该建立顺畅的市场信息运行机制，强化与各类农产品和农资专业批发市场的沟通，及时了解和把握瞬息万变的市场信息，以便组织农户迅速调整优化农业产业结构，提高农业经济效益。

（5）市场通过服务机制影响农村专业经济协会运行

随着国际国内农产品市场需求结构和需求层次的不断变化，农业产业结构调整加速，农业产业化经营和集约化程度不断提高，因此，农村和农业市场应该不断加强基础设施建设，着重对农产品市场交易场地、市场需求信息发布设备和方式手段、物流和营销设施、电子商务等市场服务体系进一步完善和配套，使不同类别市场服务功能之间互动协调[①]。相应的，农村专业经济协会应该紧跟农村和农业市场服务体系和服务功能的变化，拓展和改进对农户的市场服务功能，提高对农户的现代市场服务水平和服务能力。

（三）农村专业经济协会利益共享机理分析

农村专业经济协会在实际运行中，会员之间良好的利益共享关系能够有助于各项规章制度的执行和遵守，提高共享组织资源的强度，加强和增进会员间的沟通与合作，提高整个协会的凝聚力及其发展能力。本部分针对目前农村专业经济协会会员之间利益共享情况，构建

---

① 战明华等：《市场导向下农村专业合作组织的制度创新——以浙江台州上盘镇西兰花合作社为例》，《中国农村经济》2004 年第 5 期。

了演化博弈模型，通过模型对相关因素求解，以此分析影响会员之间利益共享情况的相关因素。

1. 农村专业经济协会利益共享的动因分析

目前，国际国内农业市场环境对我国农业生产经营的影响程度加大，农产品消费结构和消费层次也正在急剧变化，并呈现复杂性和多元性变化趋势，同时，中国农业正面临产业结构调整和农村经济社会发展转型，使得"一家一户"分散农业生产经营方式陷入发展困境。这是农户参与农村专业经济协会通过利益共享机制一起突破和走出农业生产困境的根本动因。

农村专业经济协会通过设置一定的利益共享机制，将所有会员联结起来，在一个合作组织中共同使用公共资源、共谋发展、共享发展成果，共同生产，提供农业生产、加工、销售等环节所需求的相关服务，旨在解决农户会员单独不能够解决的农业生产经营和增收创收问题，以团队力量来克服和解决因资金、技术、信息等制约因素给单个农户带来的困难和问题。

农村专业经济协会利益共享机制在实际运行中，会员根据章程和相关规定，在自愿基础上，以市场为导向，互惠互利，合作共事，自我管理，进行专业化和标准化生产，进行共担风险，同享利益[1]。

2. 农村专业经济协会利益共享的演化博弈分析

利用演化博弈理论，建立会员之间利益共享的演化博弈模型，利用模型对相关因素求解，分析农村专业经济协会会员之间进行利益共享机理。

（1）演化博弈模型

演化博弈理论是从系统论的角度，将某一群体行为选择看作一个动态调整过程。它是以有限理性为基础，强调动态变化状态下的均衡，以"演化稳定策略"（ESS）和"复制动态"（RD）为核心概

---

[1] 周艳：《安徽省农村专业经济协会现状及对策研究》，《当代经济》2011年第10期。

念，注重探析群体行为变迁，不强调单个行为效应。其基本思路是：在群体博弈过程中，博弈参与方不可能在每次行动中都能确保找到最佳均衡点，总要经历反复博弈和长期模仿改进，群体参与方才会趋于某一稳定策略，即"演化稳定策略"（ESS）。

农村专业经济协会无法满足完全理性的前提假设，只能在有限理性的条件下，在实践中不断摸索、学习、适应、成长，逐渐建立起合作伙伴关系，共同实现自身利益最大化。协会会员采取利益共享策略，但又担心其他会员不做任何贡献，有损自己利益，因此，在"机会主义思想"或"搭便车行为"影响下，农村专业经济协会会员的利益共享行为其实就是一种博弈行为。这种利益共享行为是动态的、非稳定的，每次利益共享过程的博弈策略会随着影响因素的改变而发生变化。所以，将农村专业经济协会的会员利益共享过程作为一个动态的渐进演化系统，通过演化博弈理论去探讨利益共享过程和演化稳定因素。

（2）农村专业经济协会利益共享的演化博弈模型

模型假设为农村专业经济协会中各会员是利益共享的决策主体，假设这种利益共享仅在任意两个会员之间，即 M 和 N；在有限理性、信息是非完全的假设前提下，博弈方在反复博弈中，通过感悟、学习、试错等多次博弈找到最优策略，各成员的策略空间是（共享，不共享）；参与者选择的策略是利益共享，协会中的利益共享是以自愿和长期合作为基础。

π_n 代表会员 N 在利益不共享的策略下的正常收益，Z_n 代表会员 N 所拥有的资源水平，r 是各会员的收益系数，r_n 是农村专业经济协会 n 在共享资源下的吸收转化能力，Z_{mrn} 代表农村专业经济协会 n 在利益共享策略下的收益。f 为风险系数，表示会员参加组织利益共享所带来的风险，Z_{nfn} 为会员 n 选取利益共享时所付出的初始成本。同理，π_m 代表成员 M 在利益不共享的策略下的正常收益，Z_m 代表会员 M 所拥有的资源水平，r_m 是农村专业经济协会 m 在共享资源下的吸收转化能力，Z_{nrm} 代表农村专业经济协会 m 在利益共享策略的收益，

Z_{mfm} 为会员 m 采取利益共享所付出的初始成本①。

根据以上假设，建立博弈双方的支付矩阵（见表 2 - 3）。

表 2 - 3　　　　　　　　　　博弈双方的支付矩阵

		成员 M	
		利益共享	利益不共享
成员 N	利益共享	$\pi_n + Z_m r_n - Z_n f_n,\ \pi_m + Z_n r_m - Z_m f_m$	$\pi_n - Z_n f_n,\ \pi_m$
	利益不共享	$\pi_n,\ \pi_m - Z_m f_m$	$\pi_n,\ \pi_m$

假设会员 N，选择利益共享策略比例为 p，则选择不共享策略比例为 $1-p$；会员 M，选择利益共享策略比例 q，则选择不共享策略比例为 $1-q$，则会员 N 选择利益共享策略收益为：

$$unf = q\ (\pi_n + Z_{mrn} - Z_{nfn})\ +\ (1-q)\ (\pi_n - Z_{nfn}) \tag{25}$$

N 选择利益不共享策略收益为：$un = q\pi_n + (1-q)\ \pi_n \tag{26}$

则 N 的平均收益：$un' = punf + (1-p)\ un \tag{27}$

根据复制者动态微分方程得知，若博弈方收益超过平均水平，则参与个体数量会增加；若其收益低于平均水平，则参与个体数量会减少。由此可以看出，采用较低支付策略的博弈方通过不断学习和模仿，逐渐改变策略。我们得到 N 选择共享策略的复制动态微分方程为：

$$\frac{dp_n}{dt} = p\ (1-p)\ (r_n z_m - f_n z_n) \tag{28}$$

M 为动态微分方程为：

$$\frac{dq_j}{dt} = q\ (1-q)\ (r_m z_n p - f_m z_m) \tag{29}$$

如图 2 - 3 所示，通过对演化博弈模型分析，得到 5 个可能的局部均衡点，分别是 $O\ (0,\ 0)$、$A\ (1,\ 0)$、$B\ (0,\ 1)$、$C\ (1,\ 1)$、

---

①　葛晓军：《农村专业经济协会成员间利益共享的演化博弈分析》，《统计与决策》2014 年第 19 期。

$D\ (p^*,\ q^*)$，其中 $p^* = \dfrac{f_m z_m}{r_m z_n}$，$q^* = \dfrac{f_n z_n}{r_n z_m}$。

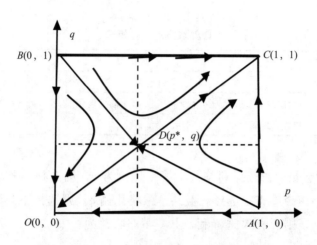

图 2 - 3　共享系统的动态演化

　　一般来讲，博弈双方在利益共享中获得的净收益大于其共享成本。根据如图矩阵分析，5 个局部均衡中仅有 O 和 C 是稳定，即演化稳定策略（ESS），（不共享，不共享）和（共享，共享）两个策略。A 与 B 点为不稳定均衡点，D 为鞍点。在 ADB 折线右上方的系统将收敛于完全共享关系，而处于 ADB 折线左上方的系统将收敛于完全不共享关系。博弈方究竟沿着哪一条路径演化使系统收敛均衡点与博弈支付矩阵及模型中参数变化相关，由此，对以下几个重要参数进行进一步探讨。

　　第一，利益共享风险系数 f。由模型求解可知，利益共享风险越小，$ADBC$ 折线上方部分的面积将则越大，系统收敛于均衡点 C 的概率提高，农村专业经济协会会员更倾向于选择利益共享策略。现实环境中，农村专业经济协会内各会员需要共同合作，为利益共享提供机会和条件，降低利益共享风险，增强合作的效益，保证合作关系的长期稳定性[1]。

————————

　　[1]　葛晓军：《农村专业经济协会成员间利益共享的演化博弈分析》，《统计与决策》2014 年第 19 期。

第二，共享主体的收益系数 r。r 越大，$ADBC$ 折线上方部分的面积将则越大，系统收敛于均衡点 C 的概率提高，即博弈双方通过资源共享获得的协同收益越大。如果合作双方资源完全一样，则合作意愿降低，农村专业经济协会中共享资源的吸收转化能力减弱，合作方彼此贡献减少。通过资源的吸收转化能力带来的效应可以弥补参与方的不足，提高整体效益。

第三，组织成员所拥有的资源水平 Z。从 D 鞍点求解结果可以看出，当农村专业经济协会资源存量提高时，$ADBC$ 折线上方部分的面积则越大，系统收敛于 C 均衡点的概率增加，反之，参与方可能更倾向于选择利益不共享策略[①]。

(四) 农村专业经济协会合作机理分析

根据组织学理论，组织在其运行过程中，往往以规章制度、相关契约合同、具体发展规划和措施以及思想道德、社会舆论等方式来强化和约束成员彼此间的合作意识与行为。因此，农村专业经济协会合作机制运行机理的实质，就是其组织系统的输入和输出内容、合作核心、保障措施、合作原则等方面的整合问题。其中，输入内容主要指会员为了图谋自身利益而对农村专业经济协会奢望的各种公共需求，从本质上说，这正是农村专业经济协会合作机制运行的根本推动力。

公共需求源与人们对其需求的广度、深度和需求层次紧密相关，具有非加和性、无差异性和外部效应等属性[②]。

在市场经济和日趋复杂的农业生产经营环境条件下，农户追求自身利益最大化行为使"机会主义思想"和"搭便车"问题更具有复杂性和普遍性。而且，"一家一户"分散生产经营方式和体制更加剧了农户之间的"原子化"问题，使农户之间达成合作行为更加困难，

---

① 葛晓军：《农村专业经济协会成员间利益共享的演化博弈分析》，《统计与决策》2014 年第 19 期。

② 吴东民等：《非营利组织管理》，中国人民大学出版社 2006 年版，第 6—8 页。

导致满足农户对生产经营中的公共需求更加困难。在现实中，那些追求利润最大化的私人投资不可能免费或亏本为农户生产和提供所需求的公共物品和农业专业性服务；政府自上而下的公共物品和农业专业性服务的供给方式也更加难以满足农户现代农业生产需求。

自改革开放以来的几十年农业生产实践证明，农村专业经济协会通过组织和动员农户共同合作，能够基本上满足农户生产经营所需要的各种需求，也能够协调农户之间各种生产性矛盾和利害冲突。农村专业经济协会生产和提供的公共物品在本质上就是全体会员共同的公共产品和农业专业性服务，也就是全体会员为了自身发展所需要的"共同需求"，具有不可分割的效用性、非竞争性的消费性和非排他的受益性三个基本特征。刘洁和祁春节认为农村专业经济协会的公共物品和专业性服务在本质上基本都具有准公共物品性质，只有很少一部分是或类似纯公共物品性质[1]。根据经济学等理论，准公共物品和服务的性质是农村专业经济协会等非政府主体生存和发展的空间前提。

①准公共物品和专业性服务供给的会员合作共同参与行为分析

农村专业经济协会在生产提供准公共物品和专业性服务方面，是怎样促进会员共同生产和相互合作呢？为了分析说明这个问题，在此首先提出三个假设条件：第一，假设一个农村专业经济协会只有甲、乙两个会员，并且准公共物品或专业性服务被连续足量提供；第二，假设会员甲事先已经提供了数量为 P_1 的准公共物品或专业性服务，那么甲会员为了自身效用最大化，他理应当提供的最佳数量是多少呢？第三，假设乙会员原有禀赋为 E_2，应当提供公共物品或专业性服务的量为 P_2，如此，他能够消费私人物品或专业性服务的量为 $E_2 - P_2$，其效用最大化问题为：

$$\max U_2(P_1 + P_2, E_2 - P_2), st: P_2 \geqslant 0 \tag{30}$$

因公共物品一旦被生产提供，所有会员都能够消费，在甲会员已

① 刘洁、祁春节：《农村专业技术协会的制度变迁与创新——基于诺斯理性选择模型的解释》，《科技进步与对策》2011 年第 8 期。

提供 P_1 单位准公共物品或专业性服务情况下，乙会员的初始禀赋为
(E_2, P_1)，如图 2-4 中 A 点所示，过 A 点的直线 MN 是乙会员的成本
预算线，曲线 U 是他的效用无差异曲线，当甲会员提供 P_1 单位准公共
物品或专业性服务时，乙会员就能够消费这么多，可供他选择的使用
区域在 MA 段预算线上，过禀赋点 A 的无差异曲线 U 就是乙会员此时
的最大效用，此种情形下，他的最佳行为选择是不参与生产提供任何
准公共物品或专业性服务，而是选择"搭便车"行为。但是在实际农
业生产经营中，如果发生如图 2-5 表示的情形下，MA 段上的 B 点是
乙会员的效用无差异曲线与预算线的切点，在 MA 段预算线上除 B 点
以外的其他任何点的效用都低于曲线 U 的效用，此时，B 点就成为乙
会员的唯一最佳行为选择，B 点对应的准公共物品或专业性服务供给
量为 $P_1 + P_2$，在此时情形下，他的理性选择就绝不是"搭便车"，他
为了自身利益最大化，就会积极主动参与生产提供 P_2 数量的准公共物
品或专业性服务；当然，乙会员做出此行为选择的前提条件是，只有
在他使用或消费协会生产或提供的准公共物品或专业性服务中，个人
所获得的利益远远超过他本人为此所支付的成本时才会做出。

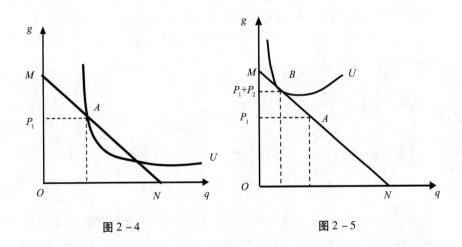

图 2-4　　　　　　　　　　　　　图 2-5

目前，分散细碎化生产经营的农户作为农村专业经济协会会员，
既是准公共物品或专业性服务的生产供给者，同时，自身也是消费

者。现阶段，农村专业经济协会为会员生产或提供的准公共物品或专业性服务主要包括农业病虫害防治技术、小规模农业基础设施、科技推广、新品种引进、农产品销售、农业知识教育培训、农产品加工、市场信息等方面。这些准公共物品或专业性服务外溢性较小，具有"俱乐部产品性质"，由政府部门提供既不现实也不可能；任何追求利润最大化的私人企业是绝不会生产和提供这些低利润的准公共产品的；但如果由农户个人创造，由于存在一定程度的外部性，会造成一定程度的利益损失[①]。农业生产实践证明，这类公共物品或专业性服务理想的创造和提供方式是农村专业经济协会等农村合作性组织，通过设置有效的合作机制，将农户效用外部性内在化，提高这类公共物品或专业性服务的生产和供给效率。

②不同主体准公共物品和专业性服务供给机制比较

现阶段，中国农户所需求的准公共物品或专业性服务的供给机制主要有政府、市场和农村专业经济协会等类型供给机制。

第一，政府供给机制。政府供给机制是指由政府按照一定制度和规则生产提供有限的各种公共物品或专业性服务，以实现全社会福利最大化为目的。假设在一定时段内，政府向 n 个农户提供的公共物品或专业性服务为 S，x_i 为第 i 个农户使用的公共物品或专业性服务，$F_i(x_i)$ 为第 i 个农户的效用函数，C 为政府生产 S 量公共物品或专业性服务的成本，供给最大化问题：

$$\begin{cases} \max \sum_{i=1}^{n} [C, F_i(x_i)] \\ \sum_{i=1}^{n} x_i \leqslant S \\ x_i \geqslant 0, (i=1, \cdots, n) \end{cases} \tag{31}$$

其中，$\max \sum_{i=1}^{n} [C, F_i(x_i)]$ 表示政府为农户提供公共物品或专业性

---

① 孙迪亮：《论农民合作社的萌生与发展——基于农民利益的视角》，《内蒙古财经学院学报》2012 年第 6 期。

服务的社会效益，在有限供给资源和一定成本下，农户使用公共物品或专业性服务的数量不能超过总供给量 S 。

政府供给机制要实现农户生产效用最大化，必须假设政府能够熟知农户真实的效用函数。可在现实中，政府与农户是两个不同的利益主体，两者的发展目的和效用最大化都不同，政府只能在一定程度和一定范围内掌握农户对公共物品或专业性服务需求的信息，由于不同地区农户生产经营条件和基础等差异性较大，政府难以同时满足不同地域农户对农业生产中的公共物品和专业性服务需求。

第二，市场供给机制。市场供给机制指企业等市场供给主体根据农户对各种农业生产性准公共物品和专业性服务的市场需求，以利润最大化为目的，通过价格机制来实现供需平衡。假设在某时间段内，有 n 个农户需求公共物品和专业性服务，在一定价格 p 下，x_i 表示第 i 个农户使用的公共物品或专业性服务量，$F_i(x_i)$ 为第 i 个农户的效用函数，其费用支出为 px_i ，那么，其净收益为 $[F_i(x_i) - p,x_i]$ ；厂商等市场供给主体为追求利润最大化，生产提供公共物品或专业性服务的数量为 Q ，其生产函数为 $F(Q)$ ，那么利润 $\pi = p \times Q - F(Q)$ ，市场供给机制下的准公共品供给模型为：

$$\begin{cases} \max \sum_{i=1}^{n} [F_i(x_i) - (p,x_i) = \pi] \\ \pi = p \times Q - F(Q) \\ \sum_{i=1}^{n} x_i \leq Q \\ \pi \geq 0, Q \geq 0, x_i \geq 0, (i = 1,\cdots,n) \end{cases} \quad (32)$$

农户在农业生产和经营中，需要根据市场价格 p 来决定对准公共物品或专业性服务的需求和需求量，可是，目前农户支付能力是有限的，针对农户公共物品或专业性服务的需求条件，厂商是难以实现其利润最大化的，这就导致农户农业生产性准公共物品或专业性服务市场需求很难吸引私人资本投入，而且，不同地域的农业经济发展水平很不平衡，各地对农业生产性准公共物品和专业性服务的多样化需求差异较大，难以使厂商进行规模化生产，市场供给机制失灵①。

第三，农村专业经济协会公共物品和专业性服务供给机制。

设农村专业经济协会提供的公共物品和专业性服务为 S，在某一个时间段内有 n 个会员需求公共物品和专业性服务，x_i 为第 i 个会员使用的公共物品和专业性服务，$F_i(x_i)$ 为第 i 个会员的效用函数，其成本支出为 (p, x_i)，那么，其净效用为 $[F_i(x_i) - p, x_i]$，农村专业经济协会在合作机制下公共物品和专业性服务供给的最大效用可表示为：

$$\begin{cases} \max \sum_{i=1}^{n} [F_i(x_i) - (p, x_i)] \\ \sum_{i=1}^{n} x_i \leqslant S \\ x_i \geqslant 0, (i = 1, \cdots, n) \end{cases} \qquad (33)$$

通过比较表达式（31）、式（32）和式（33）发现，与市场供给机制比较，农村专业经济协会公共物品和专业性服务供给机制，就是指通过让会员相互合作，提供公共物品和专业性服务，无须考虑厂商的利润最大化问题，增加了合作带来的效用；与政府供给机制比较，农村专业经济协会作为农户会员自己拥有的合作性经济体，能够准确地熟悉每个会员的需求情况，在一定程度和范围内能够为会员解决许多政府"统办不了"、分散农户"办不到"、私人厂商"不愿办"的准公共物品和专业性服务需求等问题。

（五）农村专业经济协会合作机制生成的机理分析

农村专业经济协会合作机制生成的机理

（1）农村专业经济协会合作机制生成的基础条件与障碍

农村专业经济协会中会员之间的合作机制是建立在农村社会长期

---

① 徐建华：《以基层党建改革创新带动农村经济发展——韶关市推广"支部加协会"模式的实践与思考》，《求是》2008 年第 17 期。

发展形成的农村文化、历史基础、传统习俗等基础和条件下，大多数农户热衷于合作，是农户在同一地域内共同生产和生活中经过长期博弈形成的产物，也是农村专业经济协会合作机制形成和运行的社会基础①。

但是，会员"利己""自私"和"投机"等人本性，导致农村专业经济协会在组织会员合作过程中，经常发生类似"公地悲剧""囚徒困境博弈""集体行动逻辑"等不利于合作的行为，其中，"搭便车问题""个人投机主义"和"占便宜行为"等不利于合作的思想和行为在会员中普遍存在，成为影响农村专业经济协会合作机制正常的主要问题和障碍。

（2）重复博弈

那些充满"利己主义"和"爱占便宜"等思想行为的农户之所以也能够形成一定的合作伙伴关系，实践证明，这乃是人们之间长期反复博弈的结果。

阿克塞尔罗德采用囚徒困境模型来阐述人们之间经过长期反复博弈形成合作问题。如表2-4所示，假设博弈双方以各自的经济行为，来反映彼此之间的长期合作交流，暂不考虑彼此在任何情形下的威胁与承诺，而且，彼此之间不能清晰了解各自的策略，也无法改变对方的效用值，博弈自始至终不能中断。

表2-4 囚徒困境模型化表述

A成员 \ B成员	合作	不合作
合作	(6，6)	(0，8)
不合作	(8，0)	(3，3)

① 万江红、管珊：《农村专业技术协会的实践形态与发展定位——基于与农民专业合作社的比较》，《华中农业大学学报》（社会科学版）2013年第4期。

根据反复博弈论，长期中反复博弈能够持续维持的前提条件是博弈双方互不知道博弈的具体次数，否则就会中断。当博弈无限持续时，双方再次相遇的机会就很大，就会有机会促使双方权衡彼此之间利害关系，双方之间合作就会形成。

（3）农村专业经济协会合作机制生成的充要条件

为了掌握彼此之间能够合作的充要条件，阿克塞尔罗德邀请博弈论专家，依照囚徒困境原理，来规划重复博弈的程序，其中，多伦多大学拉帕波特教授规划的"一报还一报"策略，比较好的帮他解决了这个问题。"一报还一报"策略兼容了不同人们之间人性的善良性、报复性、宽容性和清晰性等个性特点。其中，"善良性"表征一个人从来就不先背叛对方；"报复性"表征博弈双方中的一方使对方感觉到，如果先背叛一次后，对方可能就不敢再次背叛自己；"宽容性"表征在博弈中，如果双方有一方发生背叛行为，而另一方采取宽容态度继续图谋与之合作的倾向，利于重新恢复合作；清晰性是指在博弈中容易被对方了解自己的策略以便实现长期合作。总之，"一报还一报"策略从本质意义上说不是企图击败对手，而是采取积极的态度激发对手的合作动机和行为。针对"一报还一报"策略，阿克塞尔罗德从理论上证明了合作产生的条件、合作演化及合作产生的偏好等一系列命题：只要折扣系数 w[①] 足够大，那么在对方所采用的策略之外就没有其他的最优策略；"一报还一报"策略具有集体稳定性；只有当 w 值足够大时，任何合作策略的集体才可能是稳定的；关于"善良策略"，如果是集体稳定的，那么，它就有可能被对方第一个背叛所激怒；"总是背叛策略"就是总是集体稳定的，如果一个"善良策略"不能被单个个体侵入，那么它也不能被这类个体小群体侵入。

在"一报还一报"策略和一系列命题证明的基础上，阿克塞尔罗德将合作的产生和发展划分为以下三个阶段：第一，起始阶段：合作

———————————

① w 为折现系数，指随后发生博弈的损益值小于上一次博弈的损益值，$0 < w < 1$。

可以产生于一个无条件背叛的组织中，以"相互回报"作为行为宗旨的组织或团体，一旦有沟通和交往的可能，合作就可能生成。第二，中间阶段：基于"回报的策略"，可以在不同类型的策略集合环境中生成。第三，最后阶段：基于"回报的合作"，能够防止其他"不太合作策略"的入侵。

在双方长期博弈过程中，可以从增大未来收益或效应的影响价值、改变效应值或收益值、授予促动博弈双方合作的准则和技能三个方面重点强化和促进。结合农村专业经济协会长期发展实践，本书认为"农村优秀文化形成的合作价值观、协会与领办人的信誉和权威、政府支持、外部优良资源的输入等因素，都能够在很大程度上稳定并且能促进农村专业经济协会合作机制的生成与稳定发展，从本质上说，农村专业经济协会是农户长期博弈的一种产物，在这个共同团体中，不同会员之间相互沟通、相互认同和彼此信任，共同合作、互惠互助等发展观念成为指导会员经济行为的价值观①。

---

① 徐恺：《博弈论中"一报还一报"策略与国际合作》，《经济研究导刊》2013 年第 8 期。

第三章　山东省农村专业经济协会
运行现状

一　山东省农村专业经济协会总体运行状况

（一）山东省农村专业经济协会基本运行状况

自改革开放以来，山东省作为农业生产大省，在农业生产和农村经济获得较快发展的同时，"家庭联产承包责任制"下的农业生产经营也正面临诸多弊端，尤其是难以进行一体化、规模化、商品化和标准化的现代农业生产经营，不能形成较强的市场竞争优势，大量农产品面临缺乏市场竞争力、不能建立品牌、难以进城出境等农业发展劣势。在诱致性制度变迁下，农村专业经济协会等农村各类合作性经济组织得以培育和发展，在促进农业商品化和产业化生产、帮助农民增收创收等方面发挥作用较大，得到各级政府部门的支撑而发展较快。省委、省政府领导对培育和发展各类型农村专业经济协会高度重视，先后有 4 位省领导对此做出专门批示，山东省民政厅等部门联合下发了《关于加强全省农村专业经济协会登记管理和培育发展工作的意见》，选取莱州等 8 个县市区进行了试点示范，在临沂等 8 个地市和 30 多个县市区相继召开了专题会议，制定了一系列政策和相关措施。省工商局和省外经贸委等部门帮助农村专业经济协会开展招商引资、筹集资金、开拓市场。山东省财政厅从 2002 年开始，每年拨出 1000 万元专项资金扶持 40 个农村专业经济协会运行和发展，金融部门积极给予信贷支持。

近些年来，山东省各级民政部门为了更好地服务农业生产和农村经济建设，将支持农村专业经济协会持续健康发展作为一项重要政策和重大措施，各级民政部门在总结以往经验和教训的基础上，于2012年12月统一制定了"明确工作目标、把握工作原则、放宽培育发展政策、优化培育发展环境"等工作原则。

第一，明确工作目标。为了促进农村专业经济协会的健康有序发展，全省在2004年完成现有农村专业经济协会归口登记和备案工作，到2018年初步建立起跨地域和跨行业并且全覆盖的农村专业经济协会体系，建设近500个示范基地。

第二，把握工作原则。围绕这一目标，在培育发展农村专业经济协会过程中，始终坚持以下五项原则：①坚持统筹规划、合理布局的扶持原则。在扶持农村专业经济协会发展中，严禁行政干涉，防止一哄而起盲目发展，应该根据各地农村经济和农业生产状况和农户生产经营的实际需求，科学合理调整和优化，使之发展有序。②坚持"三民"原则。在扶持农村专业经济协会过程中，要注意保持其民间性，以现代市场化为导向，指导农村专业经济协会自主发展和运行。③坚持政府科学引导、自身发展原则。在加强政府的引导、帮助和扶持的同时，注重培育农村专业经济协会走向自主经营、自负盈亏方向运行之道。④坚持典型示范、整体推进原则。在培育发展农村专业经济协会过程中，针对各地市优势农业产业和产品，重点培育发展不同产业优势突出的协会进行典型示范，然后，总结经验，推动农村专业经济协会工作快速发展。⑤坚持规范管理原则。将农村专业经济协会作为社会团体规范化建设重点，通过培训、年检等具体工作，帮助全省农村专业经济协会加强自身建设，完善自律机制，不断提高自身发展水平。

第三，放宽农村专业经济协会发展政策。改进登记管理政策和措施，放宽对注册资金、会员数量、办公地点、主管单位、专职工作人员等方面要求，减少批准筹备环节，在加强监管的同时，允许在异地设立办事（代表）机构、允许农村专业经济协会兴办企业，允许纳入或农村专业经济合作社、允许开展经济活动。

第四，优化农村专业经济协会发展环境。各级民政部门可以采取灵活性工作方式，改变以往坐在机关审批的被动工作方式，可以派相关工作人员深入基层进行审批等系列服务，也可以先培育再登记审批，为农村专业经济协会营造便捷的发展环境。

各级政府部门和机构充分发挥和利用一切媒体，广泛宣传农村专业经济协会在改善农业生产经营方式、提高农户生产能力等方面的正向职能，调整对农村专业经济协会的登记管理政策，积极正确引导和扶持。截至 2018 年 12 月，山东省各类农村专业经济协会共约有 33672 家，带动农户 1985173 户，拥有各种固定总资产价值约为 272637 万元。其中，约有 1/3 以上运行状况比较好，诸如荣成渔业、临沭柳编工艺品、兰陵大蒜、莱芜生姜、寿光蔬菜、莒县西瓜、曲阜市中草药等一批农村专业经济协会运行效果比较好、发展规模不断壮大。从农村专业经济协会所主要经营的产业分布看，种植业占 46%，养殖业占 36%，沼气、农机、手工艺品等产业占 18%。从区域分布看，东部沿海发达地市、较发达地市、落后不发达地市各类农村专业经济协会分别占总数的 39.6%、33.9%、26.5%，会员分别占全省会员总数的 32.4%、37.5%、30.1%。从组织数、会员数、平均会员数和入会比例等发展指标来看，都是以较发达地市最多，东部沿海发达地市次之，落后不发达地市最少。据有关统计资料统计分析发现，从农村专业经济协会牵头人来看，东部沿海发达地市和较发达地市的农村专业经济协会，农村能人牵头领办的协会占据了主体地位，而落后不发达地市的农村专业经济协会，政府、乡村干部、村集体经济组织与涉农部门牵头领办的协会占据了主体地位。

截至目前，山东省农村专业经济协会发展过程大致可以分为萌芽阶段、探索发展阶段和深化发展阶段三个阶段。

第一，萌发阶段。时间跨越 20 世纪 80 年代初至 90 年代初，该时期的农村专业经济协会大部分是依附科协部门和农技部门组建的，多数是以"某类技术协会""某行业协会"或"某类研究会"命名的，以技术合作、交流和推广为主要的经营活动内容，还没有形成一个较为稳定或统一的运行和发展模式，章程和规章制度、组织结构及管理制度等方面都不规范，会员应该履行的权利和义务不明晰，会员进退出协会非常随便，协会规模普遍较小。由于当时农产品供给还是市场主体，农产品在销售方面还没有遇到大的困难，农户最渴望的是农业生产技术，因此，这一时期，技术类的协会比较盛行。

第二，探索发展阶段。时间跨越 20 世纪 90 年代初至 21 世纪初期，乃是农村专业经济协会的真正起步和探索发展阶段。在此时期，国内国际农产品市场已经转变为买方市场，农产品销售日益艰难，农产品市场竞争力日益增大，卖粮难等市场性问题日益突出，农户对农村专业经济协会的需求程度日益提高，面临发展和运行环境的不断变化，山东省农村专业经济协会发展方向、服务和经营内容也随之发生重大转变，重点转向农产品销售和农产品加工方面，政府部门、涉农部门和涉农企业也积极牵头组建和发展不同类型的农村专业经济协会，发展类型与经营及其发展空间逐步扩大。

第三，深化发展阶段。从 21 世纪初至今，是农村专业经济协会的深化发展阶段。随着中国加入 WTO，农产品国际贸易进一步加强，来自 WTO 的各种挑战日益增大并且更加激烈，农产品市场对质量安全、标准化生产等方面的要求越来越高，面临自身发展问题，理当突破传统运行和发展模式，变革会员结构构成，创新发展，在对内基本上坚持非营利性的前提下，激励和动员会员纳股筹集资金，积极兴办各种对外营利性的经济实体，增强自身发展实力。

（二）山东省农村专业经济协会基本运行情况

由于内部条件和外部环境条件在不断发生变化，山东省农村专业经济在不同发展阶段会呈现出不同的运行特征。

第一，初创阶段。在农村专业经济协会组建之初，农户会员面临的需求主要是购买农资、引进先进技术和优良种子、农产品销售，这种情况下，领办人就显得非常重要，农村经济专业协会在此阶段的主要任务是帮助会员解决采购农资和销售农产品、引进技术和优良品种等农户最需求的问题，绝大部分农村专业经济协会主要践行其服务功能，还没有从事实体经营。走访调查发现，在初创时期，会员数量少、规模较小、会员对协会领导成员的信赖程度较高、决策效率较高、监督程序和内容较简单，基本能够按照协会章程有序运行等特征。而且，在此发展阶段，农村专业经济协会运行中面临的困难和问题较少。

第二，发展成长阶段。国内外农村专业经济协会发展实践证明，任何类型经济协会如果将其发展空间只限制为会员提供初级服务，要么滞留不前、随波逐流，要么伴随经济发展形势的变化或者竞争日趋激烈而走向破灭。因此，在发展成长阶段，必须积极创新、积极开办自己的经济实体，谋求发展。根据调查结果，那些不断发展壮大、运行绩效好的农村专业经济协会在这一时期主要表现为以下特征：加入会员的人数增加，交易额增大，协会的服务功能和服务范围拓展，经济协会不断开展新的业务活动，使会员收益大幅度增加，经济协会为会员提供的基本的农业生产和生活服务职能日益增多，会员对协会的依赖性增强。

在此发展阶段，农村专业经济协会运行中面临的问题和困难集中体现在：①投资决策问题。伴随农村专业经济协会的进一步发展，怎样积累及如何安排投资组合已成为运行中的关键问题之一，为了最大限度的降低投资风险和不确定性带来的损失，长期投资和短期投资如何有机结合、不同投资方式如何组合等也都是关键问题，而且，在坚持民主管理的原则下会员之间以及会员和管理者之间的投资素质差异在一定程度上增加了投资决策的难度。②激励设计问题。在成长阶段，会员更注重协会能否持续发展、能否带来更多的收益，这就需要农村专业经济协会创新设计更高效率的集体激励机制。③监督控制问题。随着规模扩大及业务活动的增多，职能部门增多，专业分工更加细化，部门机构之间的沟通协调难度加大，管理复杂程度增大，监督成本上升，有效控制和监督已成为农村专业经济协会能否持续健康运行的重大问题。④决策效率问题。会员人数增加，如果凡事都坚持民主决策的原则对重大事务进行决策需要消耗高昂的成本，因此，确立合理而又高效的决策机制是这一时期农村专业经济协会发展的重要任务。

第三，成熟阶段。农村专业经济协会进入成熟阶段后，各种业务活动趋于稳定，会员数量变化不大，内部发展环境基本稳定，发展条件也已基本具备，规章制度基本健全，协会发展规模基本维持不变，会员与经济协会之间的关系已经融洽，社员们也可以理解执行，内部管理和运行效率难以大幅度提高，经营利润增长空间也基本不变。

外部竞争加剧，如何制定有效的应对策略和措施非常重要；如何进一步增加经济协会的凝聚力和吸引力更加重要；如何进一步改进内部管理机制、降低管理和运行成本、节约各类费用是关系农村专业经济协会稳定发展的关键。

第四，衰退阶段。农村专业经济协会进入衰退期，自身的运行规律与农产品的生命周期密不可分，经济协会银行账户上和会员们都分别拥有一定的积蓄，会员们对经济协会的信赖将逐渐淡化，创新和开拓进取能力减弱，经济协会异化现象凸显，很多会员情绪不稳，分配机制的激励功能下降。"能否帮助会员解决投资回报和会员资金的增值问题"成为经济协会生存的主要问题；能否实行制度改革、引进新的组织管理和运行制度是农村专业经济协会继续生存和发展的关键。

（三）山东省农村专业经济协会发展和运行的总体状况评价

从总体上看，目前山东省农村专业经济协会发展类型多种多样，运行模式及其发展水平千差万别，基本上呈现出以下特点。

第一，覆盖面还很狭窄。山东省农村专业经济协会的覆盖面还比较狭窄，从会员数占农民总数的比例看，枣庄市农村专业经济协会会员占该市农民总数的比例仅为 0.96%，即使是最高的烟台市该比例也仅为 7.58%，山东省 17 个地市会员数占农民总数的平均比例为 6.46%。

第二，地市间及农村区域之间发展不均衡。山东省农村专业经济协会在不同地市以及不同农村的发展和分布是很不平衡的。调查发现，枣庄、滨州等落后不发达地市的农村，农村专业经济协会不管从其发展数量还是其运行质量，都是全省发展数量最少并且运行质量最差的，从近几年看，由于落后不发达地市城镇化和工业化进程较缓慢、农村非农化缓慢并且水平低，导致农村土地流转面临很多困难，土地规模化缓慢，种养殖大户等农村能人发育慢，农户现代农业化水平低。例如枣庄市和滨州市等地市大约有33%的农村，至今还没有真正的农村专业经济协会；而在东部沿海发达地市，已经基本上达到每个农村都组建了自己的农村专业经济协会。

第三，农业各产业之间分布不平衡。在国外发达国家，农村专业经济协会已经延伸到几乎涉及农村经济的各个领域，诸如农村电力供应、信息服务、电信服务等产业领域。然而，山东省农村专业经济协会还基本集中在种养殖业领域，只有少数涉及沼气、农技、工艺品等产业，而关系到新农村建设的重要产业诸如信息服务等产业的农村专业经济协会还几乎没有。在种植业和养殖业中，从事和经营蔬菜、果木、鸡、牛、羊等种养殖业的比例较高，从事那些对科技要求高、投资大、回转周期长的特殊种养殖业很低。

第四，服务层次和服务水平普遍较低。目前，无论是在发达和较发达地市还是落后不发达地市，山东省农村专业经济协会的经营和服务内容多数还只是局限在较浅显技术、农资、农产品营销等有限的几个方面，那些有助于农户进行深度农产品加工增值和提高科技含量的农村专业经济协会较少，即使在发达的地市，以提供高科技含量的技术、信息服务为主的发达和较发达地市比例仅仅达到约9%。

第五，对外部力量的依赖性较大。从统计的17个地市农村专业经济协会牵头领办人的数据来看，依托涉农部门、政府部门、涉农企业、信用社等外部主体牵头组建所占的比例平均约为65%，真正由种养殖大户等农村能人也就是说真正由农民自己组建和发展的农村专业经济协会远远不到一半，而且在实际运行中，那些即使由农户自己组建的，在发展资金、农业科技、信息建设等方面也离不开政府、涉农企业等外界部门和组织的支持和帮助，总之，目前大部分农村专业经济协会的运行与发展仍然离不开外界力量的支持，自身发展能力普遍较低。

二　山东省地市农村专业经济协会运行状况

为了更进一步了解山东省 17 个地市农村专业经济协会具体的运行情况，分别选取沿海发达地市中的青岛市和潍坊市、较发达地市中的淄博市和泰安市、落后不发达地市中的滨州市和枣庄市的农村专业经济协会相关方面的统计数据。

（一）山东省东部沿海发达地市农村专业经济协会的运行状况

截至 2018 年 12 月，青岛市农村专业经济协会已经发展到 497 家，吸纳会员 6.29 万人，带动农户 16.3 万户。其中，组建于 20 世纪 80 年代的有 12 家，组建于 90 年代的 32 家，其他的全部组建于 21 世纪至今。调查分析发现，以"协会 + 农村专业合作社 + 会员"类型、"协会 + 涉农企业 + 会员"类型、"协会 + 农村专业合作社 + 涉农企业 + 会员"类型等复杂会员构成的运行模式约占 14.7%，以复杂会员构成、营利性的多种经济实体参与、采取股份认购的运行模式的农村专业运行协会所占比例目前尽管较小，但从它们的发展潜力看，今后将继续呈现出上升趋势，这也将是农村专业经济协会今后发展的方向。

从青岛市农村专业经济协会所从事和经营的产业分布看，仍然以种植业和养殖业为主，其中蔬菜、果木等种植业 198 家，养殖业 136 家，渔业 45 家，农业科技服务业 6 家，信息服务业 4 家，手工艺品业 5 家，农技等其他产业 4 家。

从运营能力和层次看，398 家农村专业经济协会中，约 57% 的农村专业经济协会有一定的农产品初加工能力，其中约 33% 的农村专业经济协会拥有整理、分级、粗加工、精加工、包装、销售等经营能力以及具有这些生产环节的固定资产。在种养殖类中约有93%的农村专业经济协会拥有生产或养殖基地，自组建以来，有353家农村专业经济协会基本上做到每年一次为会员进行农业科技、信息收集与利用、技术培训。有390家农村专业经济协会为会员进行产前、产中、产后等生产环节服务。有76家农村专业经济协会进行标准化、商品化和一体化生产运作和现代农业产业化经营。

截至2018年12月，潍坊市有各类农村专业经济协会516家，带动农户20.3万户。虽然几乎涉及农业各个产业，但仍然主要集中在种植业和养殖业（包括畜牧业和渔业），二者的比例分别是45.79%和36.03%。根据山东省农村经济委员会2018年统计资料，潍坊市农村专业经济协会在各行业分布中，蔬菜业种植在生产总量、加工总量、销售总量上以及所给会员增加的收入等方面指标都占据第一位，肉禽蛋类产业因其产品高附加值，在农村专业经济协会为会员增加的销售收入中居第二位。

（二）山东省中部较发达地市农村专业经济协会的运行状况

截至2018年12月底，淄博市农村专业经济协会已发展到476家，其中会员100人以上、组织机构设置较完善、章程和制度设置规范并且运行机制比较有效的达到53家，会员7.6万人，带动农户11.8万户，会员人均纯收入比非会员人均收入多1300多元。

从发展和运行模式看，约89%的农村专业经济协会的会员基本上由个体农户会员构成，运行机制主要以组织机制、合作机制、利益机制为主，其中，其利益机制主要围绕会员与协会的农产品回顾额及协会对会员的农资采购、农产品销售价格设置和运作的。目前只有约11%的农村专业经济协会的会员构成比较复杂，其中5.9%的农村专业经济协会的会员由涉农企业（很少的是信用社）和个体农户构成；3.6%的农村专业经济协会的会员由农村专业合作社和个体农户构成；1.5%的农村专业经济协会的会员由涉农企业、农村专业合作社和个体农户构成。这些会员构成复杂的农村专业经济协会，在基本上沿袭传统的农村专业经济协会的办会宗旨和运行原则的基础上，创新运行机制，在对内进行无偿服务等非营利性的经营活动的前提下，除了设置和改善一般农村专业经济协会具有的组织机制、合作机制、利益机制以外，积极设置相关激励机制鼓励涉农企业、农村专业合作社、信用社等营利性组织或鼓励个体农户会员兴办各种经济实体进行营利创利，设置会员股份制，积极进行公共积累，不断提高自身发展能力。

从从事产业分布看，仍然以种植业和养殖业为主，经营这两类产业的农村专业经济协会共有 396 家；从事野鸡、野兔、野猪等特殊养殖的有 15 家；从事沼气、农技租用或修理等方面的有 43 家，从事农业科技宣传推广、农业科技研发、新品种繁殖或引进高等投资方面的有 9 家；其余的从事传统手工艺品、农业文化创意产业、农民工培训等方面。

积极打造农产品品牌、提升农产品质量，截至 2018 年 12 月，淄博市 476 家农村专业经济协会中，有产品认证的 51 家，其中注册无公害农产品认证的 21 家，绿色生态食品认证的 23 家，获得有机食品认证的 7 家。有 41 家农村专业经济协会注册了地方农产品商标，有 29 家农村专业经济协会取得农产品品牌。

据山东省农业部门统计，截至 2018 年 12 月底，泰安市共有农村专业经济协会 189 家，其中会员 100 人以上、组织机构设置较完善、章程和制度设置规范并且运行机制比较有效的达到 33 家，共有会员 2.68 万人，带动农户 5.8 万户，会员人均纯收入比非会员人均收入多 1100 多元。

从从事和经营产业分布看，76% 的农村专业经济协会从事市场化程度较高的蔬菜、瓜果等特色种植业和牛、羊、生猪等养殖业；18% 的农村专业经济协会从事加工业、营销和运输业。

从牵头领办人组建类型和运行模式看，泰安市的农村专业经济协会约有 58% 由农村能人牵头领办，约有 36% 由涉农企业牵头领办，这两类共约占 94%。因此，在实际运行中，非常注重农产品的商品化、市场化、标准化和产业化等一体化生产经营，在遵循传统上对内非营利性的前提下，较注重对外营利性和关心会员的增收创收，以市场为经营导向，较注重信息渠道的建设及决策机制的设置和完善，采取灵活多样的运作模式。

（三）山东省西部落后地市农村专业经济协会的运行状况

截至 2018 年 12 月底，滨州市农村专业经济协会总数达 239 个，拥有会员总数 3.86 万人，带动农户总数 7.2 万人。从从事和经营的产业分布来看，种植业占 48.2%，养殖业占 39.3%，从事沼气、仓储服务业、农机等产业占 9.5%，从事信息服务产业和高科技产业占 3%。

从牵头领办人组建类型和运行模式看，滨州市的农村专业经济协会约有 39% 由政府部门牵头领办，约有 43% 由农技站等涉农部门牵头领办，这两类共约占 82%。因此，在实际运行中，非常注重农产品的商品化、市场化、规模化生产经营，坚持非营利性运行原则，注重对会员的生产、销售、技术等服务活动的开展和关心会员的增收创收，以市场为经营导向，较注重民主管理建设、会员的合作意识培育及决策机制的设置和完善，注重对农村专业经济协会扶持政策、导向及其健康运行。

据山东省农业部门统计，截至 2018 年 12 月底，枣庄市共有农村专业经济协会 219 家，其中会员 50 人以上、组织机构设置较完善、章程和制度设置较规范的有 63 家，共有会员 2.38 万人，带动农户6.8 万户，会员人均纯收入比非会员人均收入多 1500 多元。枣庄市农村专业经济协会产业分布情况为：种植业 125 家，畜牧等养殖业 76家，沼气、农机等行业 13 家，手工艺等其他行业 5 家。

从经营服务内容方面看，以提供农产品销售、生产性技术、农资购销为主要服务内容的有 209 家，以提供种苗、农业高科技和信息服务为主的有 5 家，以代表会员联系涉农龙头企业签订销售合同为主要服务活动的有 3 家，以提供农业生产技术培训、农民工进城前培训等方面服务的有 2 家。

从牵头组建和运行类型看，各类农村能人牵头组建和运行的只有 37 家，这表明枣庄市农村能人非常稀缺、农村市场发育较差；政府牵头领办的有 93 家，农技部门、种子站等涉农部门牵头组建和运行的有 68 家，涉农龙头企业、信用社等牵头组建和运行的有 8 家，村集体组织兴办和运行的有 3 家。

（四）山东省各地市农村专业经济协会运行的变化状况评价

为了能在一定程度上表明山东省各地市农村专业经济协会近些年发展和运行方面的变化情况，这里选取 2004 年全国人大农业与农村委员会课题组提供的关于全国农村专业经济协会发展情况为比较基点，主要从数量、牵头组建方式、从事和经营产业分布、经营活动与服务内容、经营与活动区域等方面来比较说明。

第一，数量方面。山东省 17 个地市农村专业经济协会的数量与 2004 年相比都有了相当程度的增加，运行层次及其运行水平也都有了不同程度的提高。青岛市农村专业经济协会 2003 年有 206 家，带动农户 9.3 万户；2014 已经发展到 398 家，带动农户 16.3 万户。潍坊市各类农村专业经济协会 2003 年有 266 家，带动农户 8.3 万户；截至 2018 年 12 月，潍坊市有各类农村专业经济协会 403 家，带动农户 20.3 万户。淄博市农村专业经济协会 2003 年有 206 家，带动农户 4.1 万户；2018 年淄博市农村专业经济协会已发展到 476 家，带动农户 11.8 万户。泰安市农村专业经济协会 2003 年有 116 家，带动农户 2.3 万户；2018 年泰安市共有农村专业经济协会 189 家，带动农户 5.8 万户。滨州市农村专业经济协会 2003 年有 136 家，带动农户 3.3 万户；2018 年 12 月底，滨州市农村专业经济协会总数达 239 家，带动农户总数 7.2 万人。枣庄市农村专业经济协会 2003 年有 156 家，带动农户 3.2 万户；2018 年 12 月底，枣庄市共有农村专业经济协会 219 家，带动农户 6.8 万户。

第二，牵头组建方式方面。种养殖大户等农村能人以及涉农龙头企业牵头领办和运行的农村专业经济协会开始占据主体地位，所占比例在不同地市都有相当程度的提高。

第三，从事和经营产业分布方面。从 2018 年的相关统计数据来看，与 2003 年相比，山东省农村专业经济协会的产业集中度进一步提高，从事和经营商品化、市场化和规模化程度高的种养殖业所占比例进一步增长，将种植业与养殖业两大产业一体化经营的比例也进一步增多，并且逐渐转向那些高附加值或高科技含量的农业产业。

第四，经营活动与服务内容方面。农村专业经济协会中仅提供浅显生产技术、代购销售服务的比例明显下降，能够提供生产一体化综合服务、农业科技、信息等高层次服务的比例明显上升，表明山东省各地市农村专业经济协会的服务内容、服务层次和服务水平有了明显的转变和提升。如 2018 年淄博市农村专业经济协会中从事产加销等生产一体化综合服务的占总数的 48.7%，仅提供购销服务的农村专业经济协会占总数的 9%。

第五，经营与活动区域方面。2003 年，山东省 17 个地市的农村专业经济协会经营与活动区域范围基本上都局限于本乡镇乃至本村范围内，只有少数能够跨乡镇经营和服务。而在 2018 年，山东省 17 个地市各类型农村专业经济协会在经营与活动区域方面变化很大，这方面主要由于自 2008 年以来，农业发展形势和农产品市场需求等方面都发生很大变化有相当关系。以潍坊市为例说明 2018 年农村专业经济协会经营与活动区域方面的具体情况，限于本村范围内的占 20.3%，限于本乡镇范围内的占 68.2%，限于本县或县级市范围内的占 6.7%，跨县经营与活动的占的 3.2%，跨省（区）甚至面向全国经营的占 0.6%。

三 山东省农村专业经济协会组织机制状况

农村专业经济协会组织机制也就是其内部专门从事重大事务决定、筹划和实施经营活动、重大项目决策、执行和监督等职能的各个部门设置及其相互关系，目的是协调会员集体行动以便能够高效地实现团体发展目标。农村专业经济协会作为会员之间共同合作的经济组织，其组织机制是否完善直接关系着其能否持续有效运行。实践证明，农村专业经济协会组织机制应该与其发展类型、运行模式以及在不同发展阶段的具体目标、经营业务、运行环境等方面相适应①。本章主要以山东省农村专业经济协会为例，就其组织机制设置、运行状况和存在的主要问题进行分析。

（一）山东省农村专业经济协会产权制度状况

1. 主要运行类型及其产权结构特征

通过对山东省民政厅及各地市民政局所注册的 50625 家农村专业经济协会进行统计分析和归类，现行农村专业经济协会主要运行类型及其产权结构特征，从总体上分析基本呈现出以下情况。

第一，由涉农龙头企业、供销社、农产品加工企业或公司、农村信用社等经济组织牵头组建的农村专业经济协会，在实际运行中，牵头经济组织是核心领导层，在重点项目、重大事务及重要决策的决定以及执行重要经营活动和方针政策等诸多问题上起绝对的领导作用，农村专业经济协会主要担负沟通、监督、协调或中介作用，核心领导层成员一般不与普通农户会员直接发生联系。在农业生产经营过程中，这些经济组织通过农村专业经济协会代表普通农户会员以契约形式界定双方的权利和义务，普通农户会员根据契约所规定的要求和标准专职生产提供某种农产品等初级原料，这些经济组织届时按照契约规定收购农户会员的农产品进行加工和销售，有些契约还规定这些经济组织在农户会员的生产过程中，为了提高农产品数量和质量，向农户会员提供一定的技术、管理、农资等服务。

这类运行模式和产权结构主要适用于种养殖产业，在一定程度上

①　庄亚界、朱朝枝：《基于文化资源开发利用的农业产业提升机制研究——以福建省永春县为例》，《福建论坛》（人文社会科学版）2014 年第 12 期。

缓解了目前分散经营、规模过小的"小农户"与竞争日趋激烈的"大市场"之间的矛盾，在某种程度上维护了农户会员生产的独立性与自主性，使农户能够专职从事农产品生产，并且确保农产品有一定程度的稳定销售市场；同时，又确保这些经济组织农产品具有较稳定的加工原料供应渠道，在一定程度上节省了交易成本和市场风险，增加了加工和销售利润①。另外，这类运行模式和组织结构有利于发挥和利用这些经济组织在运营资金、生产和加工技术、生产和组织管理及市场信息等优势资源和条件，在一定程度上能够带动农户加速现代农业化进程。

调查了解到，在实际运行中，这类运行模式和产权结构存在一定程度的不稳定性和风险性，往往导致这种运行模式的生存很难长久。首先，作为中介的农村专业经济协会协调职能有限，契约的约束性比较脆弱。对农户会员来说，由于与这些牵头组建协会的经济组织之间缺乏直接的交往和沟通，自身私利性、"理性经济人"和农产品市场价格的多变性等不确定性因素经常会诱发农户的"机会主义"或"投机主义"行为，主要表现在当市场农产品价格高于契约价格时，农户会员就有可能将本应该交给这些经济组织的农产品转售给市场或其他批发商；同样，对这些经济组织而言，由于追求利润最大化动机以及在农村专业经济协会中的核心地位，当市场农产品价格比契约价格低得较多时，这些经济组织很有可能违约或弃约，选择从市场上或其他渠道收购加工原料。其次，普通农户会员与这些经济组织在农村专业经济协会的地位严重不对等。因为，这类协会本身就是这些经济组织出于自身经济利益而牵头组建的，对于单个农户会员而言，与这些经济组织的交易量少，而且，农户会员之间合作性差，因此，当这些经济组织违约或弃约时，农户会员只能选择"沉默"或退出协会。

第二，由种田大户、农产品营销能手、农业技术人员等农村能人

---

① 张圣懿：《专业合作社或专业经济协会是推动乡村产业结构调整的重要组织载体》，《现代农业》2014年第8期。

牵头组建和发展的农村专业经济协会，其产权结构特征：牵头能人是协会的核心和决策层，管理层次清晰，领导成员与农户会员之间利益关系不紧密，组织结构简单，核心领导成员与农户会员之间能力差异较大。

第三，由政府、涉农部门、村两委或者那些能力不高、素质较差的领办人牵头组建的农村专业经济协会。这种类型农村专业经济协会，主要以农户会员为发展基础，以某类农业主导产业或某种农业生产基地为依托，以协会为组织载体，这些牵头部门，为协会的发展提供支持和服务，帮助和指导会员选举主要负责人，主要为了帮助农户增收为运行目的。

这类运行模式和产权结构的农村专业经济协会，在实际运行中，这些牵头部门，在一定程度上帮助协会完善内部产权结构和体系建设，解决协会自身难以解决的问题，帮助协会在农业生产技术服务、经营和市场信息以及与联络和沟通外界等方面为会员提供服务。由于这些牵头部门的支持和帮助，协会容易获取财政、资金等发展资源，协会的吸引力较强，容易消除农户的思想顾虑，便于农户会员与政府之间进行沟通和联系。

这类运行模式和产权结构缺乏统一的组织核心，核心领导缺失，往往注重部门和机构形式设置，组织内部结构松散，组织内聚力不强，主要领导成员的地位作用不突出，稳定性差；同时，由于政府等部门不适当的干涉或过度介入，容易导致组织松散、农户会员集体行动热情不高、"搭便车行为"等问题；而且，这类型协会往往会过度依赖政府等部门，不利于自身发展能力的培育，会员参与民主管理和自主经营的积极性受到压抑。

第四，会员复合型运行类型和产权结构。自 2007 年《农村专业合作社法》行使以来，由于农村专业合作社这种具有企业性特征的营利性社会组织的冲击，相当部分农村专业经济协会为了营利和获取国家政府的相关支持，先后转变为农村专业合作社，使农村专业经济协会的发展面临前所未有的威胁。在这种发展背景下，在经济社会发展水平发达的沿海地区，有些农村专业经济协会创新发展和运行模式，在整体遵循不营利的原则下，为了积储发展基金和增强自我发展能力，突破传统的会员构成模式，优化会员构成结构，将涉农龙头企业或农村专业合作社等营利性组织吸纳为会员，形成和发展为"协会＋龙头企业＋经纪人＋农户"型或"协会＋龙头企业＋合作社＋农户"型或"协会＋龙头企业＋农户"或"协会＋合作社＋农户"型等运行模式，这些农村专业经济协会既吸取单一农户会员构成的各类型农村专业经济协会的优点，同时，又克服并解决了单一农户会员构成的各类型农村专业经济协会的缺点，积极发挥和利用诸如龙头企业、农村专业合作社等营利性组织的运行特征和优势，在沿袭传统农村专业经济协会非营利性原则下，整合和利用农村专业经济协会的各种协调和服务功能，发挥各类不同会员的生产经营特征和优势，增强各类会员的生产经营能力和发展素质，进而提高和增强整个协会的自身发展能力①②。

2. 农村专业经济协会产权特征

选取山东省32家农村专业经济协会，对其产权制度及其产权界定情况进行走访调查和分析。调查分析发现，山东省农村专业经济协会的股份结构和产权制度安排呈现出较大的差异性，尤其会员股东数量和股金总额上的分层和集中问题比较突出。根据调查问卷结果分析，被选取的农村专业经济协会调查样本的股份结构基本相似，约有75％的农村专业经济协会资金总额基本都在5万元以下，表明大部分农村专业经济协会发展资金不足、整体发展实力不强，在产权安排上存在不同程度的产权残缺，对某些公共产品和公共财产的产权安排存在一定程度的没有明晰界定问题。

具体分析32家农村专业经济协会的股份结构发现，股东数量最

---

① 文华成、杨新元：《新型农业经营体系构建框架、机制与路径》，《农村经济》2013年第10期。

② 谭鑫：《云南农村专业经济协会发展问题研究》，《中共云南省委学校学报》2014年第1期。

多的有 183 人，股东数量最少的只有 3 个核心会员，从股东数量上看，不同的农村专业经济协会之间差距较大；股金总额最多的达到 263 万元，股金总额最少的只有 0.5 万元，从股金总额看，不同的农村专业经济协会之间差距很大。同时，从股份结构整体上分析，不同的农村专业经济协会表现出较明显的分层现象，表明在相当数量的农村专业经济协会存在着核心会员和非核心会员之分问题，反映了种养殖大户等农村能人为了扩大农业生产经营规模以实现农业产业化积极组建和发展农村专业经济协会，而大部分分散经营的农户对发展农村专业经济协会或认知不足或参与积极性不高，这一点从 32 家样本农村专业经济协会的会员人数规模普遍较小（75% 的农村专业经济协会会员人数低于 150 人）可以看出。进一步分析 32 家农村专业经济协会的股份结构发现，还存在着明显的集中问题和分层现象，股份结构集中度较高，那些出资额较小的非核心会员对于农村专业经济协会的影响基本上是微乎其微，协会的重大事务决策权和剩余控制权基本上控制在出资额较多的核心会员手中。

从农村专业经济协会会员构成分析其产权结构与产权制度安排。具体分析 32 家农村专业经济协会的会员构成发现，绝大多数农村专业经济协会或者是农村能人和龙头企业等营利性组织在获利动机驱使下的一种诱致性制度变迁，或者相关政府部门出于关注"三农"问题而牵头组建的，在此情况下，在所有权结构及其制度安排上，基本上都呈现出"产权股份化明显、少量出资多的核心会员与多数出资少的非核心会员并存、少数协会领办人和核心会员掌控农村专业经济协会的运行机制和重大事务的决策权"等共同现象①。这一点也可以从农村专业经济协会的会员由投资者会员和生产者会员构成这个角度得到解释。

关于农村专业经济协会公共积累和公共财产的产权安排。调查分析

---

① 王力：《农村专业经济合作经济组织发展现状分析——以安徽省肥东县某渔业协会为例》，《云南农业大学学报》（社会科学版）2016 年第 1 期。

32家农村专业经济协会发现，在对公共积累和公共财产的产权制度安排上，85%以上的农村专业经济协会存在不同程度的产权界定模糊问题。尽管在协会章程上一般都明确规定：会员退出农村专业经济协会时应该退还其股金，如果当年农村专业经济协会经营有盈余的应按照相关规定分配给其应得的盈余，如果经营亏损的应该按照相关规定扣除其应承担的亏损部分；但是，实际调查发现，在会员退会时，没有一个农村专业经济协会严格遵守章程和相关规定，都坚持维护公共积累和公共财产，而且不对其公共积累和公共财产的产权进行明晰界定。

3. 山东省农村专业经济协会产权特征解释

根据上述分析发现，目前农村专业经济协会的产权特征，乃是不同会员为了实现各自利益而进行较长时期博弈的结果，其产权特征形成原因可以通过以下几个方面来分析。

第一，政府扶持资源的稀缺。根据目前山东省"三农问题"解决状况以及农村经济社会发展水平和现代农业发展环境，农村专业经济协会急需相关政府部门在发展政策、法律法规、资金、现代职业型农业人才培育、发展信息等方面提供大量的帮助和支持，尤其在那些落后不发达农村，农村专业经济协会的组建和运行更离不开政府各种扶持资源。因此，现阶段，为了确保农村专业经济协会能够生存和发展，相关政府部门就被迫或主动参与组建和发展农村专业经济协会，并且必须利用相关政策和资源进行扶持。

第二，运营资本的稀缺。通过分析调查样本发现，目前山东省农村专业经济协会在运行中，最普遍的问题是运营资本稀缺。究其根源：农户的农业生产收入增长缓慢并且收益有限，收入的会费普遍很少；国家和政府部门的专项资金支持很少；由于固定资产有限，难以从金融机构获得贷款；那些资本资源雄厚的涉农企业真正参与农村专业经济协会的数量很少；深受"非营利性"发展属性的制约和束缚，导致绝大部分农村专业经济协会几乎不能获取额外收入。因此，对绝大部分农村专业经济协会而言，运营资本非常稀缺。

第三，农村能人的稀缺。近些年来，在山东省东部发达和较发达地市，城乡一体化进程较快，非农产业发达，在比较利益驱动下，农民兼业化程度严重，尤其"90后"的新生一代农民进入城市打工并留在城市人数激增，再加上目前限制土地流转因素仍然较多以及人多地少等因素使得土地细碎化经营现象依然存在导致年青一代种养殖专业大户等现代职业型农村能人相当稀缺。

第四，现代农业组织管理人才的稀缺。调查分析发现，山东省不论经济发达、较发达还是落后不发达地市的农村中，老年人化和"空心化"现象日益严重，新一代年轻农民日益缺乏，富于创新开拓、具有现代农业经营和管理的企业家性质的农业组织管理人才相当缺乏。究其原因：首先，自20世纪90年代末以来，大学生、本科生和研究生连续不断扩招，除了普通高校不断扩充之外，各类高职高专等职业院校也不断组建和扩展；其次，因城市化进程不断加快，大、中、小城市不断创造出越来越多的就业岗位；最后，由于自20世纪70年代计划生育政策的贯彻执行，多数农村基本上平均每家庭生育2个儿女，只有极少数农户家庭生育3个儿女，但是，由于农村生产和生活条件的不断改善，这些子女基本都上了大学或各类高职高专，少数没有上大学的也基本上选择去城市打工并留在城市，就是说，真正从事农业的年轻人很少。正因如此，农村专业经济协会在实际运营中，为了留住和利用具有现代农业管理人才，普通农户会员在产权结构和产权制度安排上做出一定的让步和牺牲也是必然的。

综上所述，那些主要农业资源的稀缺性，势必要影响农村专业经济协会的产权结构及其产权制度安排。在农村专业经济协会的实际运行中，掌控或拥有这些稀缺经济资源的少数核心会员为了确保或维护自身的稀缺要素和资源能够获得相对应的收益和权益，必然要倾向于实行股份化或资源化的产权结构及相应的产权制度安排，这就导致少数核心会员能够实际操纵控制权和决策权。那些小规模分散经营、生产经营能力小、资金缺乏的普通会员之所以参加农村专业经济协会，其真正的最大目的并不是获得纯粹的公平和民主管理，而是农村专业经济协会能否帮助自身增收创收、降低生产经营成本、提高自身生产经营能力及提高自身农产品市场竞争力①。走访调查和现实运行实践证明，不管由什么人实际掌控农村专业经济协会，只要能够帮助和解决普通会员真正关心的问题，普通会员就积极参与和拥护，至于那些什么参与民主管理、参与重大事务的决策及怎样安排产权结构等事情，普通会员对此就没有太大的异议。

（二） 山东省农村专业经济协会主要组织结构状况

从组织治理系统角度分析，农村专业经济协会组织结构是指治理系统的构成要素及其各个要素间的构成形式，一般来说，根据职能分工一个组织机构基本上由权力、决策、执行和监督等部门组成。从调查结果了解到，农村专业经济协会基本上都设置了完整的组织机构及其相关制度，建立了较为规范的章程和相关规章制度，一般包括会员（代表）大会、理事会和监事会等"三会"机构，某些规模较大、发展良好的农村专业经济协会还根据自身发展需求，在"三会"机构的基础上，还设置了其他机构和具体经营部门。

1. 权力部门——会员大会

会员大会或会员代表大会是农村专业经济协会的最高权力机构，是会员发表意见、提议和直接行使权力的机构，由全体会员组成，会员大会制度是实现会员民主管理的重要途径。但是，会员大会是农村专业经济协会的非常设机构，而不是日常业务执行机构，其权力的行使只能通过会议形式，会员大会一般包括年度大会和临时大会两种形式。其中，年度大会主要就选举理事、修改章程和各项规章制度，决定会员进退、审议协会发展规划及年度业务发展计划以及审议年度财务、盈余分配、审议和批准理事会及监事会的年度业务报告等事项进行表决。

农村专业经济协会在管理和对重大事务决策问题上，会员对管理

---

① 孙亚范：《现阶段我国农民合作需求与意愿的实证研究和启示——对江苏农户的实证调查与分析》，《江苏社会科学》2003 年第 1 期；伍梅：《对农民专业合作经济组织利益机制的探讨》，《中国科技信息》2005 年第 9 期。

者和经营者进行管理的主要方式是投票、异议和选择退出。农村专业经济协会管理的特殊性就在于决策和管理与风险承担和利益共享是相互分离的，通过投票选出满意的管理者和经营者是会员参与管理和发展的头等大事；异议也是会员参与管理和发展的一种重要手段，它提供了农村专业经济协会运行中有哪些问题和缺陷需要改进等关系协会健康发展的重要信息；选择退出也就是常说的"用脚投票"表明会员对管理和经营行为以及协会的发展前景感到非常的失望和无奈，只能选择退出来放弃管理权。一般的协会章程对会员享有的权利和应当担负的义务都进行了明确的规定，通过参加会员大会来行使表决权、选举权、被选举权等民主管理，享有协会提供的各种服务和生产经营设施，按照章程规定分享协会盈余以及对理事会和监事会等机构的职责履行情况行使监督权力。

2. 决策部门——理事会

根据公司治理理论，理事会是确保公司和成员利益的重要机构。对于农村专业经济协会，理事会是在会员大会闭会期间常设的权力执行机构，其成员核心是理事长。调查发现，那些管理规范、运行良好的农村专业经济协会，一般都将重大发展事项、利益分配、经营服务活动、经济实体的开办等决定权委托给理事会。一般来讲，理事会的职权比较广泛，凡是会员大会权限以外的经营活动和业务事项都由理事会决定。理事会行使其职权主要通过理事会会议，理事会会议包括常会与临时会议两种形式，其中，常会又称例会，是农村专业经济协会章程规定的定期召开的会议，临时会是不定期的，理事会一般实行"一人一票制"对事项进行表决。

目前，绝大部分农村专业经济协会的理事长大都是由农村能人担任，少部分的理事长是有涉农企业或某些政府部门委派的代表担当，很少由普通农户来担当理事长。在农村专业经济协会实际运行中，理事长主要行使主持召开社员大会和理事会会议、聘任或者解聘经营和管理人员、聘任或辞退财务会计人员、检查决议实施情况、代表协会与政府等其他组织签订相关协议、合同和契约以及代表协会参加诉讼和仲裁等。

理事也就是理事会成员，由会员大会选举产生的，协会章程对理事会成员的具体职责、任期、议事规则都进行明确规定。从我国目前农村专业经济协会运营实践看，理事会成员一般是由那些具有农业生产经营较稀缺的生产要素的农村能人组成的，这部分会员自身利益与协会利益的相关性较强，在一定程度上，他们对农村专业经济协会的经营和管理是比较能够尽心尽力的。

3. 监督部门——监事会

为了保证农村专业经济协会有序并且有效地运行和发展，最大限度确保重大决策正确以及主要管理人员和经营人员能够尽心尽责履行其职责，防止某些经营管理人员滥用职权以牟取私利，按章程规定由会员大会选举产生监事会及其监事会成员。监事会或执行监事的主要职责是监督农村专业经济协会在实际运行过程中，就财务状况、服务职能执行情况、理事长和部门经理等经营管理人员的职责执行情况进行监督以及根据发展变化和需求提议召开临时会员大会等[①]。监事会通过须有半数以上监事出席，监事会会议实行"一人一票制"就某些问题进行表决。

调查发现，有一定数量的农村专业经济协会由于规模过小的缘故，没有设置监事会，只是设置一两个会员担当执行监事。

案例 3 - 1   莒南县板泉镇恒达木梳协会

木梳产业是板泉镇传统的工艺品产业，全镇约有75%以上的农村妇女和老年人利用农闲时间制作木梳，为是木梳产业发展为本镇农民增收的支柱产业，促进木梳生产规模化和标准化经营，由板泉镇支持、农科委牵头组建了"政府部门＋协会＋农户"型农村专业经济协会，倡导会员以现金、工艺技术、生产资料等形式入股，协会实行

---

① 冯道杰：《我国新型农民合作经济组织发展障碍研究》，《农业经济》2006 年第 1 期。

"一人一票制"和"一股一票制"有机结合的管理模式,协会会长由农科委主任兼任,由会长和8个产量较大的村的村长以及出资金较多的3名会员组成理事会,协会兴办木梳加工厂等经济实体等重大决策和其他经营业务基本上由理事会做出和决定。协会自成立以来,只召开了一次会员大会,由理事会全权决定协会的重大发展决策,负责新品种选种、种植、生产管理、财务、加工、包装、销售等日常经营业务。对重大发展决策通过召开理事会决策时,规定10个理事都到会,共同做出决定;其他日常经营业务决策由6个大户理事和一个村干部理事开会决定,平均每月开会一次。

4. 经营部门——经济实体经理层

调查发现,目前在那些发展规模较大、会员数量较多并且运行良好的农村专业经济协会,为了增强自身发展能力,围绕区域主导产业开办了较多的经济实体,考虑到农村专业经济协会本质上是非营利性质的农民社团,因此,在"三会"的基础上,根据各自的服务职能、农产品种类、会员情况、经济社会基础等实际状况设置相应的经营部门和机构,面向社会聘任经营管理能力和综合素质较强的职业人员担当部门经理,专门负责农村专业经济协会的经营管理工作。在调查的32家农村专业经济协会中,有23家聘任专门经理人员负责经济实体的具体生产经营活动。

无领导核心型农村专业经济协会在设置部门时,应该紧紧围绕"提高协会决策能力、强化领导层、提高执行力",加强内外横向和纵向的联合,充分发挥协会中介作用,细化理事会的职权,设置具体的业务部门,聘请专业人员负责。

能人①带动型农村专业经济协会在设置部门时,应该重点围绕"如何拓展和深化服务功能",由常务理事会和下辖的会员小组或者

① "能人"在此特指农村那些热衷于农村经济发展和现代农业生产,有较大种植或养殖规模的农户、某类技术能手、相当水平营销能力的农产品销售者、领导能力和威望好的乡村干部等农业领域的精英们。

分会的负责人组成决策层，具体负责重大事务、业务活动开展等；设置技术部、营销部和宣传部等专业部门组成执行层，具体负责相应业务活动的开展和运作。

企业带动型农村专业经济协会在设置部门时，应该结合企业化管理发展趋势以专业分工为基础进行结构重组：由企业主要领导和协会主要领导共同组成决策层，协会的重大决策由决策层决定，职能部门及相应机构在企业设置，并且各职能部门及其相应机构与协会的相应部门机构直接联系，具体经营业务由企业领导决策；技术部、营销部、监督部、宣传部、协调部、农业科研机构等部门应该在协会中设置。

（三）山东省农村专业经济协会组织机构运行状况

1. 章程制定情况

通过分析统计 32 家农村专业经济协会样本有关章程制定方面的调查结果，并结合其他农村专业经济协会章程制定情况，可以发现，不同类型农村专业经济协会基本上都制定了协会章程，而且，章程内容和规范程度在很多方面基本上都是按照传统农村专业经济协会宗旨和原则的，呈现出一些相同的特征：对会员加入协会基本没有特别的限制条件，都要求交纳一定数额的会员费，年终按交易额对会员进行利润返还；基本上都规定会员实行"一人一票"制的民主管理，进退协会自由，年终要按一定比例提取公益金以保证协会持续发展；因协会领办主体不同，组建农村专业经济协会的目的有着很大差别，因而，在涉及投资、利益处置和分配等方面的具体规定就相差很大，例如，在"龙头企业＋协会＋农户"等经济组织牵头组建和发展的农村专业经济协会的章程中，在投资、利益处置和分配等方面的内容制定对不同层次的会员就有明显差别，并分类进行了详细说明。

2. 章程执行情况

根据被选取的 32 家样本和其他农村专业经济协会关于章程执行情况的调查结果，在实际运行中，会员基本上都按要求缴纳了会费，协会也都基本上认真履行服务会员的宗旨，尽力为会员提供生产技术等生产经营服务；不管什么类型的经济协会，农户加入协会基本上没有特别的限制条件，除了 9 家样本没有为会员提供农产品销售职能也就没有利润返还外，其他 23 家年终都不同程度的按交易额进行利润返还。但是，其他方面的落实和执行情况与章程规定的内容就出现不同程度的出入，有些甚至大相径庭，主要有以下方面的问题：真正按章程实行"一人一票"制对重大业务活动和重要决策进行会员民主管理的协会只有 10 家，占被调查样本总数的 1/3；有 27 家样本每年年终按各自章程规定的比例提取了公积金；在按交易额返还利润方面，真正按章程规定的比例和要求按交易额进行返还利润的协会有 23 家，其他 9 家协会在实际中只是象征性的返利，并没有严格遵守章程规定；32 家协会的章程都明确会员进退会完全自由，但实际有 28 家协会对会员的退出协会时都存在不同程度的附加限制条件（见表 3 - 1）。

表 3 - 1　　　　　32 家农村专业经济协会章程落实执行情况

调查项目	章程规定内容	落实执行结果
会员加入	无限制条件	相符
会员退出	无限制	不相符，28 家限制
民主管理	"一人一票"制	不相符，22 家没有履行
公积金提取	都制定每年年终按规定提出	不相符，27 家提取
是否交会员费	都规定交会员费	相符
利润返还	23 家规定返还，9 家没有	不相符，23 家按规定返利

可见，虽然绝大部分农村专业经济协会在组建之初都严格制定规范的章程，并对其中的一些事项做了细则，但是在实际运行中，认真遵守和履行章程的协会只占少数，这从一定程度上表明了协会领办人和主要领导成员的管理水平，也同时说明了当前农民素质普遍比较低。

3. 协会"三会"设立和运行情况

在被调查的 32 家样本中，都设立了会员大会、理事会、监事会等部门机构；其中，都确立会员大会为最高权力机构，都规定当决定协会重大事项时必须有超过实际出席人数的一半同意才能通过；将理事会作为管理和执行机构；将监事会作为监督机构，负责监督和检查理事会及相关经济部门和经济实体的经济行为。

但是，在实际运行中，有 19 家样本每年集合会员召开一次会员大会，商讨协会当年的重大事项、经营业务等方面问题并进行表决；有 21 家样本的理事会正常履行其职责，管理协会经营业务的开展和其他日常事情；有 17 家样本的监事会真正履行其监督职责，行使其监督权力。

4. 农村专业经济协会领办人情况

对 32 家样本领办人调查发现，领办人身份及其工作等方面情况相互差别很大，理事会人员组成也因农村专业经济协会类型不同而有很大差别。协会领办人和理事会主要成员组成中，村干部占最多，其次是政府工作人员，各类农村能人在领办人以及担任理事会成员的数量和所占的比例都不大，尤其是普通农民所占比例更小，这些情况进一步表明，当前大多数农村农民的农业现代化知识水平和技术能力普遍较低，职业农民非常缺乏。这从一定程度上说明目前乃至今后相当长一段时期内，农村专业经济协会还是主要依靠相关政府和地方基层组织扶持与帮助，真正依托农村各类能人带领农户自我发展和经营还需要一定时期，也表明农业现代化、产业化、标准化经营不能一蹴而就，需要农民整体素质的提高（见表 3-2）。

表 3-2　　　　32 家样本领办人和理事会组成人员情况

	村干部	政府工作人员	龙头企业领导	农村能人
协会领办人（个）	17	9	2	4
理事会人员（个）	36	11	6	7

农村专业经济协会组织管理状况。

从调查情况来看，每年召开会员大会的有 13 家，约占样本的 40.4%，16 家两三年召开一次，占样本的 50%，3 家自组建以来只召开一次，占样本的 9.6%；在民主管理和重大事务决策方式上，实行"一人一票"制与"一股一票"有机结合的决策方式占大多数，走访进一步了解到这种形式呈增加趋势，这表明越来越多的农村专业经济协会在运行中注重创新，更加重视经济实体的发展，以增强经济协会发展自我发展能力（见表 3 - 3）。

表 3 - 3　　　　　　32 家样本组织管理状况调查

	会员大会	理事会	监事会	民主管理
协会数量（个）与比例	13 家样本每年召开一次，占40.4%；16 家两三年召开一次，占50%；3 家自组建起召开一次，占9.6%	29 家理事会积极开办经济实体和其他经济活动，占91%	17 家行使其监督权力，占53%	"一人一票"制7家，占23%；两者有机结合25家，占87%

四　山东省农村专业经济协会主要运行机制构成状况

农村专业经济协会运行过程实质上就是整合并有效开发利用会员团体现有的农业资源、提高会员生产经营能力和增收创收水平的过程。农村专业经济协会运行体系主要包括内部产权安排及其制度、组织结构、管理方式、利益体系、服务功能、经营发展方式以及与外部市场、政府的联动关系等要素，其运行机制就是这些因素的相互联系、相互制约、相互作用的运行方式，实质上就是整合资源功能、激发会员合作及其生产经营的动力功能、确定发展定位和重大事务决策功能、组织协调功能和发展功能等若干基本功能的有机组合、联动和统一。

（一）农村专业经济协会决策机制状况

1. 会员大会的决策机制

农村专业经济协会作为农户会员自我民主管理的社会组织团体，会员彼此地位平等，调查了解到，约有67%的农村专业经济协会，在实际运行中，由全体会员按照"一人一票"制度对协会的重大事项和重大经营发展活动进行决策；约有23%的农村专业经济协会，在借鉴国外农村专业经济协会比较成熟的运行方式基础上，为了解决发展资金缺乏、经营资金不足以及真正帮助农户会员增收，突破传统观念，创新决策机制，给予那些投资额较大或对协会发展贡献较大的会员一定的附加表决权，但对附加表决权的票数做出明确的限制以防止侵犯普通会员的民主管理权，激发会员积极为协会发展筹集资金，创办了多种类型经济实体，不断拓展产业链以及提高农产品科技附加值。

2. 理事会层面的决策机制

（1）理事长和理事等主要经营管理人员选择的决策机制

根据协会章程规定，理事会及其理事长和理事都应由会员（代表）大会选举表决产生。可是，调查了解到，目前大部分农村专业经济协会在实际运行中，由于协会牵头领办人与普通会员的差异性较大，在表决理事长和理事的决策方面，真正起关键作用的乃是协会筹备组和相关主管政府部门。协会筹备组一般是由协会领办人组成，由筹备组确定的理事长和理事候选人或者由某主管政府部门任命的人选虽然最终还要经过会员大会投票表决，但其实，这只是一种表面形式而已。

（2）理事会的决策机制

理事会对协会日常重大经营活动等事项进行决策是通过理事会会议来行使的，理事会会议一般包括普通理事会议和特殊理事会议。其中，普通理事会议是按照协会章程定期召开的会议；特殊理事会议则是在遇到较特殊的经营和发展事项的情形下召开的会议。章程要求，出席理事会会议的人数必须达到全部理事的 2/3 或以上；但是，在实际运营中，往往由理事长等少数领导成员暗箱决定。

（二）农村专业经济协会合作机制状况

1. 农村专业经济协会合作机制运行原则

根据组织运行原则理论，农村专业经济协会作为一种合作性组织，其合作机制运行应该遵循一定原则以促进其稳定发展。农村专业经济协会发展事实证明公平、照顾弱者、"民办、民管、民受益""民主集中制"等原则都在不同程度上促进其合作机制的生成和发展。

（1）公平原则

根据经济学上平等理论，农村专业经济协会在运行过程中，要处理好帕累托效率与会员公平问题。农村专业经济协会是会员自己的组织，会员之间权利和地位应该平等，进退会应该自由，应该坚持比例平等原则进行利益分配，按照会员贡献程度多少，根据权重享有不同程度的非基本权利，在享受无偿服务上要坚持机会平等原则。

公平是效率的基础，效率是公平的基础和保障。在农村专业经济协会运行过程中，一般来说，会员不是根据自己实际得到的好处来计算，往往衡量其他会员的收益，来权衡公平观；违背了收入实现上的平等原则，就会选择采取"不合作行为"对抗"不合作行为"，宁愿自身利益受损也决不让步①。

（2）民主集中制原则

"民主"和"集中"是一对矛盾统一体。根据经济学理论，在农村专业经济协会运行过程中，如果所有决策都需要全体会员通过会员大会或会员代表大会来协商，由于不同会员之间的差异性，可

---

① 曾丽军、徐静：《农村专业经济协会：功能定位与组织绩效》，《南方农村》2016年第 3 期。

能需要较长时间的反复谈判和修改，这就很可能消耗很大的交易成本。民主与集中原则主要体现在对发展目标和方向、重大事务、主要经济活动等方面的决策。民主是在一定权威下的民主，小农传统、农民善分不善合等问题需要一定的权威力量进行解决和引导。根据"阿罗不可能定理"，当民主陷入无序及内耗时，一致意见的达成需要消耗很大的成本，此时，需要发挥权威的作用，采取"集中"原则进行决策；但是，不能过度强调权威的力量，绝对不能扼杀会员的民主权利，通过"民主"原则，充分发挥会员的聪明才智。

（3）照顾弱者原则

罗尔斯主义平等观认为，在某一经济社会发展时期社会成员获取的社会福利大小最终由效用最低的成员效用决定①。伦理学认为获利较多者必须拿出其中的一部分来补偿那些获利较少者，因为在成员共同占有的社会资源利用中，获利多者利用的多②。照顾弱者原则实质上就是高收入者或能力大者应该对低收入者或能力小者进行补偿。在农村专业经济协会实际运行中，总有一部分经济实力和发展能力弱小的会员，既然以会员的共同利益为发展宗旨，那么，必须采取一些相应措施照顾那些经济实力和发展能力弱小的会员，使这些会员能够共享协会的利益和公共性服务。

（4）"一事一议"原则

在农村专业经济协会运行过程中，要正确实施"一事一议"的决策原则，避免出现决策成本过高问题，同时，也要注重防止决策效率低下等问题。重大决策需要集中会员的才智，经过民主决策程序来决定；同时，为了提高决策效率，降低决策成本，在特殊发展环境和条件下，一般性经营管理等方面决策，可以直接由领办人或理事会集中

① Ollila, "Farmer's Co-operatives as Market Co-ordinating Institution: Annals of Public and Co-operative Economics", 1994.

② Torgerson, R. E. B. Reynolds, T. W. Gray, "Evolution of Cooperative Thought, Theory and Purpose ", *Journal of Cooperatives*, 13（3）, 1998: 1 - 20.

决定；在现实的公共选择问题中，对"一事一议"制度进行创新和一定程度的改进，与"民主与集中原则"的决策形式有机结合，在确保达成一致意见的前提下，正确显示会员的偏好并实现会员的需求。

（5）"民办、民管、民受益"原则

农村专业经济协会在运行过程中必须体现"民办、民管、民受益"的原则，这是确保合作机制正常持续运行的根本。"民办"侧重强调农户出于自身生产经营的需求，自发组建各种类型的农村专业经济协会。"民管"侧重强调协会的内部管理，农村专业经济协会在运行过程中，通过对所有会员经济行为的激励、监督和约束，确保会员真正参与协会的管理，确保实行民主决策、民主管理和民主监督以及对重大事项的决定。"民受益"侧重强调农村专业经济协会"以服务会员"这一发展宗旨，为会员提供农业生产经营所需求的各类专业性服务。"民办、民管、民受益"原则能够充分体现在农村专业经济协会运行中，会员权利和义务的有机统一，农户自愿参与、自己掌控经营和管理权、决策权和分配权等权力，就能更有效地维护自己切身的利益和权益①。

2. 农村专业经济协会合作机制的现实性阐述

"一家一户"小规模生产经营的农户在竞争日趋激烈的市场经济下，为解决自身生产中难以克服的困难和问题而组建农村专业经济协会，农户向其输入从事农业生产和经营所需的农业资源，协会对农户的输出主要包括新品种、农资等各种准公共物品以及农业科技、农作物病虫害防治技术、市场需求信息等相关专业性服务。众多差异性不同的会员经过长期反复博弈过程，最终形成农村专业经济协会的合作机制（见图3－1）。

---

① 林坚、黄胜忠：《成员异质性与农民专业合作社的所有权分析》，《农业经济问题》2007 年第 10 期；李庚：《农村专业经济协会的作用及发展对策》，《安徽农业科学》2011 年第 6 期。

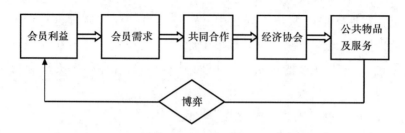

图 3-1　农村专业经济协会合作机制运行过程

案例 3-2

　　山东省诸城市生猪养加协会是由诸城市绿园食品企业牵头动员本市及其周边区域那些分散经营的生猪养殖户于 2003 年 1 月组建的，其发展宗旨是：推行生猪养殖产业一体化、标准化和服务组织化，打造生猪品牌，以忠诚服务养殖户会员为本，提高会员增效增收水平。协会的吸引力和凝聚力不断增强，加入协会的生猪养殖户由 2003 年 1 月组建初期的 80 户，到 2013 年年初发展到 1308 户，会员覆盖及诸城市各乡镇并且辐射到周边县市。会员中，5000 头以上规模企业 118 户。对会员饲养生猪按不同季节付给报酬每头 15—20 元。年终盈余按税后利润的 30% 提取，按照会员交易额返还。诸城市绿园食品企业是山东省农业产业化龙头企业，集种猪繁殖培育、生猪养殖饲料加工、生猪屠宰、肉食加工为一体，引进长白、大白、杜洛克等优良品种，采用优质原料及国内外先进配方技术，依靠先进的化验设备，为会员养殖户提供技术先进、营养均衡、抗病力强、价格低的优质饲料。

　　诸城市生猪养加协会在实际运行中始终坚持"想会员所想、努力满足会员养殖中的各种需求、强化会员合作精神、不断加强会员之间的彼此帮助与合作"等发展方针，外接各类猪肉食品市场，内连养殖会员户，实现屠宰加工企业、猪肉食品市场与养殖户之间的有效对接，带动区域内生猪养殖业由"小规模、分散养殖"向"大规模、产业化养殖"转型，实施专业化、集约化、标准化管理。

　　诸城市生猪养加协会在实际运行中，始终坚持"合作兴会"的运营方针，除了不断强化会员之间的合作意识与合作精神之外，还加强与相关企事业单位和其他组织的联系与合作；积极代表养殖会员的要求和建议与有关政府部门进行沟通，以便获取政府的帮助和支持，维护养殖会员合法权益；促进会员之间的合作与联系与合作，强化养殖会员的自律和自我发展能力。

诸城市生猪养加协会的成功运作在于整个运营过程中始终如一地贯彻和坚持"合作兴会、以会员为本、满足会员的公共物品及相关专业性服务需求"等发展原则和基本方针，积极创新运营方式与运营内容。

（三）农村专业经济协会利益机制状况

利益机制是指各利益相关者之间在利益方面相互联系和作用的制约关系及其调节功能。农村专业经济协会利益机制是指运用特定方式和手段实现发展目标以及会员等利益相关者利益的目标等多元化目标，体现为内部和外部、短期和长远、直接和间接等不同利益相关者既相互联系又相互制约的关系。调查了解到，目前山东省农村专业经济协会不论在经营层面还是在产权层面上，因服务产业不同及所处区域差异，在实际运行中形成了不同形式的利益机制。本部分着重分析目前山东省农村专业经济协会利益机制建立及其运行状况。

根据国内外经济协会关于利益机制方面研究成果，通过对山东省32家农村专业经济协会关于利益机制方面的设置及其实际运行效果的考察发现，目前，农村专业经济协会在利益机制方面的设置主要围绕利益如何"联结、分配、共享、保障、约束"等方面建立与运行。其中，利益联结机制是运行中的联结纽带，利益分配机制是运行的结果和表现，利益保障机制和利益约束机制是利益机制能否持续运行的保证，利益共享机制是协会利益机制运行结果的有益补充，它们之间彼此相互影响和制约，共同形成一个完整的利益机制系统。不同类型的农村专业经济协会，只有在实际运行中根据自身实际状况正确地驾驭利益机制系统，才能得以正常运行。

1. 农村专业经济协会利益联结机制

在实际运行中，农村专业经济协会利益联结机制是农村专业经济协会与会员之间、协会与涉农企业之间、会员与会员之间、会员与涉农企业之间以及协会与政府相关部门之间等不同利益相关者共同建立合作性经济共同体的主要纽带，其中，会员、农村专业经济协会和涉农企业是最主要的利益相关者，他们之间的利益联结关系紧密或疏松程度，是农村专业经济协会能否持续健康运行的核心和关键。因为农村专业经济协会发展目的是为会员提供农业生产经营服务和增收创收、维护会员切身利益尤其是经济利益。

（1）农村专业经济协会对外利益联结机制

根据传统的运行和发展方式，农村专业经济协会对外采取灵活多样的利益联结机制与各种相关经济组织建立各种利益联结关系，帮助会员在农业生产经营各个环节中增加相应的附加值。其中，最普遍的形式主要有买断式、合同式、合作式、企业化式等不同类型的利益联结机制[1]。

第一，买断式利益联结机制。主要产生于由政府相关部门或农村销售大户牵头组建的农村专业经济协会中，由政府相关部门或农村销售大户出面与涉农加工企业沟通，但是没有签订任何合同，涉农企业根据当时市场价格直接收购农户的农产品，涉农企业与农户之间没有形成任何利益联结关系，纯属于买卖双方之间的关系，涉农企业没有建立稳定的农产品原料供给基地，农户也不能分享农产品经企业加工所增加的利润[2]。

第二，合同式利益联结机制。可以产生于任何模式的农村专业经济协会中，主要通过农村专业经济协会作为中介代表协会内的全部会

---

① 徐旭初：《中国农民专业合作经济组织的制度分析》，北京经济科学出版社 2006 年版，第 78—85 页。

② 喻国良、汤顺清：《农民专业合作经济组织的利益分配机制研究》，《北方经济》2007 年第 8 期。

员与涉农企业（主要是农产品加工企业、农业生产资料生产企业、农产品贸易公司）签订包含相关附加条件的合同，有涉农企业负责对农户会员的农资供给或者农产品的加工、销售等服务职能，由农户会员负责对涉农企业的农产品初级原料供给，这是目前涉农企业与农户这两个利益主体之间最普遍的利益联结关系，双方相互负责、互惠互利、共担风险。但是在这种利益联结关系中，由于所签的合同或契约缺乏有效的监督执行机构和强有力的法律法规作保障，涉农企业与农户会员在利益分配上不是对等关系，双方难以形成稳的利益共同体，违约行为比较普遍①。

第三，合作式利益联结机制。这种利益联结机制主要产生于那些农村专业经济协会在运营中围绕本产业兴办农产品加工、品种研发、技术推广等经济实体，为了筹集资金，让会员以资本、土地、技术和劳务等方式入股，实行资本联合与劳动联合相结合、按劳分配与按资分配相结合的利益联结关系，农户会员不仅得到农村专业经济协会的各种服务，还按股共享由协会兴办经济实体得来的利润，农村经济专业协会由于会员的合作，自身经济实力得以加强，具有较强大的发展后劲，农村专业经济协会与农户会员这两个利益主体之间形成稳定的合作关系。

第四，企业化利益联结机制。这种利益联结机制主要产生于由涉农企业牵头组建的农村专业经济协会这一系统中，涉农企业与农户会员这两个利益主体在系统内实行分工合作，农户会员专门负责农产品原料生产，相当于系统内部的上游生产基地，涉农企业对农产品进行加工、包装、销售等经营，从实质上看，涉农企业与会员农户之间结合成经济共同体，实行农业生产一体化经营，提高了农产品的附加值和市场竞争力，利益联结关系较为稳固②。

---

① 喻国良、汤顺清：《农民专业合作经济组织的利益分配机制研究》，《北方经济》2007 年第 8 期。

② 徐恺：《对农民专业合作经济组织利益机制的探讨》，《中国科技信息》2005 年第 5 期。

（2）农村专业经济协会对内利益联结机制

在实际运行中，农村专业经济协会与会员之间主要通过建立以下几种利益联结方式来强化主客体关系：第一，服务关联型。农村专业经济协会对会员提供农业生产专业知识和技术培训、农产品市场信息、引进和培育新品种、以优惠价格统购农业生产资料、销售农产品等服务项目，协会自身没有兴办经济实体，没有分红或返利问题，会员要缴纳会费、遵守章程。第二，契约关联型。农村专业经济协会驾驭市场能力较强，与农产品加工企业或农产品贸易公司等外界相关经济组织联系紧密，农产品销售网络发达，协会作为中介代表会员以相对稳定的价格或者保护价格购销签订合同或契约，协会通过按农产品销售额收取一定的介绍费方式与会员之间建立稳定的购销关系。第三，产权关联型。一些农村专业经济协会兴办经济实体，动员会员以资金、承包土地等形式入股，会员既是股东又是交易者，年终根据产权关系进行按股份分红和按惠顾额返利相结合的"二次分配"①。

总之，大部分农村专业经济协会规模小、没有发展经济实体，基本上以给予会员提供有限的农业生产经营服务为主要发展目标，协会内部与会员之间的利益联结关系比较疏松，没有构建起利益紧密的共同体，农村专业经济协会的稳定性较小，抵御各种尤其是市场风险能力较弱，竞争力不强。效率和利益是农村专业经济协会生存和发展的核心，强大的利益联结关系是调动农户参与组建和发展农村专业经济协会的动力和保证。

案例3-3 沂蒙市草鸡养加工协会

沂蒙市草鸡养加工协会是由香港嘉洛公司合资兴建的大型肉鸡生产加工企业牵头组建的，该企业固定资产投资0.9亿元，占地1100亩，拥有8个分厂，职工达3600人。这个公司集油料加工、饲料生

---

① 邓军蓉、祁春节、汪发元：《农民专业合作社利益分配问题调查研究》，《经济纵横》2014年第3期。

产、蔬菜保鲜、水产养殖、种鸡繁育、孵化、肉鸡饲养、分割宰杀、冷储、加工出口于一体，通过经济协会下联 300 个养殖分场和养鸡联合体 50 多个，养鸡农户会员 3000 多户。公司通过沂蒙市草鸡养加工协会建立多种形式的利益联结机制对会员提供资金、技术和销售等方面为服务，对会员养殖全过程实施一体化和标准化管理。

第一，按标准化养鸡要求统一规划建设会员的鸡舍和相关设施，对会员的鸡场选建、布置、建筑材料和饲养设备都进行规范化和标准化管理。第二，统一提供优质鸡苗及饲料和药品，由经济协会代表养鸡农户会员与公司签订合同，由公司统一供应苗鸡、鸡饲料、疫苗、防治药品等生产资料，严格把关产品质量安全生产。第三，统一规范养鸡技术和管理。沂蒙市草鸡养加工协会根据公司绿色养殖要求，对会员制定了统一标准的养鸡技术、用药规则和免疫管理，实施标准化管理。第四，统一收购，公司委托协会，根据当期市场价格确定收购保护价，与会员农户签订了收购合同，只要产品符合收购合同标准，由协会统一按合同价集中收购，既确保公司稳定安全的加工原料供应，又能保证会员具有稳定的产品销售渠道，大幅度降低了各类交易成本。

沂蒙市草鸡养加工协会属于典型的龙头企业牵头发展模式，其特征是以经济协会为中介，通过多种形式的利益联结机制将公司的资金、技术、管理方式、营销等优势资源与会员的养殖过程有机结合起来，实现了资源优化配置和优势互补，降低了生产和交易成本，并降低市场风险和各种不确定性造成的损失，使公司和会员双方获利。

2. 农村专业经济协会利益保障机制

农村专业经济协会为持续运行和稳定发展，应该在坚持"三民"原则基础上，建立一套由合同产销制度、保护价格制度、风险基金制度、分类管理制度等保障制度构成的利益保障机制，确保不同利益相关者之间共同遵循和相互监督。

第一，产销合同制度。产销合同制度是龙头企业等涉农企业委托农村专业经济协会，按企业制定的生产标准和预定收购的农产品数额，与会员签订购销合同的一种产销制度，产销合同确定会员需按要求生产农产品的数量、质量和龙头企业应该收购的农产品价格及返利标准，农村专业经济协会为监督中介。一般的，根据合同要求，龙头企业与会员将各自承担一定的义务和拥有一定的权利，形成相对稳定的利益关系，会员在农产品生产、储藏、销售环节对龙头企业高度负责，龙头企业对农户在技术、资金等方面给予一定程度的扶持。

第二，保护价格制度。保护价格是产销合同的核心内容，为保证会员的最低收益和龙头企业所需原料的稳定来源，以市场为导向，按完全成本＋平均利润制定；如果市场价格高于合同保护价格时，企业就按市场价格全部收购产销合同制定的数量的农产品。

第三，风险保障制度。作为一种"非市场安排"制度，为防范和降低自然风险、市场风险以及各种市场不确定性给会员农户带来的损失，由农村专业经济协会和政府沟通，在政府的帮助下，获取委托保险公司的相关帮助和支持；或者农村专业经济协会在产、购、运、销和加工经营中应提取一定比例的风险储备基金，向保险公司投保，统一支付保险费，用来弥补会员生产经营上的亏损，以确保农村专业经济协会运行的连续性和稳定性。

第四，会员管理制度。会员是农村专业经济协会运行的主体，按照企业化管理方式对会员制定正规的管理制度，会员的职责和权利对等，应该积极让会员对公积金、公益金、保障金的提留比例等重大事项进行决策，促进会员进行生产经营的专业化、标准化和一体化，以提高会员农业生产效率。

第五，农产品管理制度。要按照协会统一规定的标准化要求对农产品生产进行管理，包括种养技术规范制度、生产管理制度、产品质量标准制度、产品收购管理制度等，指导会员充分利用农业科学技术，市场为导向，从"一家一户"分散式无序生产转向一定规模的标准化有序生产，提高农产品的质量和商品化程度。

第六，产业管理制度。农村专业经济协会在市场调研的基础上，指导会员生产经营那些优势明显、比较利益高的产业，积极引进推广新品种，注重农产品品牌建设，提高农产品市场竞争力。

3. 农村专业经济协会利益约束机制

农村专业经济协会为确保理事会、会员大会和监事会等组织机构有效运行，提高其服务效率，促进会员增收，应该建立一套有效的约束机制规范各种合同的履行、领导成员和会员的经济行为，维护会员的产权利益和合法权益。约束机制主要包括以下几个方面。

第一，制度约束。一个运行良好的农村专业经济协会必然是一个相对完善的制度集合，诸如各种合同制度、保护价格制度和保障制度等，合理完善的制度安排及其有效的制度执行是农村专业经济协会成功与否的重要保障。

第二，非市场制度约束。对那些由龙头企业或各类经济实体牵头领办的农村专业经济协会而言，为确保各利益相关主体关系稳定，诸如龙头企业等经济实体经常给予会员直接的资金、技术、生产资料、管理手段、市场信息等方面的扶持，或者会员先进行生产，待交售产品时再进行统一结算等一系列非市场安排制度，在一定程度上能够促进农村专业经济协会的平稳运行。

第三，协调制度约束机制。农村专业经济协会作为一种非营利性的服务组织，组织内部可能会有多种不同的服务职能部门，有些职能可以赚钱营利，但有些服务职能免费甚至发生亏损，因此，借鉴日本农协在协调制度约束方面的成功经验，在它们之间建立一套彼此协调发展的制度约束机制，培育一种不同职能部门之间利益互补、充满活力的协调制度。

4. 农村专业经济协会利益分配机制

农村专业经济协会利益分配机制指在协会和会员之间以及会员和会员之间进行分配的制度安排，是各利益相关者在各个生产经营环节上实现利益平衡的手段和工具，由产权制度决定的，包括内部利益分配机制和外部利益分配机制。在实际发展中，农村专业经济协会具有不同的运行模式，因而，利益分配设置方式和设置内容也就多种多样。调查发现，目前运行良好的农村专业经济协会，对内强调会员间互利互惠、对外追求利益最大化，设置利益分配机制的核心问题在于如何确保会员不仅能得到协会免费提供的各种惠农服务，还能确保会员增收创利。"资本报酬有限"和"按惠顾额返利"是农村专业经济协会的本质规定，然而，调查同时也发现，在实际运作中，相当部分农村专业经济协会没有形成返利机制。

目前，一些农村专业经济协会为了获取运营资金以创办经济实体，发动会员以资金、土地、设备、技术等要素入股，协会和会员签订合同，明确会员提供农产品的数量、质量、价格及按股分红的办法，形成了"资金共筹、利益共享、积累共有、风险共担"的利益分配格局。这种产权关联型农村专业经济协会的会员兼有股东和交易者双重身份，在进行利益分配时实施"按股份分红"和"按惠顾额返利"相结合。部分农村专业经济协会在对利益分配内容设置和分配方式上存在一定程度上的不规范性，具体表现为：有些农村专业经济协会在分配比例制定上由主要领导决定，缺乏民主性；有些农村专业经济协会随意制定股金分红、股息、利润返还的比例，利益分配机制混乱；还有些农村专业经济协会没有股金分红、股息和利润返还等利润分配机制。

农村专业经济协会利益分配方式和类型主要有以下几类。

（1）根据会员身份特征制定利益分配内容和分配方式

根据会员与农村专业经济协会利益联结程度，会员经常被划分为核心会员和非核心会员两种。其中，核心会员事先预交一定数量的"抵股金"，按抵股金的多少享受股息和分红；非核心会员事先不交"抵股金"，除了享受正常的生产经营服务之外，不再享有股息和分红等权利。这种利益分配机制能够在一定程度上确保普通会员的某些经济利益，但是，最终主要是最大限度满足核心会员的经济利益。

这种类型利益分配机制存在的主要缺陷：在实际运营中往往过度注重核心会员利益，忽视非核心会员利益，经常导致和引发会员间的矛盾，不利于所有会员之间的共同合作，最终不利于农村专业经济协会长远发展。这种类型利益分配机制主要适用于由能人牵头创办型、龙头企业带动型等类型农村专业经济协会。

案例3-4 莒南县华霞养殖专业经济协会

莒南县华霞养殖专业经济协会由莒南县洙边镇嘉明实业公司牵头组建的，华霞养殖专业经济协会为了实现公司和农户双赢，在生产经营和利益分配上探索出了一套有效机制。

公司董事长董华和协会主要领导成员建立了积累基金和养殖风险保障基金两类资金：提取部分从药品和养鸡设备等生产资料采购赚取的利润以及公司每年拨一定数额的技术服务费作为积累基金；在销售结算时按每只鸡提取0.03元和由公司配套等额资金作为协会的养殖风险保障基金，当会员受到严重的自然灾害和传染病等事故损失超过3000元时，由协会从养殖风险保障基金中提取补贴50%的损失费。华霞养殖专业经济协会在实际运营过程中，协会与每一会员签订合作经营合同书，会员严格按照合同规定建造鸡舍和养鸡设备，协会代表公司以记账方式负责向会员提供苗鸡。为了防止某些会员违约或者不严格履约，协会事先按每只苗鸡5元的标准向会员收取作为抵押金，协会向会员发放印证卡，会员凭印证卡领取统一配发的饲料、消毒品、药品等物品，协会将每次领取情况记录在卡，待销售时按卡上信息一并结算，公司按照合同价全部收购成品鸡。

利益分配采取股金分红和二次分配两种形式：协会引入了股份制，规定每个会员可按养殖面积以每平方米2元作为入会股本金，会员自主自愿的购买一定数量的股金，参与股金分红；在年终结算时，拿出部分利润按交易额对会员进行二次分配。

（2）根据会员的贡献度区别制定利益分配内容和分配方式

该类型农村专业经济协会在运营性质上属于股份合伙制，主要牵头领办者之间属于合伙关系，是协会的核心会员，一般入会农户属于普通会员，主要会员与普通会员对协会发展的贡献度有明显差别。在确定利益分配机制上，年终盈余在提取公积金和公益金后，采取按交易额分配与按股金分配相结合的方式，因核心会员的股金占多数，这样，大部分利润就自然而然的归核心会员。这种类型利益分配机制不能充分体现"资本报酬有限原则"，普通会员不必承担协会经营失败的责任。

案例3-5　莒南县华英花生种植专业协会

莒南县华英花生种植专业协会由石莲子镇高家埠村张晓英、熊金平等6位花生种植和运销大户合伙组建的，组织会员进行花生的规模化、标准化和专业化生产经营。协会资金构成主要包括股金、会费、政府扶持资金、贷款、公积金和公益金。在利益分配上实行"利益共享、风险共担、二次返利"的利益机制。协会股金总额共56万元，分别由五位发起人承担，种植花生农户以每户每年交纳会员费100元获取会员资格，但随着协会迅速扩张，资金短缺成为制约协会发展的瓶颈。因此，协会建立会员股金，以1000元为一股，每个会员参股最低1股，最高10股，到2013年9月，参股会员368名。在对年终盈余进行分配时，首先，提取公积金和公益金，其中，公积金专用于亏损弥补以及提升各种专业性服务能力，公益金用于协会开展技术培训等公益活动；其次，对税后利润进行分配，按一定比例提取用于股金红利，再按一定比例提取对普通会员按其产品交售额进行返利；最后，按一定比例提取部分税后利润用于风险保障金。

（3）事先确定各项分配内容的分配比例，以利润返还为主、股份分红为辅

调查和统计发现，民间力量推动型、供销合作社创办型等类型农村专业经济协会主要采用这种利益分配方法。遵循资本报酬有限原则和按交易额返还原则，通过协会章程对分配方案中各项目的分配比例制定具体数额，其中，利润返还比例高于按股金分红，以利润返还为主。

案例3-6 莒南县天马核桃种植专业协会

莒南县天马核桃种植专业协会，由涝坡镇卧石岭村核桃种植农户解玉喜等人联合县某民办核桃研究所和拥有核桃销售网络的香港日升公司共同组建的。在实际运营中，设置有效利益分配方式把农户、公司和研究所联结成利益共同体，严格坚持"按交易分配为主"的原则。首先，实行保护价收购确保会员得到第一次销售利润；其次，提出60%的加工和流通利润分别对农户和研究所按照交易额和提供的技术进行返还；最后，提取一定比例进行股份分红。

（4）事先确定各项分配内容的分配比例，以股份分红为主、利润返还为辅

在股份制类型的农村专业经济协会，明确规定了盈余分配比例，在盈余分配中提取了公积金，为确保协会的进一步发展壮大，盈余分配中股份分红的比例大大超过了利润返还，这种利益分配设置虽在一定程度上违背了"资本报酬有限"的分配原则和国际合作性组织联盟关于利益分配机制的规定，以股份分红为主要分配方式，体现的则是"资本"的联合，但是，能够确保农村专业经济协会具有一定的后备发展和运营基金。

综上所述，与国际非营利性合作经济组织原则相比，山东省部分农村专业经济协会在利益分配机制设置及运行方面在一定程度上违背了"资本报酬有限"原则，在不同会员之间产生了不同程度的不公平性，尤其是在那些带有股份制性质的、由农村能人牵头组建的、龙头企业牵头组建的等类型农村专业经济协会，多元所有的复合产权制度决定利益分配机制设置方式和内容问题更为突出①。但是，实践证明，也只有这些在实际运营中不断创新利益机制的农村专业经济协会才会摆脱中途夭折的命运并且不断发展壮大，这是由目前特殊的农村

---

① 葛晓军、张军民：《农村专业经济协会成员间利益共享的演化博弈分析》，《统计与决策》2014年第19期。

和农业国情决定的，也是目前按资分配和按劳分配相结合分配制度的必然选择。

（5）农村专业经济协会利益共享机制

农村专业经济协会一般是在不改变农户家庭经营制的条件下，农户自愿参与，农户个人的财产产权不变，合作的财产属协会会员集体所有，合作经营，会员按"一人一票"或"一股一票"的原则参与管理。农村专业经济协会对外营利，对会员非营利性，并且协会的营利不在会员之间进行分配，而是转为协会今后发展运行的公积金和公益金，这种"对内服务、对外营利"的特点使会员与协会的利益达成一致，各种农业生产风险由农户个体抵御变为由农村专业经济协会集体力量共同抵御。

利益共享机制是农村专业经济协会发展的关键问题之一。目前，山东省相当数量农村专业经济协会在利益分配中，呈现出明显的股份化倾向以及倾斜于核心会员等问题，在公共资源使用上也出现不同程度的向某些会员倾斜。农村专业经济协会利益分配内容和结构设置归根结底是由其内部产权结构和制度安排决定的，在农村专业经济协会初级发展阶段，由于职业型农民和农村能人稀缺、资本不足和农民整体发展素质水平普遍较低等问题，导致许多农村专业经济协会产权结构及其制度安排向主要发起人和主要领导成员倾斜；而普通会员为了获得这些稀缺资源不得不将自己的一部分利益和产权做出一定程度的让步，这种产权特征决定了在利益分配上倾斜到那些拥有专有农业资源的领导者和农村能人，股金分红正是体现这种利益倾斜的结果。对协会公共积累和各类扶持基金的模糊产权，在很大程度上助推那些核心会员具有稀缺资源的控制产权，以致成为阻止其他普通会员参与利益分配的手段。目前，由于农产品市场表现为农产品低层次过剩，大部分农村专业经济协会正处于初步发展阶段，资本积累等稀缺资源的重要性更加突出，导致产权安排倾斜和内部人控制问题就成为农村专业经济协会发展过程中必然会出现的问题。

利益共享机制对强化和促进农村专业经济协会会员之间的合作关

系最为有利，通过利益共享机制的运行能够提升会员合作效率，提升会员的协同决策水平，加强会员间的长期合作关系和合作集成化程度。通过前面利益共享模型分析，利益共享能够降低各种农业生产经营风险、提高参与方收益、提高资源利用水平以及增加协会整体收益。

（四）农村专业经济协会基本保障机制状况

在现实运行中，农村专业经济协会基本保障机制主要包括生产经营技术保障、物质保障、资金保障、管理保障等方面机制。

1. 生产经营技术保障机制

第一，农村专业经济协会在组织农户进行一体化、规范化和规模化现代农业生产的同时，还形成了产、加、销等产业链条和依靠农业科技生产技术提高农产品质量两大方面的现代化农业生产，拓宽了农产品附加值增加和先进农业科技成果推广转化的有效载体和渠道，刺激了农户对农业科技的学习和掌握，推动了农业生产一体化和科技化进程。

第二，在农村专业经济协会实际运营中，一些种养大户或者某些涉农龙头企业积极推广和应用先进的种养殖和加工及包装技术，提高农业生产率和生产效益，提高农产品附加值和规模经济效益，促使农村专业经济协会逐渐发展为带动农户进行农业产业化和一体化经营的载体，推动农业科技、新品种和先进农业生产管理方式的扩散与推广。

第三，农村专业经济协会通过推广普及农业技术尤其高附加值的高新技术、提高会员农业生产素质、建立科技示范基地等经济活动，最终使得农业科技要素逐渐渗透至农业产业链条的各个环节。

第四，目前，"一家一户"分散生产经营的农户直接进行农业科技交易、增加农产品科技含量、购买有偿技术服务是难以做到的，但是，农村专业经济协会通过组织会员集体合作，或者通过联系政府和其他农业科技服务机构，来解决和完成这些任务就容易得多。

2. 物质保障机制

农村专业经济协会在农业生产物资保障方面，通过和农资供给方进行集体谈判，努力降低和控制种子、禽苗、农药、化肥、农机等相关农业生产物资价格，降低会员各种交易成本，以确保会员所需各种农资。

第一，多头物资保障机制。由于农业生产所需农资种类多、数量较大、季节性强，农户个体或者龙头企业或者某服务组织，能确保按农时足量提供各种农资，任何一方都是难以做到的，因此，由农村专业经济协会与多个供应商进行谈判和沟通，通过"多头保障机制"，不但能够按农时为农户会员足量提供各种农资，同时，还有利于保证和提高农产品的质量。

第二，外购与自我加工保障机制。如种子、化肥、农机、地膜、农药等科技含量比较高、加工难度比较大的农用物资，大多是通过农村专业经济协会从市场上直接购进，或者寻求生产商或供应商并与他们建立长期稳定的供应关系。对那些加工技术不太复杂或者科技含量较低的加工环节和项目，尽量发展自己的经济实体，利用自有农业资源进行生产和加工生产，既能有效降低一定成本，还可以实现一部分利润。

3. 资金保障机制

资金保障机制是农村专业经济协会运营和发展必不可少的制度安排，在实践中，主要通过实施以下几种方式进行筹资融资。

第一，启动资金的保障。农村专业经济协会利用成本较低的农村劳动力优势，积极创办劳动密集型经济实体，通过提取部分经营利润累积公积金和公益金；围绕某一主导产业，动员会员集资入股筹集发展基金；依靠政府的扶持资金或在政府协调下低息贷款筹集部分启动基金；纳入涉农龙头企业、农村专业合作社等营利性经济实体为准会员；以承包土地产权、财产等抵押或担保等形式进行借贷。

第二，积累发展资金的保障。随着农村专业经济协会发展规模不断扩大，整体创造经济效益的能力不断提高，应该不断积累公积金和公益金，积极拓展内源性的资金保障。

第三，财政金融支持。农村专业经济协会充分发挥利用所拥有的社会资源，采取各种手段和通过各种渠道获取资金支持，积极承揽各种农业生产经营项目如农业综合开发项目，以此向农发行、农村信用社等金融机构争取各种金融支持。

4. 管理保障机制

农村专业经济协会管理功能的有效发挥能够促使各种农业生产要素优化组合，因此，在实际运行中，应该建立一套有效的管理保障机制，不断提升管理水平、管理手段、管理观念和管理效率。

第一，主导产业和优势产业的管理。紧紧以市场为导向，重点发展那些契合市场需求并且能够稳定发展的优势产业和支柱产业，积极利用先进农业科技和生产经营技术改造那些传统的优势产业和支柱产业，注重农产品品牌和商标的培育和发展，提高其市场竞争力。

第二，农产品生产基地的管理。在现代化农业生产中，农产品生产基地的建设和管理既是农村专业经济协会的重要经济活动，也是龙头企业联结农户会员的主要纽带。对农产品生产基地的管理，应坚持集中化、专业化、标准化、规模化和集约化等现代农业管理方式；在布局上要依据自然条件、生产条件和区域性分工特点，同时，要注重保护农业生态环境，确保农产品质量安全。

第三，会员的管理。农户会员的生产活动和过程是现代化农业生产的源头，其生产技术和生产质量关系到农产品及其加工产品的质量，因此，要按照企业化生产方式对农户会员进行现代化生产管理和培训，在积极为农户会员提供生产资金、先进农业技术、生产信息等专业性服务前提下，要积极促进农户会员进行专业化、标准化和规模化方式的现代农业生产。

第四，农产品的管理。在当今国际国内农产品市场对质量安全和质量标准要求日益严格的形势下，鉴于目前我国农产品普遍存在附加值低、农药残留多、食品安全难以保障等问题，要严格按照规范化、质量化、程序化等标准化农业生产要求，对农产品生产者进行管理，同时，要严格按照标准化生产原则对农产品加工的全过程进行控制和管理。

（五）农村专业经济协会经营发展机制状况

农村专业经济协会作为非营利性组织，并不是意味着不营利，必须实施灵活的经营机制来增强其发展的活力。本节结合被调查样本，围绕农村专业经济协会发展目标和宗旨分别从"科学决策、市场化运营、有效激励、创新经营发展、强化内部运营成本控制和约束"等环节分析其经营发展机制①。

1. 科学决策

影响农村专业经济协会能否科学决策的因素主要有经营制度、外部环境条件、市场导向程度、内部资源和、发展能力、竞争能力、承受风险能力等方面。因此，在决策过程中，要综合考虑各种因素。比较成熟的农村专业经济协会在实际运行中对重大事项和重要经营项目进行民主决策时，一般经过建立决策系统、确定决策目标、拟定决策方案、评价和选择方案等几个连续的决策过程。

制定科学发展决策战略是农村专业经济协会经营决策的核心内容，其决策内容主要包括具有地域特色的主导农产品选择战略、生产经营战略和农业生产要素投入战略。

2. 市场化运营

根据新制度经济学理论，农户单独直接进入市场的交易费用主要包括农户与客户谈判成本、市场风险和不确定性所造成的损失、签订契约合同和履约费用等部分，农户为了有效减少或降低这些成本和各种费用，组建农村专业经济协会进行市场化运营，同时，还能获得一部分规模效益。

调查了解到，有些农村专业经济协会以市场需求为导向，帮助会

---

① 张广智、黎志成：《农村合作经济组织发展的思路与对策》，《农业经济导刊》2003年第4期。

员安排农业生产经营，选取具有市场营销专业知识和市场经验的会员组成专门的营销部门，实施多元化营销策略和科学的营销措施，主要营销策略和措施包括：根据农产品价格、销售地点、促销手段等市场要素合理确定营销组合；根据协会具有的资源条件确定多样化的营销途径，尽可能缩短销售时间，减少流通环节，保持农产品的鲜活性；根据农产品品种、品质、生产季节、技术含量等要素，强化产品特色和差异性；组织会员积极参加或开展项目洽谈会、农产品博览会等各种活动创建农产品品牌，注重农产品形象建设。

3. 强化内部运营成本控制和约束

农村专业经济协会在实际运营过程中，强化会员的成本控制和约束意识，合理节约各项开支，严格控制各方面支出；建立运营成本节约激励制度，将协会管理人员和专职工作人员的成本支出分别与他们的收益挂钩，并辅以相关的奖惩制度，同时，合理调整和优化组合成本结构，提高协会整体经济效益。

4. 创新经营发展理念

一是坚持优质高效的生产经营之路。组成专职人员进行服务分类，基地分片，会员分组等管理方式，促进会员实施标准化生产，打造农产品质量品牌，提升农产品市场竞争力。

二是坚持科技兴会之路。成立专职部门和专职人员，分组负责培训会员现代农业生产技术、宣传各种农业灾害预防知识、引进先进管理方式以及新品种等方面的科技服务。

三是坚持规模经营之路。农村专业经济协会为最大限度的降低整个产业链生产成本，采取可行措施，优化整合并合理配置各种农业生产要素和资源，扩大规模效应和效益，增加会员的农产品附加值。

案例 3-7　临沭县柳编工艺品协会创新经营发展机制分析

1. 加强对上层企业会员的业务知识和能力培训

柳编工艺品协会非常重视对上层企业会员的业务理论、相关法律法规、产业政策、科技和信息技术等方面知识的培训和学习。探讨产业政策对柳编产业发展的影响，使企业会员能够及时了解国内外各种市场信息，组织企业会员定期学习业务理论知识、出口产品质量安全管理和报关报检知识，不断提高企业会员的业务和管理水平，加强各企业会员的技术研发中心和清华美院、广东美院、山东美院等工艺品机构研究的教授和专家的对接和交流，积极研发柳编新产品，降低企业技术研发成本。

2. 提高基层会员柳条种植技术和柳编技能

柳编工艺品协会以提升柳编人员柳编专业技能和技术创新能力为目标，定期举办"超人杯""佳景杯""金柳杯""中行杯"等形式的柳编技能比赛和柳编产品设计创意大赛，营造基层柳编会员互相学习的良好机会，提高了基层柳编会员的学习热情、实践能力和创新能力，培养了一大批技术精湛、艺术高超的柳编行业技术人员。

3. 强化柳编出口产品质量统一管理和监督

柳编工艺品经济协会严格规范76家企业会员的辅料采购和使用行为，控制有毒有害物质，确保柳编出口产品质量安全，制定和实施"共采共检共用"制度，有效防止了个别企业会员为降低成本，使用达不到出口标准的原料，防治出现质量安全事故等问题。

4. 开展柳编品牌建设

柳编工艺品经济协会积极帮助和组织企业会员的商标注册及出口产品的品牌建设，目前已有"金柳""晴朗""欧拉""白云"10家柳编企业会员注册了地域或区域商标，申请发明专利200多项。2009年临沭被国家轻工协会批准为"中国柳编之都"，2010年"临沭柳编"被国家工商总局确定为国家地理标志，2011年"临沭柳编"确定为省级"非物质文化遗产"。

5. 积极创建龙头企业或龙头公司

柳编工艺品经济协会积极组织企业会员的"农产品加工龙头企业"申报，提高企业知名度，2011年有3家企业会员被确定为省级优质农产品出口生产基地龙头骨干企业；2012年上半年4家企业会员被商务部批准为国家文化重点出口企业，有2家企业会员被授予

"2012 年中国最具活力的服务贸易企业 50 强"；2013 年上半年有 7 家企业会员被申报并已授予"山东省重点文化产品和服务出口企业"，共有 5 家企业会员申报为"2013—2018 年度国家文化出口重点企业"。

（六）农村专业经济协会监督机制状况

随着农村专业经济协会发展规模和发展领域不断壮大，普通会员越来越远离经营者和管理者的日常经营和管理，及时了解协会发展状况等方面信息的难度也越来越大，"委托—代理问题""投机行为"等不良问题发生的概率增多，因此，设置完善而有效的监督机制就非常必要。

1. 会员大会层面的监督

会员大会作为农村专业经济协会的最高权力机构，其监督职能主要运用其职权来行使。章程规定会员大会行使以下职权和路径对经营者和管理人员等代理人实施监督：通过选举表决对理事长、理事、执行监事或者监事进行聘任或解聘；对财产处置、投资、创办经济实体等协会的重大事务进行表决；对聘用的经营人员、管理人员和专业技术人员进行表决；会员大会对协会的重大经营活动有一定的知情权和监察权。由于会员大会不是常设机关，它只能通过对经营和管理等行为结果进行最终的审查和表决来行使其监督权。

调查了解到，在实际运行中，权力分配不合理，协会的经营业务活动和重大事务及其决策基本上由理事会决定，普通会员参与管理和决策程度普遍较低，内部人控制倾向明显。

2. 会员层面的监督

会员对农村专业经济协会代理人员的经营和管理行为及其结果的监督主要通过会员大会来行使。会员行使的监督职责主要包括农村专业经济协会发展方向、经营决策、发展目标是否与协会发展宗旨相背离等问题，会员的监督权是通过会员大会来行使的。当然，会员在极端无奈的情况下，也可以选取退出协会的方式。

3. 监事会层面的监督

农村专业经济协会在实际运行中，一般都设置监事会机构，专职负责行使对理事长等管理人员和其他经营人员等代理人的职责执行情况进行监督，代表全体会员的利益，直接对会员大会负责。监事会的监督权具有完全的独立性，对任何个人行使监督职权时都是平等的，在行使监督职权过程中，有权要求管理人员和经营人员及时纠正违反章程和其他规章制度的行为。

4. 理事会层面的监督

理事会是农村专业经济协会的执行机构和常务机构。理事会的监督权主要针对所聘任的部门经理等经营人员的职责履行情况及其经济行为，其行使监督权的方式主要是采取聘用或解雇经理和其他经营人员，或通过制定发展经营规则和经营计划来进行约束。但调查中发现，目前中国相当数量的农村专业经济协会直接由理事长兼任经理或者由理事会成员兼任经营人员，在此种情形下，理事会的监督就往往失去了意义，而且，在一定程度上和范围内还有可能助长主要管理经营人员之间合谋或者出现"内部人控制"问题。

案例3-8 蒙阴县裕盛花生种植专业协会

山东省蒙阴县蒙山山区的胭脂村，自实行承包责任制以来，家家户户都种植花生，少的5亩，多的达20多亩，由于各家各户各自为营，花生品种不一，遇到市场行情不好或者逢年遇到灾害天气等就收入微薄，而且，由于花生品种常年不进行更新，病灾虫灾问题严重，影响收入，但由单家独户引进新品种或新工艺成本太高，部分种植面积多的农户遇到秋雨连绵天气经常面临花生晾晒、烘干和销售等诸多困难。为了解决上述这些单家独户难以克服的困难，帮助农户增收，由村两委牵头组建了蒙阴县裕盛花生种植专业协会，目前，蒙阴县裕盛花生种植专业协会拥有会员180户。为了引进新品种，由协会统一进行土地流转，发动会员募股200万元，建立了一个面积1000亩的花生新品种高产实验基地，专门用来实验种植引进的或农科研部门刚刚培育的新品种，如果成功就在全体会员农户中推广，如果不成功或者产量不高就不推广，造成的损失由协会及募股会员集体承担。自裕盛花生种植专业协会建立以来，由于会员农户年年更新品种，使花生产量增多、病虫害减少，同时，协会统一组织销售，价格远高出非会员，这样，会员农户平均每亩花生收入比非会员高出 500—600 元。

裕盛花生种植专业协会确立了规范的管理结构和较规范的运行机制。确定会员大会是最高权力机构，由会员大会决策协会的审议或修改章程、制定规章制度、会费、募股标准、财务预算方案、盈余分配或亏损弥补方案等重大事项。特殊事项可以由会员代表大会代替会员大会履行其职责，每 20 名会员中推选一名代表，组成会员代表大会。理事会由会员大会选举的 5 名会员组成，设理事长 1 人，副理事长 2 人，理事会是协会的执行机构和常务机构，具体负责执行会员（代表）大会的决议、组织召开会员（代表）大会、行使各项经营活动等职权。监事会由 3 名会员组成，设监事长 1 人，代表会员督查理事长及其理事的职责执行情况以及经营业务和财务审计情况等。为适应发展需求组建了财务部、品种和病虫害技术部、采购销售部等经营部门，通过章程制定具体的经营制度和管理制度等各项规章制度。

裕盛花生种植专业协会在实际运行中始终坚持"三民"办会的原则，不断改善其内部治理机制。在表决中坚持会员地位平等，按照"一人一票"制的原则表决；在一些非常时期，为了提高决策效率并兼顾公平，先由理事会就某些经营事项提出预定方案，再交由会员大会或代表大会表决。不断强化会员的主体地位，激发会员积极主动参与协会的管理和监督，强化会员之间相互督促、互相监督。在日常运行中，不断强化监事会的监督作用，同时，动员全体会员积极参与监督，发现问题及时向会员代表汇报，各执行机构部门的负责人都要定期向监事会如实汇报本机构或本部门的职责执行情况。

五　山东省农村专业经济协会运行中存在的问题

（一）组织机构设置及其运行中存在缺陷和问题分析

调查发现，在由不同领办人或领办单位牵头组建的农村专业经济协会，由于组织机构设置及其领导组成成员配置不同，在其组织机构行使其职能以及其具体运营中，呈现出的缺陷和问题也就各自不同。

一是乡村基层干部和相关政府部门工作人员牵头组建的农村专业经济协会。由于这部分领办人拥有一定的资源和权利等比较优势，在农业和农村发展政策、信息和其他相关部门或组织的沟通等获取外部环境支持的条件也具有一定优势，但是这部分人员与普通会员的关系比较疏远，在农村专业经济协会的实际运行中，与一般会员很难融合为一体，合作性不强；而且，难免某些乡村干部产生腐败现象，造成组织决策和协会发展目标偏离原先宗旨，缺乏持续运行的后劲和服务能力。

二是涉农企业牵头组建的农村专业经济协会。涉农企业牵头组建农村专业经济协会的最终目的主要是为了企业获取更高利润而建立稳定的农产品原料生产供给基地，协会主要领导多数是企业委托的，所以在实际运行中很难与一般的会员发生直接关系，合作性较差。

三是种养大户和技术能手等农村能人牵头组建的农村专业经济协会。调查发现在那些非农产业落后、主要依靠农业生产和经营为收入来源的农村，种植和养殖业备受农户的青睐，那些种养大户和各种农业技术能手相对于普通农户来说具有抗风险能力经济实力强、农产品销路较广、技术水平较高、容易引进项目和外界投资等诸多优势，由这些农村能人为核心形成的协会组织结构，工作能力和业务水平较强，与普通会员的关系较融洽，相互合作性较强，协会的吸引力和凝聚力较大，有利于经济协会发展壮大；但是，在实际运行中，由于缺乏有力的监督机制，很容易发生个别会员"搭便车"或者大户剥夺小农户的现象，在一定程度上影响会员之间的相互信任，进而影响经济协会的进一步持续健康运行和发展。

除了上述农村专业经济协会因组建类型不同，其组织机构在运营中分别出现各自鲜明的问题和缺陷之外，各种不同类型农村专业经济协会还深受其他因素影响，致使其组织机构在具体运营中呈现出不同程度的问题和缺陷。

一是家族势力。在一些农村特别是远离城镇的欠发达地区的农村，有些农村专业经济协会是以某一个或某几个家族成员为领导核心组建的，在其实际运行过程中难免通过权力获得经济协会的控制权，为谋取更多的家族利益常常以经济协会的名义开展经济业务活动，生成以家族成员为主要领导的协会组织结构，这种组织结构往往使民主决策下降，凝聚力和吸引力减弱，影响并制约农村专业经济协会的发展和壮大。

二是会员资格多样。许多农村专业经济协会的会员中，成分和资格多种多样，有法人股东、优先股、核心会员和非核心会员之分等并存现象。

三是组织机构运行不规范。在走访中了解到，很多会员反映一些组织机构和部门形同虚设，监督机制很不完善，监督制度与实际运行中的需求不适应。

四是组织服务功能简单。绝大部分农村专业经济协会只是为会员提供农资采购、农产品销售和有限的技术服务等几个方面，难以满足农户增收创收需求。

综上所述，农村专业经济协会的组织机构一般都是由会员大会、理事会和监事会组成，一般地，应该根据实际运营情况，不断改进和完善"三会"制度，使"三会"之间相互制衡。但是在现实运行中，大多数农村专业经济协会并没有根据本区域及其周边经济社会发展状况进行及时改善，而是照搬传统农村专业经济协会组织机构进行设置，运行方式僵化，运行效果也不好。

会员大会是全体会员行使自己主权的最高权力机关，章程规定一般每年召开1次，特殊情况下可以召开两次，具体事宜由理事会负责。当会员人数超过一定规模时，可以根据所在地域或者所从事的具体经营业务划分成几个会员小组，先由各小组推选出会员代表，再按照章程召开会员代表大会，行使会员大会职权。调查发现，在实际运营中，只有少数农村专业经济协会会员大会能够履行其以下职责：完善制定协会章程，组阁理事会和监事会成员，审批理事会和监事会的业务和工作计划，审批财务决算和利益处置与分配方案，授权理事会和监事会职责。但是，大部分农村专业经济协会会员大会形同虚设，只是在刚刚组建时召开过一次，之后再也没有召开过。

目前，山东省农村专业经济协会产权结构呈现出复杂性、多元性和混合性等特点，其中，70%的产权结构属松散型，"企业 + 协会 + 农户"型产权结构约占10%，股份合作制型产权结构约占15%，其他类型的产权结构占5%左右。在现实发展中，由于不同类型农村专业经济协会出资性质不同，形成的产权制度多种多样，主要表现为："资本结合型"和"劳动结合型"的统一，协会领办人等少数领导成员以资本结合为主，一般会员以劳动结合为主；产权主体的普遍性，每个会员都具有一部分财产所有权；在产权方面都普遍呈现出普通会员和领办人等少数人之间的不对等性，领办人实际全面掌控产权运行的现实是一种普遍性，出资额较小的普通会员对农村经济协会的影响和作用较小，协会的决策权和剩余控制权基本上集中于领办人等少数核心人手中。

从农村专业经济协会运行本质上说，会员是事实上的使用者，惠顾者、所有者和控制者；但是，在实际运行中，不同农村专业经济协会不同会员之间的实际担任角色和地位彼此不同，会员本质的差别表现为核心会员和非核心会员、投资者会员与生产者会员以及优先股和其他非成员股东等几种。

从农村专业经济协会实际权力行使角度看，46%的协会在所有权上逐渐呈现出"产权日益股份化，少数大股东与众多小股东并存"特征，少数领办人通过掌控理事会来主导协会的发展战略、运行机制和利益分配等重大事务；14%的协会是由龙头企业或公司为了自身利润最大化牵头组建和运行的，这些企业或公司已成为事实上的产权所有者和控制着；30%的协会是由政府相关部门扶持组建和运行的，政府部门干涉行为过多。因此，目前山东省农村专业经济协会在现实发展中会员形成明显的异质性，分为投资者会员和一般生产者会员、核心会员和非核心会员等不同群体，其中，投资者会员和核心会员是协会中产权主要占有者。

农村专业经济协会作为法人社团，对由会员投资、公积金、政府资助和社会各界捐赠等渠道形成的财产享有占有权、使用权和处置权等权利，承担相应的有限责任。80%的农村专业经济协会对会员产权进行有关界定：首先，协会为会员设立记载会员投资额、公积金份额和交易额的账户，会员以其账户上的出资额和公积金份额为限承担有限责任，协会的净利润首先根据会员账户上的交易额按规定比例返还给各会员；其次，将会员账户上的出资额、公积金份额、政府资助和社会各界捐赠等资产平均量化成会员的份额，按规定的比例再分配给会员，当有会员退出协会，应该把其账户上的出资额和公积金份额退还给该会员。但是，调查发现仍然有一些农村专业经济协会对公共积累的产权界定存在不同程度的模糊现象。

从表面上看，大多数农村专业经济协会虽然都建立了"三会"和章程等相关制度，组织机构也比较健全，但是在实际运行中，权力分配不合理，协会的经营业务活动和重大事务及其决策基本上由理事会决定，普通社员参与管理和决策程度普遍较低，内部人控制倾向明显。

理事会作为协会具体事务和经营业务的执行机构，具体负责日常各项活动开展，理事会的权力和职责主要包括组织召开会员大会或临时会员大会，执行大会决议；提审协会的年度计划、财务管理和决定重大事项；依法经营协会法人资产创利增利；制定各项具体规章制度。理事会领导和成员的职责非常关键，关系到农村专业经济协会能否正常持续健康运行和发展，因此，在实际运行中，对理事会领导和成员的职责进一步细化是必要的。

理事会主任具体负责"主持召开会员大会和理事会、监督检查决议实施情况和各项经营活动状况、签署相关经营合同和各种证件、代表协会承担民事和经济等责任";理事会主任可以把各项具体任务根据每个成员的条件细化分配给每一个成员。为了有效监督和保障理事会领导和成员尽职尽责,可以让他们事先缴纳一定的抵押金。

(二)主要运行机制构成运行中存在缺陷和问题分析

在决策机制运行方面,在农村专业经济协会实际运营中,由于其经营活动和服务职能作为分散农户生产经营活动的一种延续,农户生产经营面临的不确定性和各种风险仍然存在,因此,农村专业经济协会在收购会员产品的规格、质量、标准等需求市场要求方面以及农产品销售机遇、产品价格和农户收益等供给方面,都面临大量的不确定性和众多风险性,这种情形使科学有效的理性决策往往难以进行。同时,由于民主决策在体现会员主权原则的同时也伴随着决策效率低下、决策成本高的负面效应,尤其随着农村专业经济协会规模的不断扩大、业务活动和经营范围不断扩张,这种负效应的表现就越大,因此,农村专业经济协会在决策机制设计上往往缺乏在民主与效率之间进行有效的权衡。

在利益机制运行方面,由政府相关部门或农村销售大户牵头组建的农村专业经济协会中,由政府相关部门或农村销售大户出面与涉农加工企业沟通,但是没有签订任何合同,涉农企业根据当时市场价格直接收购农户的农产品,涉农企业与农户之间没有形成任何利益联结关系,纯属于买卖双方之间的关系,涉农企业没有建立稳定的农产品原料供给基地,农户也不能分享农产品经企业加工所增加的利润;由于所签的合同或契约缺乏有效的监督执行机构和强有力的法律法规作保障,涉农企业与农户会员在利益分配上不是对等关系,双方难以形成稳定的利益共同体,违约行为比较普遍;大部分农村专业经济协会规模小、没有发展经济实体,基本上以给予会员提供有限的农业生产经营服务为发展目标,协会与会员之间的利益联结关系比较疏松,没有构建起利益紧密的共同体；有些农村专业经济协会的分配比例由主要领导决定，缺乏民主；有些农村专业经济协会随意制定股金分红、股息、利润返还的比例，利益分配机制混乱，多数农村专业经济协会没有股金分红、股息和利润返还等利润分配机制；相当数量农村专业经济协会在利益分配中呈现出明显的股份化倾向问题，在公共资源使用上也出现不同程度的向某些会员倾斜。

农村专业经济协会利益分配内容和结构设置归根结底是由其内部产权结构和制度安排决定的。由于职业化农民和农村能人稀缺、资本不足和农民整体素质水平普遍较低等问题，导致目前绝大部分农村专业经济协会的产权结构和相应的制度安排向主要发起人和主要领导成员倾斜，而普通会员为了获得这些稀缺资源和自己利益需要不得不对一部分利益和产权做出一定程度的让步，这种产权特征决定了在利益分配上倾斜到那些拥有专有资产或资源的领导者；对协会公共积累和各类扶持基金的模糊产权，也在很大程度上助推那些核心会员对农村专业经济协会实际权权的控制，成为阻止其他普通会员参与分配的手段①。

在监督机制运行方面，随着农村专业经济协会的发展规模和发展领域不断壮大，普通会员越来越远离经营者和管理者的日常经营和管理，并且，会员及时了解协会发展状况等方面信息的难度越来越大，委托—代理问题发生的概率增多；大多数监事会在实际运营中，没有认真履行自身的职能，究其根源，主要是监事成员本身素质较低、职业道德水平较差、敷衍了事②。

① 孔祥智、郭艳芹：《现阶段农民合作经济组织的基本状况、组织管理及政府作用——23省农民合作经济组织调查报告》，《农业经济问题》2006年第1期。
② 孙浩杰、王征兵、汪蕴慧：《农民专业合作经济组织运行机制探析》，《林业经济》2011年第8期。

第四章　山东省农村专业经济协会运行绩效与影响因素分析

一　评价指标体系设计与评价方法的确立

只有对农村专业经济协会实际运行效果进行评估，才能分析发现农村专业经济协会运行中存在的问题和缺陷，并找出其影响因素，为改善当前乃至今后农村专业经济协会运行结构和运行机制构成提供参考。目前探讨和研究农村专业经济协会运行机制及运行绩效方面的文献资料十分有限，经查阅发现，该领域已有文献例如吴传毅等人只是进行了定性分析。鉴于此，本章在前面分析的基础上，首先随机抽取山东省108个现行的农村专业经济协会，然后对其运行机制设置及其运行状况进行筛选，最终选取32个不同类型并且具有代表性的农村专业经济协会为研究样本；构建农村专业经济协会运行绩效评价指标体系，综合利用层次分析法和模糊综合评价法对农村专业经济协会运行绩效进行分析和评价。

在实际运营中，农村专业经济协会运行机制构成要素主要是运行的基础包括组织结构和产权制度以及决策机制、监督机制、利益机制、合作机制、保障机制和经营发展机制等，它们彼此之间相互影响和相互作用，其运行绩效主要体现在所产生的社会、经济效益及自身主体效果，其运行路径和结构如图 4 - 1 所示。

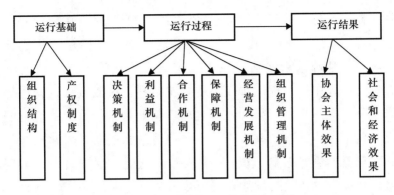

图4-1　农村专业经济协会运行结构

（一）评价指标体系设计

综合考虑不同农村地区和不同类型农村专业经济协会的运行结构及其具体运行状况，构建农村专业经济协会运行绩效评价指标体系。为了确保所构建的评价指标体系能保证各项指标都有据可查，与现行相关统计部门的统计指标能够相互衔接，并且能够量化分析，以便对农村专业经济协会运行绩效优劣进行客观的评定，所以，在构建农村专业经济协会运行绩效评价指标体系时，应该遵循系统性、代表性、科学性、实用性和可行性等原则。

在借鉴已有相关研究成果的基础上，根据调查调查资料和相关统计数据发现，影响农村专业经济协会运行绩效的因素主要包括组织结构、产权等制度安排、经济部门设置及其运行状况、主要运行机制构成要素设置及其运行情况、开展各种经济活动的基础设施和条件、综合发展能力、各类规章制度规范及其执行情况、会员对协会信赖程度等方面，这是本章选定的评价范围；同时，考虑到山东省农村专业经济协会发展的具体条件和发展环境，以及评价机构和评价人员的评价水平等具体情况，从上述诸多因素中再进一步甄选出所需评价指标。虽然农村专业经济协会属于非营利性组织，但是，从其发展实质和目的上讲，"非营利性"并不等于不营利和不创收，因此，在遵循国家民间组织管理局对"非营利性"社会团体相关规定的基础上，选择经济性指标、社会性指标和自身主体运

营效果作为农村专业经济协会运行绩效的评价维度，按照农村经济
协会运行基础—运行过程—运行效果这一路径来构建评价指标体
系。其中，基础效果包括组织机构运营效果和管理效果这两个因
素；运行过程中产生的运行效果主要包括利益机制效果、合作机制
效果、基本保障机制效果和经营发展机制效果四个因素；运行的结
果效果包括主体运营效率机制效果、经济效益机制效果和社会效益
机制效果三个因素①。因此，本章主要通过这 9 个方面因素来表征
农村经济协会总体运行绩效，因每个方面又包含很多子因素，考虑
到各个子因素的作用和特性，最终甄选出 29 个主要的二级评价指
标（见表 4－1）。

表 4－1　　　　　农村专业经济协会运行机制评价指标体系

	一级指标	二级指标
农村专业经济协会运行机制综合评价（目标）A	组织结构 B1	机构设置 C11
		章程和各种规章制度 C12
		会员及组成 C13
	内部治理机制 B2	激励机制 C21
		监督机制 C22
		决策机制 C23
	保障机制 B3	技术保障机制 C31
		运营基金保障机制 C32
		组织管理保障机制 C33
	合作机制 B4	平等和互帮互助机制 C41
		"三民" 机制 C42
		民主集中机制 C43

① 邓国胜：《民间组织评估体系理论、方法与指标体系》，北京大学出版社 2007 年
版，第 113—116 页；伶国光、李添、田林山：《吉林省农民专业合作经济组织发展情况的
调查与思考》，《吉林农业大学学报》2007 年第 2 期；赵佳荣：《农民专业合作经济组织发
展绩效的制度性影响因子及其改进》，《农业现代化研究》2007 年第 3 期。

续表

一级指标	二级指标
利益机制 B5	利益联结机制 C51
	利益保障机制 C52
	利益约束机制 C53
	利益分配机制 C54
	利益共享机制 C55
经营发展机制 B6	经营发展战略目标和项目设计机制 C61
	农产品营销机制 C62
	运营成本约束机制 C63
主体运营效率机制 B7	会员对协会的价值认可度 C71
	会员对协会的忠诚度 C72
	会员对协会的投资意愿 C73
经济效益机制 B8	年利润 C81
	全体会员总收入年增长率 C82
	会员年人均收入高于非会员年人均收入的比例 C83
社会效益机制 B9	对协会所在农村社区的综合影响力 C91
	对所在农村社区的农业科技推广情况 C92
	对政府政策的贯彻执行及与政府沟通状况 C93

一级指标第一列左侧为：农村专业经济协会运行机制综合评价（目标）A

（二）农村专业经济协会运行机制评价方法确立

1. 指标评分和评估方法的确定

根据各指标特点，将上述评价指标分为不可计量类和可计量类。对于不可计量类指标，依据民政部等部门现有指标评分方法及已有研究成果，采用"差"和"好"等系列评语进行打分。对于可计量类指标则制定具体评分细则，采用综合评价法或模糊隶属度法进行打分。已有研究成果对系统绩效进行评价的数学模型主要有关联矩阵法、层次分析法以及模糊评价法等几种方法。农村专业经济协会具有目标多重性和问题复杂性等特点，使得其运行绩效体现在很多方面，考虑到其表征指标多数不能计量，而且，对其评价存在一定程度的模糊性，因此，本部分综合使用层次分析法和模糊综合评价方法。

2. 层次分析法

由 Saaty 创建的层次分析法（AHP）主要是针对主观判断进行客观的定性描述与定量分析，将复杂问题根据分析需求情况，分解成若干个层次和指标要素，将待分析的指标要素分层归类，然后对它们分别进行比较计算，得到不同方案的权重，最后构建一个层次分析结构模型。

（1）构建层次分析结构模型

农村专业经济协会运行机制评价指标体系分为三层，即第一层为目标层（A），共 1 个指标；第二层为一级指标也即准则层（B），包含 9 个指标；第三层为二级指标层（Bij），共有 29 个指标（见表 4－1）。

（2）构建评价指标判断矩阵

指标判断矩阵是指对那些存在隶属关系的指标因素中的下一层指标因素对上一层指标因素的影响程度进行判断，对那些处于同一层次指标因素进行两指标因素的彼此比较，构建的比较判断矩阵（见表 4－2）。

表 4－2   判断矩阵

As	$X1$	$X2$	$X3$	···	Xn
$X1$	$X11$	$X12$	$X13$	···	$X1n$
$X2$	$X21$	$X22$	$X23$	···	$X2n$
···	···	···	···	···	···
Xn	$Xn1$	$Xn2$	$Xn3$	···	Xnn

在判断矩阵中，$Xij = Xi/Xj$（$i = 1, 2, \cdots, n,; j = 1, 2, \cdots, n$）表示在目标层（$As$）中 Xi 对 Xj 的重要性程度，为把评价专家的定性描述进行量化，采用互反性 1—9 标度表将决策构建判断比较矩阵（见表 4－3）。

表 4 - 3 互反性 1—9 标度

横纵向指标比较	相同重要	稍微重要	明显重要	非常重要	极其重要	分别介于两者之间
甲标度	1	3	5	7	9	2, 4, 6, 8
乙标度	1	1/3	1/5	1/7	1/9	1/2, 1/4, 1/6, 1/8

（3）层次排序及其一次性检验

第一，确定特征向量与最大特征根。利用方根法对矩阵各层最大特征向量和最大特征根进行确定。

计算判断矩阵每一行指标的乘积：$M_i = \prod_{j=1}^{n} b_{ij}$，（$i = 1, 2, \cdots, n$）；对所得乘积 M_i 分别开 n 次方：$W_i = \sqrt[n]{M_i}$，（$i = 1, 2, \cdots, n$）；对方根向量进行归一化处理：$w_i = W_i / \sum_{i=1}^{n} W_i$，（$i = 1, 2, \cdots, n$）；计算特征向量：$w = (w_1, w_2, w_3, \cdots, w_n)^T$。计算判断矩阵的最大特征根：$\lambda_{max} = \sum_{i=1}^{n} \frac{(Aw)_i}{nw_i}$，其中，$(Aw)_i$ 是特征向量的分量。

第二，判断矩阵层次单排序与一次性检验。层次单排序就是将判断矩阵 A 的特征根 $AW = \lambda_{max} W$ 的解 W 进行归一化处理，对下一层某指标对于它上一层指标的重要性程度进行排序权值的过程，同时，为确保思想前后一致性，在构建判断矩阵时，应对层次单排序进行一致性检验。要求算出一致性指标值 $CI = \frac{(\lambda_{max} - n)}{(n-1)}$，查表得到平均随机一致性指标 RI 值，然后通过算式 $CR = \frac{CI}{RI}$ 求出一致性比率 CR 值，只有当 $CR < 1$ 的情况下层次单排序才具有满意一致性，否则，就要对判断矩阵进行重新取值。

第三，判断矩阵层次总排序与一次性检验。层次总排序就是按照从最高层次到最低层次顺序依次求算下一层指标对其上一层指标的相对重要性程度，最终求算出最低层所有指标对最高层指标相对重要性的排序权重值，同时，要进行一致性检验。只有当 $CR < 1$ 的情况下层次单排序才具有满意一致性，否则，就要对判断矩阵进行重新取值。

（4）RI 的确定

RI 值与判断矩阵的维数大小相关，RI 值（见表 4 - 4）。

表 4 - 4　　　　　　　　　　　RI 值

阶数（n）	1	2	3	4	5	6	7	8	9
RI	0.00	0.00	0.58	0.90	1.12	1.24	1.32	1.41	1.45

3. 模糊综合评价法

模糊评价法是根据模糊关系合成原理，对那些边界不清并且难以计量的因素进行量化和综合评价的一种方法。其一般步骤为：①对评价指标确定评价范围；②对评语等级确定标准范围；③对选定的指标因素进行逐一评价，建立模糊关系矩阵 R；④对评价指标因素的模糊权向量 A 进行确定；⑤把适宜的合成算子 A 与各评价指标的 R 合成，确定各被评价指标的模糊综合评价结果向量 B；⑥对模糊综合评价结果向量 B 进行分析。

模糊综合评价数学模型解释：

①建立因素集 X 和评价集 Y

假定农村专业经济协会运行绩效评价指标有 n 个，分别记为 x_1，x_2，$\cdots$，x_n；根据各不同指标实际运行情况将其评语分为 m 个等级，分别记为 y_1，y_2，$\cdots$，y_m。可写成：

$X = \{x_1, x_2, \cdots, x_n\}$，$x_n$——指标因素

$Y = \{y_1, y_2, \cdots, y_m\}$，$y_m$——各评价指标评语

其中，评语集就是农村专业经济协会运行绩效评价指标中，对那些不能计量的单一指标做出不同程度的评价集合。

根据上文对农村专业经济协会运行机制评价指标体系的构建，就能构建农民专业经济协会运行机制各层次的指标因素集（见表 4 - 5）。

表 4 - 5　　　　　农村专业经济协会运行机制评价因素集

目标层	$A = (B_1, B_2, B_3, B_4, B_5, B_6, B_7, B_8, B_9)$
指标层	因素集
一级指标	$C_1 = (C_{11}, C_{12}, C_{13})$
	$C_2 = (C_{21}, C_{22}, C_{23})$
	$C_3 = (C_{31}, C_{32}, C_{33})$
	$C_4 = (C_{41}, C_{42}, C_{43})$
	$C_5 = (C_{51}, C_{52}, C_{53}, C_{54}, C_{55})$
	$C_6 = (C_{61}, C_{62}, C_{63})$
	$C_7 = (C_{71}, C_{72}, C_{73})$
	$C_8 = (C_{81}, C_{82}, C_{83})$
	$C_9 = (C_{91}, C_{92}, C_{93})$

②建立模糊评价矩阵 R

根据模糊综合评价原理，在构造因素集和评语集后，对因素集 A 中的各单个指标因素 $B_i \{i = 1, 2, 3, \cdots, n\}$ 逐个进行量化，以此来确定评价因素集中单个因素的隶属程度，令 r_{ji} 表示第 i 个评价指标经专家根据标准衡量评价后，得到第 j 种评语的比率（隶属程度）[1]。固定 i，$(r_{i1}, r_{i2}, r_{i3}, \cdots, r_{in})$ 表示从第 i 个因素出发，依次对评价对象所作的单指标评价模糊子集 $R_i = (r_{i1}, r_{i2}, r_{i3}, \cdots, r_{in})$，$n$ 个指标的评价模糊子集就构成综合评价矩阵 R：

$$\begin{bmatrix} R_1 \\ R_2 \\ \vdots \\ R_n \end{bmatrix} = \begin{bmatrix} r_{11} & r_{12} & \cdots & r_{1m} \\ r_{21} & r_{22} & \cdots & r_{2m} \\ & & \cdots \cdots & \\ r_{m1} & r_{m2} & \cdots & r_{mm} \end{bmatrix} = 1, 2, \cdots, n$$

---

① 杨纶标：《模糊数学原理及应用》，华南理工大学出版社 2000 年版，第 69—72 页。

③确立评价指标因素的权向量

利用层次分析法确立出各评价因素的权向量：

$$W = (b_1, b_2, \cdots, b_i)，(i = 1, 2, \cdots, n)$$

权向量 W 中的元素 b_i 代表元素 C_i 对被评对象 A 的隶属程度。然后确定评价指标的权系数并进行归一化处理。即：

$$\sum_{i=1}^{n} b_i = 1, b_i \geqslant 0, (i = 1, 2, \cdots, n)$$

④确定模糊综合评价向量

将获得的权向量 W 与模糊矩阵 R 合成，就是各级被评价指标的模糊综合评价向量 e，即：

$$W \times R = (b_1, b_2, \cdots, b_m) \begin{bmatrix} r_{11} & r_{12} & \cdots r_{1m} \\ r_{21} & r_{22} & \cdots r_{2m} \\ & \cdots\cdots & \\ r_{m1} & r_{m2} & \cdots r_{mm} \end{bmatrix} = (e_1, e_2, \cdots, e_m) = e_j, j = 1, 2, \cdots, m$$

其中 e_j 就是由 W 与 R 第 j 列运算所得。

⑤对模糊综合评价结果向量分析

将 e 向量进行归一化得出 e'，根据上下层指标之间最大隶属度原则，对农村专业经济协会运行机制效果进行综合评价。

二　山东省农村专业经济协会运行绩效测度

（一）问卷设计与数据来源

1. 问卷设计

根据需求和不同调查对象分别设计了同行业专家学者问卷与农村专业经济协会领办人及其会员调查问卷两种调查问卷，其中，同行业专家学者问卷主要采用互反性 1—9 标度，让 11 名行业评估专家针对农村专业经济协会机制实际运行情况打分；农村专业经济协会领办人及其会员调查问卷参考李克特（Liken）五点式评量尺度及其他学者相关研究成果，让被调查对象根据所属农村专业经济协会实际运行状况进行选择。问卷评价指标体系由农村专业经济协会的组织结构、经济效益机制、内部治理机制、保障机制、合作机制、社会效益机制、利益机制、经营发展机制及主体运营效益机制 9 个一级指标和 29 个二级指标构成①。

2. 数据来源

文章调查数据主要来源于同行业专家学者问卷与农村专业经济协会领办人及其会员调查问卷。选取经甄选后的山东省 32 家农村专业经济协会为调查样本，被选定样本所从事产业涉及种植、养殖、种养结合、农机、加工、销售及种养加综合类等不同领域。共发放农村专业经济协会领办人及其会员类调查问卷 384 份（每个协会的会长和理事长各一份、每个协会随机抽取 10 名会员），回收有效问卷 361 份，有效问卷回收率为 94% 。对聘请的 11 位行业评估专家发放调查问卷 11 份，回收有效问卷 10 份，专家有效问卷回收率约为91% 。

（二）评价指标权重的确定

1. 评价指标权重计算

利用层次分析法和德尔菲法求算各指标因素权重，让 11 位行业专家用互反性 1—9 标度法对专家调查问卷进行作答，各自根据不同农村专业经济协会具体运行情况，针对应选项给予适度的评价分值。反复经过几次对问卷的收集、汇总和反馈，直到得出基本上趋于统一的专家评判意见，并对这些较统一的专家意见归纳处理，建立各级指标因素的综合判断矩阵，运用"和积法"求算各级指标综合判断矩阵的权重结果（见表 4 - 6 至表 4 - 15）。

---

① 张木生：《美国新一代合作社的特征、绩效及问题分析》，《现代农业装备》2006年第 6 期；赵玻、陈阿兴：《美国新一代合作社：组织特征、优势及绩效》，《农业经济问题》2007 年第 11 期。

表 4 - 6   A—B 判断矩阵

A	B_1	B_2	B_3	B_4	B_5	B_6	B_7	B_8	B_9	W	一致性检验
B_1	1	1/4	1/2	1/3	1/8	1/7	1/5	2	8	0.2737	
B_2	3	1	1/6	1/5	1/3	1/4	1/2	3	5	0.0550	
B_3	6	4	1	2	3	1/3	5	7	6	0.2063	
B_4	2	5	1/4	1	1/3	1/6	1	3	4	0.1102	$\lambda_{max} = 9.4503$
B_5	6	3	2	5	1	4	6	6	7	0.1213	$CI = 0.0561$
B_6	8	4	3	5	2	1	6	6	8	0.2186	$RI = 1.4500$
B_7	4	2	1/6	1/3	1/2	1/7	1	4	5	0.0737	$C = 0.0385 < 0.1$
B_8	2	1/3	1/5	1/4	1/6	1/2	1/7	1	5	0.0330	
B_9	1/5	1/4	1/6	1/7	1/5	1/3	1/8	1/2	1	0.0182	

表 4 - 7 C_1 — C_{1i} 判断矩阵

C_1	C_{11}	C_{12}	C_{13}	W	一致性检验
C_{11}	1	1/3	4	0.3103	$\lambda_{max} = 3.0035$
C_{12}	3	1	4	0.5902	$CI = 0.0021$
					$RI = 0.5267$
C_{13}	1/2	1/6	1	0.1103	$CR = 0.0037 < 0.1$

表 4 - 8 C_2 — C_{2i} 判断矩阵

C_2	C_{21}	C_{22}	C_{23}	W	一致性检验
C_{21}	1	1/3	1/2	0.1961	$\lambda_{max} = 3.0539$
C_{22}	3	1	2	0.4935	$CI = 0.0271$
					$RI = 0.0498$
C_{23}	3	1/3	1	0.3113	$CR = 0.0515 < 0.1$

表 4 - 9 C_3 — C_{3i} 判断矩阵

C_3	C_{31}	C_{32}	C_{33}	W	一致性检验
C_{31}	1	1/2	1/6	0.1053	$\lambda_{max} = 3.0386$
C_{32}	4	1	1/5	0.2602	$CI = 0.0195$
					$RI = 0.5306$
C_{33}	6	2	1	0.6298	$CR = 0.0373 < 0.1$

表 4 - 10　　　　　　　　　　C_4—C_{4i} 判断矩阵

C_4	C_{41}	C_{42}	C_{43}	W	一致性检验
C_{41}	1	2	6	0.1053	$\lambda_{max} = 3.0379$
C_{42}	1/5	1	5	0.2602	$CI = 0.0194$ $RI = 0.5304$
C_{43}	1/4	1/2	1	0.6367	$CR = 0.0376 < 0.1$

表 4 - 11　　　　　　　　　　C_5—C_{5i} 判断矩阵

C_5	C_{51}	C_{52}	C_{53}	C_{54}	C_{55}	W	一致性检验
C_{51}	1	1	1/2	2	4	0.1862	
C_{52}	1	1	1/3	3	2	0.1859	$\lambda_{max} = 5.1306$
C_{53}	4	4	1	3	3	0.4577	$CI = 0.0309$ $RI = 1.1226$
C_{54}	1/2	1/4	1/3	1	2	0.087	$CR = 0.0279 < 0.1$
C_{55}	1/3	1/5	1/3	1/2	1	0.721	

表 4 - 12　　　　　　　　　　C_6—C_{6i} 判断矩阵

C_6	C_{61}	C_{62}	C_{63}	W	一致性检验
C_{61}	1	2	2	0.4302	$\lambda_{max} = 3.0043$
C_{62}	1	1	3	0.4304	$CI = 0.0013$ $RI = 0.5132$
C_{63}	1/2	1/4	1	0.1419	$CR = 0.0037 < 0.1$

表 4 - 13　　　　　　　　　　C_7—C_{7i} 判断矩阵

C_7	C_{71}	C_{72}	C_{73}	W	一致性检验
C_{71}	1	1/3	1/2	0.1956	$\lambda_{max} = 3.0538$
C_{72}	3	1	2	0.4899	$CI = 0.0531$ $RI = 1.0312$
C_{73}	3	1/3	1	0.3122	$CR = 0.0511 < 0.1$

表4-14　　　　　　　　　C_8—C_{8i} 判断矩阵

C_8	C_{81}	C_{82}	C_{83}	W	一致性检验
C_{81}	1	1/3	5	0.3058	λ_{max} = 4.2589
C_{82}	3	1	4	0.4926	CI = 0.0003 RI = 0.8902
C_{83}	1/2	1/5	1	0.0802	CR = 0.0967 < 0.1

表4-15　　　　　　　　　C_9—C_{9i} 判断矩阵

C_9	C_{91}	C_{92}	C_{93}	W	一致性检验
C_{91}	1	2	6	0.6356	λ_{max} = 3.0048
C_{92}	1/3	1	3	0.2601	CI = 0.0359 RI = 0.5199
C_{93}	1/4	1/5	1	0.1102	CR = 0.0043 < 0.1

对指标判断矩阵权重做单层次一致性检验验证其满意性水平（见表4-16）。

表4-16　　　　　A、C_1—C_9 判断矩阵的一致性检验结果

	λ_{max}	n	CI	RI	$CR = CI/RI$
A	9.4503	9	0.0561	1.4500	0.0383
C_1	3.0035	3	0.0021	0.5267	0.0037
C_2	3.0539	3	0.0271	0.0498	0.0515
C_3	3.0386	3	0.0195	0.5306	0.0373
C_4	3.0379	3	0.0194	0.5304	0.0376
C_5	5.1306	5	0.0309	1.1226	0.0279
C_6	3.0043	3	0.0013	0.5132	0.0037
C_7	3.0538	3	0.0531	1.0312	0.0511
C_8	4.2589	3	0.0003	0.8902	0.0967
C_9	3.0048	3	0.0359	0.5199	0.0043

各层次级指标判断矩阵一致性检验比率符合 $CR < 0.1$ 的条件，表明它们的指标权重都能利用。

2. 评价指标权重的确定

利用层次单排序结果求算层次总排序（见表4-17）。

表4-17　　　农村专业经济协会运行机制因素层次总排序

指标	C_{11}	C_{12}	C_{13}	C_{21}	C_{22}	C_{23}	C_{31}	C_{32}	C_{33}	C_{41}
权重	0.0103	0.0196	0.0038	0.0111	0.0269	0.0173	0.1146	0.0236	0.1582	0.1165
排名1	22	13	26	21	9	14	5	11	1	4
排名2	25	14	28	24	10	16	4	11	1	
指标	C_{42}	C_{43}	C_{51}	C_{52}	C_{53}	C_{54}	C_{55}	C_{61}	C_{62}	C_{63}
权重	0.0108	0.0268	0.0283	0.1176	0.0301	0.0153	0.0112	0.1297	0.1295	0.4386
排名1	20	10	8	3	9	16	19	2	2	6
排名2			9	3	8	19	23			
指标	C_{71}	C_{72}	C_{73}	C_{81}	C_{82}	C_{83}	C_{91}	C_{92}	C_{93}	
权重	0.0147	0.0368	0.0235	0.0106	0.0045	0.0167	0.0116	0.0048	0.0021	
排名1	17	7	12	23	25	15	27	18	28	
排名2	20	7	12	26	29	17	32	22	29	

农村专业经济协会运行机制的总排序一致性检验结果：

$$CI_A = \sum_{i=1}^{n} w_i CI_i = 0.0431$$

$$RI_A = \sum_{i=1}^{n} w_i RI_i = 1.0897$$

$$CR_A = CI_A / RI_A = 0.0416 < 0.1$$

层次总排序通过一致性检验，其中，n 代表 C_{ij} 对应 C_i 的个数（$i = 1, 2, 3, \cdots, 9$），W_j 代表的是 C_i 的权重，C_{Ii}、R_{Ij} 分别代表第 i 个判断矩阵的 CI 和 RI 值。

对 A 矩阵进行归一化处理求得的权重向量和 $B_1 B_9$ 的权重向量：

$w = (0.2567, 0.0431, 0.1726, 0.0811, 0.1186, 0.2329, 0.0549, 0.2569, 0.0146)$

$$w_1 = (0.3095, 0.5809, 0.1106)$$
$$w_2 = (0.1967, 0.4951, 0.3125)$$
$$w_3 = (0.1056, 0.2578, 0.6382)$$
$$w_4 = (0.6381, 0.2597, 0.1051)$$
$$w_5 = (0.1873, 0.1872, 0.4581, 0.0982, 0.0721)$$
$$w_6 = (0.4182, 0.4182, 0.1439)$$
$$w_7 = (0.1964, 0.4936, 0.3127)$$
$$w_8 = (0.3075, 0.4935, 0.1237)$$
$$w_9 = (0.6382, 0.2591, 0.1063)$$

（三）综合评价值的计算

（1）单指标模糊评价值计算

通过对山东省 32 家农村专业经济协会有效问卷分析整理，确立农村专业经济协会运行中的各指标隶属度，然后将得到数据代入综合评价模型，计算得出各级指标单因素模糊综合评价的向量。

表 4-18　　　　　　农村专业经济协会的组织结构评价

一级指标	二级指标因素	评价等级					指标权重
		差	较差	一般	较好	好	
协会结构	协会机构设置	0.29	0.16	0.27	0.56	0.02	0.3187
	协会章程和各种规章制度	0.10	0.37	0.28	0.26	0.03	0.5798
	协会会员及组成状况	0.11	0.25	0.45	0.06	0.04	0.1103

得到农村专业经济结构协会指标单因素模糊矩阵为：

$$R_1 = \begin{pmatrix} 0.29 & 0.16 & 0.27 & 0.56 & 0.02 \\ 0.10 & 0.37 & 0.28 & 0.26 & 0.03 \\ 0.11 & 0.25 & 0.45 & 0.06 & 0.04 \end{pmatrix},$$

$$w_1 = (0.3187\ 0.5798\ 0.1103)$$

农村专业经济协会的组织结构的评价向量：

$$e_1 = w_1 \times R_1 = \begin{pmatrix} 0.29 & 0.16 & 0.27 & 0.56 & 0.02 \\ 0.10 & 0.37 & 0.28 & 0.26 & 0.03 \\ 0.11 & 0.25 & 0.45 & 0.06 & 0.04 \end{pmatrix} \times (0.3187 \quad 0.5798$$

$0.1103) = (0.0719, 0.2941, 0.2867, 0.3273, 0.0189)$

进行归一化的结果：$e_1' = (0.0719, 0.2941, 0.2867, 0.3273, 0.0189)$

表4-19　　　　　农村专业经济协会内部治理机制评价

一级指标	二级指标因素	评价等级					指标权重
		差	较差	一般	较好	好	
内部治理机制	农村专业经济协会激励机制	0.15	0.53	0.30	0.06	0.01	0.1963
	农村专业经济协会监督机制	0.12	0.46	0.38	0.03	0	0.4976
	农村专业经济协会决策机制	0.07	0.29	0.48	0.16	0.03	0.3095

得到农村专业经济协会内部治理机制单因素模糊矩阵为：

$$R_2 = \begin{pmatrix} 0.15 & 0.53 & 0.30 & 0.06 & 0.01 \\ 0.12 & 0.46 & 0.38 & 0.03 & 0 \\ 0.07 & 0.29 & 0.48 & 0.16 & 0.03 \end{pmatrix},$$

$w_2 = (0.1963 \quad 0.4976 \quad 0.3095)$

农村专业经济协会内部治理机制的评价向量：

$$e_2 = w_2 \times R_2 = \begin{pmatrix} 0.15 & 0.53 & 0.30 & 0.06 & 0.01 \\ 0.12 & 0.46 & 0.38 & 0.03 & 0 \\ 0.07 & 0.29 & 0.48 & 0.16 & 0.03 \end{pmatrix} \times (0.1963 \quad 0.4976$$

$0.3095) = (0.1041, 0.4321, 0.3867, 0.3879, 0.0633)$

进行归一化的结果：$e_2' = (0.1041, 0.4321, 0.3867, 0.3879, 0.0633)$

表4－20   农村专业经济协会保障机制评价

一级指标	二级指标因素	评价等级					指标权重
		差	较差	一般	较好	好	
保障机制	农村专业经济协会农业技术保障机制	0.13	0.53	0.29	0.05	0.02	0.1365
	农村专业经济协会运营基金保障机制	0.44	0.35	0.31	0.02	0	0.2546
	农村专业经济协会组织管理保障机制	0.07	0.29	0.56	0.09	0.02	0.6200

得到农村专业经济协会保障机制单因素模糊矩阵为：

$$R_3 = \begin{pmatrix} 0.13 & 0.53 & 0.29 & 0.05 & 0.02 \\ 0.44 & 0.35 & 0.31 & 0.02 & 0 \\ 0.07 & 0.29 & 0.56 & 0.09 & 0.02 \end{pmatrix},$$

$$w_3 = (0.1365 \quad 0.2546 \quad 0.6200)$$

农村专业经济协会保障机制的评价向量：

$$e_3 = w_3 \times R_3 = \begin{pmatrix} 0.13 & 0.53 & 0.29 & 0.05 & 0.02 \\ 0.44 & 0.35 & 0.31 & 0.02 & 0 \\ 0.07 & 0.29 & 0.56 & 0.09 & 0.02 \end{pmatrix} \times (0.1365 \quad 0.2546$$

$0.6200) = (0.2637, 0.4711, 0.2653, 0.0479, 0.0139)$

进行归一化的结果：$e_3' = (0.2637, 0.4711, 0.2653, 0.0479, 0.0139)$

表4－21   农村专业经济协会合作机制评价

一级指标	二级指标因素	评价等级					指标权重
		差	较差	一般	较好	好	
合作机制	农村专业经济协会平等和帮助机制	0.08	0.18	0.43	0.23	0.08	0.1165
	农村专业经济协会"三民"机制	0.12	0.29	0.38	0.15	0.26	0.2593
	农村专业经济协会民主集中机制	0.04	0.17	0.30	0.43	0.05	0.6212

农村专业经济协会合作机制单因素模糊矩阵为：

$$R_4 = \begin{pmatrix} 0.08 & 0.18 & 0.43 & 0.23 & 0.08 \\ 0.12 & 0.29 & 0.38 & 0.15 & 0.26 \\ 0.04 & 0.17 & 0.30 & 0.43 & 0.05 \end{pmatrix},$$

$$w_4 = (0.1165 \quad 0.2593 \quad 0.6212)$$

农村专业经济协会合作机制的评价向量：

$$e_4 = w_4 \times R_4 = \begin{pmatrix} 0.08 & 0.18 & 0.43 & 0.23 & 0.08 \\ 0.12 & 0.29 & 0.38 & 0.15 & 0.26 \\ 0.04 & 0.17 & 0.30 & 0.43 & 0.05 \end{pmatrix} \times (0.1165 \quad 0.2593$$

$0.6212) = (0.0607, 0.1993, 0.3359, 0.3392, 0.0617)$

进行归一化的结果：$e_4' = (0.0607, 0.1993, 0.3359, 0.3392, 0.0617)$

表4-22　　　　　农村专业经济协会利益机制评价

一级指标	二级指标因素	评价等级					指标权重
		差	较差	一般	较好	好	
利益机制	农村专业经济协会利益联结机制	0.13	0.12	0.45	0.27	0.06	0.1864
	农村专业经济协会利益保障机制	0.06	0.17	0.32	0.31	0.16	0.1791
	农村专业经济协会利益约束机制	0.12	0.50	0.31	0.09	0.03	0.4582
	农村专业经济协会利益分配机制	0.28	0.43	0.26	0.12	0.05	0.0977
	农村专业经济协会利益共享机制	0.32	0.28	0.16	0.23	0.03	0.0726

农村专业经济协会利益机制单因素模糊矩阵为：

$$R_5 = \begin{pmatrix} 0.13 & 0.12 & 0.45 & 0.27 & 0.06 \\ 0.06 & 0.17 & 0.32 & 0.31 & 0.16 \\ 0.12 & 0.50 & 0.31 & 0.09 & 0.03 \\ 0.28 & 0.43 & 0.26 & 0.12 & 0.05 \\ 0.32 & 0.28 & 0.16 & 0.23 & 0.03 \end{pmatrix},$$

$$w_5 = (0.1864 \quad 0.1791 \quad 0.4582 \quad 0.0977 \quad 0.0726)$$

农村专业经济协会利益机制的评价向量：

$$e_5 = w_5 \times R_5 = \begin{pmatrix} 0.13 & 0.12 & 0.45 & 0.27 & 0.06 \\ 0.06 & 0.17 & 0.32 & 0.31 & 0.16 \\ 0.12 & 0.50 & 0.31 & 0.09 & 0.03 \\ 0.28 & 0.43 & 0.26 & 0.12 & 0.05 \\ 0.32 & 0.28 & 0.16 & 0.23 & 0.03 \end{pmatrix} \times (0.1864\ 0.1791$$

$0.4582\ 0.0977\ 0.0726) = (0.1218, 0.3623, 0.3071, 0.1853, 0.0337)$

进行归一化的结果：$e_5' = (0.1218, 0.3623, 0.3071, 0.1853, 0.0337)$

表 4 – 23 　　　　农村专业经济协会合作机制评价

一级指标	二级指标因素	评价等级					指标权重
		差	较差	一般	较好	好	
经营发展机制	协会经营发展战略目标和项目设计机制	0.17	0.37	0.31	0.11	0.01	0.4365
	农村专业经济协会农产品营销机制	0.12	0.31	0.35	0.19	0.16	0.4593
	农村专业经济协会运营成本约束机制	0.21	0.45	0.16	0.15	0.03	0.0912

农村专业经济协会利益机制单因素模糊矩阵为：

$$R_6 = \begin{pmatrix} 0.17 & 0.37 & 0.31 & 0.11 & 0.01 \\ 0.12 & 0.31 & 0.35 & 0.19 & 0.16 \\ 0.21 & 0.45 & 0.16 & 0.15 & 0.03 \end{pmatrix},$$

$w_6 = (0.4365\ 0.4593\ 0.0912)$

农村专业经济协会利益机制的评价向量：

$$e_6 = w_6 \times R_6 = \begin{pmatrix} 0.17 & 0.37 & 0.31 & 0.11 & 0.01 \\ 0.12 & 0.31 & 0.35 & 0.19 & 0.16 \\ 0.21 & 0.45 & 0.16 & 0.15 & 0.03 \end{pmatrix} \times (0.4365\ 0.4593$$

$0.0912) = (0.0894, 0.3432, 0.2948, 0.2123, 0.0607)$

进行归一化的结果：$e_6' = (0.0894, 0.3432, 0.2948, 0.2123, 0.0607)$

表 4-24　　　　　**农村专业经济协会运营效率机制评价**

一级指标	二级指标因素	评价等级					指标权重
		差	较差	一般	较好	好	
主体运营机制	会员对农村专业经济协会的价值认可度	0.05	0.11	0.31	0.35	0.15	0.1955
	会员对农村专业经济协会的忠诚度	0.08	0.11	0.35	0.35	0.02	0.4536
	会员对农村专业经济协会的投资意愿	0.36	0.39	0.12	0.08	0.03	0.4319

农村专业经济协会运营效率机制单因素模糊矩阵为：

$$R_7 = \begin{pmatrix} 0.05 & 0.11 & 0.31 & 0.35 & 0.15 \\ 0.08 & 0.11 & 0.35 & 0.35 & 0.02 \\ 0.36 & 0.39 & 0.12 & 0.08 & 0.03 \end{pmatrix},$$

$$w_7 = (0.1955 \ 0.4536 \ 0.4319)$$

农村专业经济协会运营效率机制的评价向量：

$$e_7 = w_7 \times R_7 = \begin{pmatrix} 0.05 & 0.11 & 0.31 & 0.35 & 0.15 \\ 0.08 & 0.11 & 0.35 & 0.35 & 0.02 \\ 0.36 & 0.39 & 0.12 & 0.08 & 0.03 \end{pmatrix} \times (0.1955 \ 0.4536$$

$0.4319) = (0.0153, 0.1821, 0.2848, 0.4355, 0.0817)$

进行归一化的结果：$e_7' = (0.0153, 0.1821, 0.2848, 0.4355, 0.0817)$

表 4-25　　　　　**农村专业经济协会经济效益机制评价**

一级指标	二级指标因素	评价等级					指标权重
		差	较差	一般	较好	好	
经济效益机制	农村专业经济协会年利润情况	0.38	0.12	0.41	0.09	0.01	0.0321
	会员总收入年增长率	0.06	0.13	0.45	0.35	0.06	0.3536
	会员年人均收入高出非会员情况	0.03	0.09	0.62	0.28	0.03	0.5913

农村专业经济协会运营效率机制单因素模糊矩阵为：

$$R_8 = \begin{pmatrix} 0.38 & 0.12 & 0.41 & 0.09 & 0.01 \\ 0.06 & 0.13 & 0.45 & 0.35 & 0.06 \\ 0.03 & 0.09 & 0.62 & 0.28 & 0.03 \end{pmatrix},$$

$$w_8 = (0.0321 \ 0.3536 \ 0.5913)$$

农村专业经济协会运营效率机制的评价向量：

$$e_8 = w_8 \times R_8 = \begin{pmatrix} 0.38 & 0.12 & 0.41 & 0.09 & 0.01 \\ 0.06 & 0.13 & 0.45 & 0.35 & 0.06 \\ 0.03 & 0.09 & 0.62 & 0.28 & 0.03 \end{pmatrix} \times (0.0321 \ 0.3536$$

$0.5913) = (0.3976, 0.3635, 0.0268, 0.1187, 0.0926)$

进行归一化的结果：$e_8' = (0.3976, 0.3635, 0.0268, 0.1187, 0.0926)$

表 4 - 26　　　　　**农村专业经济协会社会效益机制评价**

一级指标	二级指标因素	评价等级					指标权重
		差	较差	一般	较好	好	
社会效益机制	对所在农村社区的综合影响力情况	0.03	0.07	0.25	0.51	0.14	0.6321
	对所在农村社区的农业科技推广情况	0.02	0.11	0.49	0.29	0.09	0.2536
	对政府政策执行及与政府沟通状况	0.03	0.13	0.53	0.21	0.11	0.0913

农村专业经济协会运营效率机制单因素模糊矩阵为：

$$R_9 = \begin{pmatrix} 0.03 & 0.07 & 0.25 & 0.51 & 0.14 \\ 0.02 & 0.11 & 0.49 & 0.29 & 0.09 \\ 0.03 & 0.13 & 0.53 & 0.21 & 0.11 \end{pmatrix},$$

$$w_9 = (0.6321 \ 0.2536 \ 0.0913)$$

农村专业经济协会运营效率机制的评价向量：

$$e_9 = w_9 \times R_9 = \begin{pmatrix} 0.03 & 0.07 & 0.25 & 0.51 & 0.14 \\ 0.02 & 0.11 & 0.49 & 0.29 & 0.09 \\ 0.03 & 0.13 & 0.53 & 0.21 & 0.11 \end{pmatrix} \times (0.6321 \ 0.2536$$

$0.0913) = (0.0267, 0.0863, 0.2768, 0.4801, 0.1401)$

进行归一化的结果：$e_9' = (0.0267, 0.0863, 0.2768, 0.4801, 0.1401)$

（2）模糊综合评价值计算

将 9 个单指标模糊评价向量合成的矩阵 e' 分别与相应的 w 相所得的乘积就是农村专业经济协会运行机制的评价结果向量 D：

$$
D = w \cdot e' = \begin{pmatrix}
0.0719 & 0.2941 & 0.2867 & 0.3273 & 0.0189 \\
0.1041 & 0.4321 & 0.3867 & 0.3879 & 0.0633 \\
0.2637 & 0.4711 & 0.2653 & 0.0479 & 0.0139 \\
0.0607 & 0.1993 & 0.3359 & 0.3392 & 0.0617 \\
0.1218 & 0.3623 & 0.3071 & 0.1853 & 0.0337 \\
0.0894 & 0.3432 & 0.2948 & 0.2123 & 0.0607 \\
0.0153 & 0.1821 & 0.2848 & 0.4355 & 0.0817 \\
0.3976 & 0.3635 & 0.0268 & 0.1187 & 0.0926 \\
0.0267 & 0.0863 & 0.2768 & 0.4801 & 0.1401
\end{pmatrix} (0.2567,
$$

$0.0431, 0.1726, 0.0811, 0.1186, 0.2329, 0.0549, 0.2569, 0.0146)$ = $(0.1064 \ 0.3248 \ 0.2872 \ 0.2398 \ 0.0418)$

进行归一化的结果：$D' = (0.1064 \ 0.3248 \ 0.2872 \ 0.2398 \ 0.0418)$

三　山东省农村专业经济协会运行绩效评价结果分析

（一）农村专业经济协会运行机制各构成因素的重要性排序

根据权重结果，按重要性程度，将反映农村专业经济协会运行绩效的一级指标进行排序，排序结果依次是经营发展机制、主体运营机制、内部治理机制、合作机制、利益机制、保障机制、经济效益机制、协会结构、社会效益机制。现行农村专业经济协会的实际发展情况也能够足以证明，如果农村专业经济协会要想在市场竞争日趋激烈的现实中不断发展壮大，就必须在坚持"非营利性"社会团体基本原则下，积极创新运行机制和运行结构，尤其是经营发展机制、主体运营机制、内部治理机制、合作机制、利益机制等机制构成设置越完善、运行越好，那么农村专业经济协会的整体运行绩效就越好。

（二）农村专业经济协会运行机制的评价结果

根据模糊评价最大隶属原则，评价结果表明，目前山东省农村专业经济协会运行绩效总体运行水平为"较差"。各指标具体评价情况如下。

第一，农村专业经济协会组织结构较好。从调查看，现行农村专业经济协会基本上在会员代表大会、理事会和监督会等机构设置方面评语为"较好"；章程和相关规章制度的评语为"一般"；由于会员彼此之间异质性较大，农村专业经济协会会员的评语为"较差"。

第二，农村专业经济协会内部治理机制运行差。关于激励机制构成的评语为"较差"；监督机制构成的评语为"差"；决策机制构成的评语为"较差"。这是由于绝大部分农村专业经济协会领办人及其主要领导成员与普通会员在农业生产经营水平、农业科技、发展素质等方面存在严重不对等，导致"内部人控制"问题突出，监督管理意识较差。

第三，农村专业经济协会保障机制运行差。大部分农村专业经济协会在农业技术保障方面，由于自身经费严重缺乏，难以引进先进农业生产科技和新品种，更谈不上推广运用了，农业技术保障机制的评语为差；大部分农村专业经济协会本身生存发展基本上依靠很少的会员费，除了获取数额很少并且很不稳定的政府扶持基金以外，就很难从外部融入资金或获得扶持，也就是说基本上没有任何资金来源，因而大都没有建立较为完善的财务管理机构和相关保障制度，农村专业经济协会运营基金保障机制的评语为差；绝大部分农村专业经济协会在自己有限能力和范围内，基本上努力为会员提供数量有限并且质量难能保证的一般性服务，基本没有设置会员农业生产经营风险和各种灾害保障基金，农村专业经济协会生产经营保障机制评语为"较差"①。

第四，农村专业经济协会合作机制运行一般。大部分农村专业经济协会基本都是从事相同产业或相同农产品生产经营的农户在自愿自主基础上组建的，会员之间关系基本上是平等的，能够和平相处，农村专业经济协会平等和帮助机制的评语较好；基本上都奉行"民办、民管、民受益"原则，其评语为一般；在各类型农村专业经济协会中，除了少数存在不同程度的"内部人控制"问题以外，一般问题和事务基本能够实行民主集中制原则，其评语为"一般"。

第五，农村专业经济协会利益机制运行较好。由于大部分农村专业经济协会基本上都是农户为了增收和克服自身农业生产中面临的困难而自愿结合组建的，并且目前基本都处于初级发展阶段，没有过多突出的利益冲突，因此，总体上其评语为"较好"。

第六，农村专业经济协会经营发展机制运行差。绝大多数农村专业经济协会在实际运营中比较严格遵循传统运行模式和非营利性原则，没有开办自己的各类相关经济实体，农村专业经济协会经营发展战略目标和项目设计机制的评语为"差"；由于农村专业经济协会类型较多，规模和发展水平参差不齐，大部分没有创办专门的农产品营销机构，农村专业经济协会农产品营销机制的评语为"较差"；农村专业经济协会运营成本约束机制的评语为"差"。

第七，农村专业经济协会主体效率机制运行较好。绝大多数农村专业经济协会积极在自身能力范围内，努力为会员提供农业生产和经营等专业性服务，会员对农村专业经济协会的价值认可度较高，其评语为"好"；绝大多数农村专业经济协会不断提高自身的吸引力和凝聚力，会员对农村专业经济协会的忠诚度不断提升，其评语为"较好"；会员也非常渴望所属的农村专业经济协会创办农产品加工等经济实体，会员对农村专业经济协会的投资意愿评语为"较好"。

① 李燕琼：《日本政府推进农业规模化经营的效果及对我国的启示》，《农业技术经济》2004 年第 5 期。

第八，农村专业经济协会经济效益机制较差。由于目前绝大部分农村专业经济协会基本没有创办经济实体，为会员创收能力非常有限，其总体上评语为"一般"。

第九，农村专业经济协会社会效益机制较好。绝大部分农村专业经济协会积极对会员开展各种农业生产技术培训与农业科技教育活动，积极宣传国家和政府各项农业和农村发展方针政策，积极向相关政府部门反映会员们的共同愿望和要求，这方面的评语为"较好"。

四 山东省农村专业经济协会运行绩效影响因素与原因分析

现行大部分农村专业经济协会，在实际运行中，积极促进农户转变生产经营方式，优化农业产业结构，提高农业生产经营效率和效益。尽管如此，大部分农村专业经济协会运行绩效还普遍较差，而且，相当一部分中途夭折。本部分利用调查和问卷等方式获取的一手资料，并结合上述分析的结果，采用定量分析方法探讨农村专业经济协会运行绩效影响因素，对于改善今后农村专业经济协会运行机制，制定相关扶持发展政策意义重大。

（一）农村专业经济协会运行绩效影响因素分析

1. 理论模型与主要因素假设

①农村专业经济协会持续运行的理论模型

现代组织理论表明，组织发展壮大的动力是组织目标的成功实现。农村专业经济协会是"一家一户"分散生产经营的农户为了共同面对和解决自己生产经营中难能克服的问题和困难、提高生产能力以及增收创收等目标而自愿组建的，它能否持续健康发展的关键就在于它是否能成功实现其目标。从组织发展本质上讲，一个组织为了既定目标而运行的动力是收益大于成本，因此，本章利用成本—收益理论设计农村专业经济协会运行的动力数学模型。

假设农村专业经济协会运行动力借用简单的成本—收益函数 $D(R) = E(R) - C$ 表示，其中，$D(R)$ 代表动力函数，$E(R)$ 代表预期收益，C 代表运行成本。其中，成本 C 的值较容易获取，$E(R)$ 的大小主要取决于农村专业经济协会的内部因素和外部发展环境。其表达式为：

$$E(R) = F\{C(x_i, y_i), G\}, st: C(x_i, y_i) = 0, G = 0$$

其中，$C(x_i, y_i)$ 表示农村专业经济协会内部因素与外部发展环境对预期收益相互作用形成的合力，x_i 代表自身内部起推动作用与约束作用的因素，y_i 代表外部发展环境起推动作用和约束作用的因素，G 代表政府对农村专业经济协会的支持程度。当推力大于阻力时，合力 $C(x_i, y_i) > 0$，反之，合力 $C(x_i, y_i) < 0$，当政府大力支持时，$G > 0$；反之，$G < 0$。

该模型表明农村专业经济协会预期收益取决于内部条件和外部发展环境以及两者相互作用形成的合力，当预期收益大于成本时，经济协会就能持续健康运行并能不断发展壮大[①]。

②影响农村专业经济协会运行的主要因素假设

在已有研究成果中，阎寿根认为机构设置不合理、管理制度不完善和政府的多头管理分别是影响农村专业经济协会运行的内部因素和外部发展环境[②]；在此基础上，陈军法、熊战苏通过实证研究后认为组织与社员利益关系不够紧密也是影响农村专业经济协会运行的内部因素[③]；于法稳认为通过"信息化水平、普通会员的能力和领导成员的能力"等因素综合表现的组织整体能力建设也是影响农村专业经济协会运行的重要因素[④]。总之，已有研究主要侧重某些局部因素，没

① 战明华、吴小钢、史晋川：《市场导向下农村专业合作组织的制度创新——以浙江台州市上盘镇西兰花合作社为例》，《中国农村经济》2004年第5期。

② 阎寿根：《衢州市农村新型合作经济组织的实践与思考》，《中国农村经济》2002年第3期。

③ 陈军法、熊战苏：《关于青田县农村专业合作经济组织情况的调查报告》，《内蒙古农业科技》2004年第2期。

④ 于法稳：《农民专业合作经济组织发展问题研究——以北京市顺义区为例》，《开发研究》2003年第6期。

有从系统角度将影响农村专业经济协会运行的内部条件和外部环境两个方面因素进行全面综合分析。本部分从农村专业经济协会运行的内部条件和外部环境两个方面进行因素假设，假设确定协会领导人的综合能力和素质、会员对农村专业经济协会的认知和信任程度、组织结构的建立状况、协会规章制度的设计情况、协会所经营农产品的竞争力以及政府对协会的支持力度等是影响农村专业经济协会健康运行的主要因素。为了证实这些假定因素是否成立，分别选取运行状况好、一般和不好的农村专业经济协会各 10 家进行调查，选取寿光市蔬菜协会、青州市花卉协会、诸城市生猪养加协会、临沭县柳编工艺品协会等 30 家农村专业经济协会的会员就关于农村专业经济协会运行状况问题设计了相应的调查问卷，进行了周密调查，对所得到的信息和数据进行处理，利用相关数学模型对影响农村专业经济协会运行的状况和相关信息进行分析，得出影响因素调查结果（见表 4 - 27）。

表 4 - 27 　　　　　　　　　　　　因素变量调查结果汇总和解释

变量名称	变量定义	平均值
协会领导人管理能力	0 = 差，1 = 较差，2 = 一般，3 = 高	1.1326
协会组织结构	0 = 不完善，1 = 完善，2 = 很完善	1.6436
会员对协会和领导的信任度	0 = 差，1 = 较差，2 = 一般，3 = 高	1.7317
利益分配公平情况	0 = 不公平，1 = 较公平，2 = 一般，3 = 很公平	1.2376
协会活动开展情况	0 = 不开展，1 = 很少，2 = 定期，3 = 经常	1.4025
协会销售农产品比例	0 < 20%，1 = 20%—40%，2 = 40%—60%，3 = 60%—80%，4 > 80%	1.1386
协会帮会员采购农资比例	0 < 20%，1 = 20%—40%，2 = 40%—60%，3 = 60%—80%，4 > 80%	1.6822
与其他经济组织沟通合作	0 = 没有，1 = 一般，2 = 好，3 = 非常好	1.1006
经营产品竞争程度	0 = 低，1 = 较低，2 = 中等，3 = 很强	0.6325
农产品经营多样化情况	0 = 一种，1 = 两种，2 = 三种及以上	1.3316
政府在政策、融资、税收等方面支持情况	0 = 否，1 = 一般支持，2 = 非常支持	1.0327

2. 农村专业经济协会运行的内部影响因素

①农村专业经济协会创办人的综合能力和素质

农村专业经济协会领导人必须具有求稳、从众意识强、科技文化素质高等素养特征，具有开拓创新精神和较高农业生产经营知识及管理能力，在某一农业生产或经营领域管理经验丰富，威望较高。

农业生产经营专业技术知识是协会领导人必须具备的基本条件，是会员赖以信任的基础，协会领导人只有掌握精深的农业科学技术和丰富的农产品经营经验和经营能力，才能真正领导会员组建并发展壮大农村专业经济协会，拓展农产品产业链，推动所经营的产业向纵深发展。

协会领办人和管理者必须具有一定的组织协调和管理能力。对内通过制定会章和规章制度、确定发展目标和协会共同发展愿景，合理分解权力并建立组织机构降低协会运行成本和提高协会收益；对外能协调沟通其他组织与社会关系，为协会发展创造良好的外部环境和发展氛围。

协会领导人应该具有一定的外交能力、驾驭市场能力和营销经验，能获取有关市场信息，能准确把握市场需求的动态变化和市场机制运行规律，能与上下游关联产业的企业、公司或其他相关组织建立良好的关系和顺畅的沟通渠道，以便更好地服务会员增收和创收。

②协会的组织结构完善程度

农村专业经济协会运行绩效好坏在于其内部是否建立权责分明的组织结构，在协会内部进行严密的专业分工和协作，形成完善的权责分明的组织结构，确保财务、销售、采购、技术、监督等各部门之间的沟通机制。建立激励公平的组织制度。

③农村专业经济协会的信誉状况

会员对协会的信任以及会员之间的相互信任是农村专业经济协会良好运行的基础，协会应该制定相关制度和具体措施强化会员的信任度，尽量减少内部摩擦，提高协会运行效率。

会员素质高低是提高会员信任度的基础。为了确保协会健康持续运行，会员应该主动努力提高自己的综合素质和知识文化水平，积极主动遵守协会的一切规章制度、协会文化和共同愿景，身体力行尽自己努力完成协会发展目标，认真履行自己的职责。

3. 农村专业经济协会运行的外部影响因素

农村专业经济协会要想持续健康运行，并不断提高运行绩效，就必须创建良好的外部发展环境，这就要求处理和沟通与协会有发展业务关系的上下游关联企业、相关组织以及各级政府之间的关系。

目前，农村专业经济协会普遍存在社会资源不足、信息不对称与流动性差、不同社会经济组织之间的互信度差、寻租行为泛滥等外部发展环境和条件较差，不利于农村专业经济协会的运行。其中影响较大的外部因素主要有：与上下游关联企业或其他组织之间的业务关系普遍存在沟通不顺畅、关系淡薄等问题，这就在一定程度上增加了在农资交易、租赁等方面的交易成本，减少了收益。

农村专业经济协会所经营的农业产业的竞争强度以及相关产品的竞争强度，在很大程度上影响农村专业经济协会运行绩效。目前，大部分农村专业经济协会所经营产业的竞争能力非常低，基本上没有建立起完善的产业体系，致使工商资本不愿也不能投资该产业。同时，现行的农村专业经济协会除了很少数之外，基本上都没有建立应对竞争的有效机制，没有协调好竞争关系，更没有制定长远经营策略，致使所从事的农业产业或生产的农产品竞争力非常弱小①。

农村专业经济协会所在区域的人文环境以及为会员提供教育、培训、医疗、信息、交通等服务的非政府组织机构能够在很大程度上影响和制约农村专业经济协会运行绩效。

政府环境是影响农村专业经济协会运行绩效的特殊环境。政府在推动产业发展、制定相关支持政策、舆论宣传、税收信贷支持、培训

---

① 郭晓鸣：《曾旭晖农民合作组织发展与地方政府的角色》，《中国农村经济》2005年第6期。

专业等方面支持力度和具体的支持状况，是影响经济协会运行绩效的重要外部因素①。

（二）山东省农村专业经济协会运行绩效影响因素产生的原因分析

通过分析山东省 32 家农村专业经济协会运行绩效评价结果，可以看出，当前农村专业经济协会整体运行水平较差，这表明，目前绝大部分农村专业经济协会在许多方面尚未成熟，因此，本部分将重点分析这些制约和影响农村专业经济协会运行绩效的因素所产生的原因。

1. 治理机构职能和相关制度安排低效

（1）产权边界不明晰

根据科斯关于产权的观点，最初无论产权归属于谁，只要产权界定是清晰的，通过市场机制进行资源配置就可以达到帕累托最优状态。农村专业经济协会在实际运行中，经常发生不同层次会员的产权安排不能对等，引发利益和权益分割等问题，成为农村专业经济协会发展的瓶颈②。

（2）内部股权安排不合理

根据运行绩效分析结果，并结合通过对 32 家农村专业经济协会的走访调查，发现目前部分创办经济实体的农村专业经济协会，基本上实施股份制的产权结构，但其股金总额普遍不大，股权安排比较集中，股权结构呈现出显著的分层性和集团性，少数核心会员通过占有相对较多的资本、智力和社会等稀缺资源，掌控协会的实际控制权，这种产权结构严重地影响了普通会员参与管理和发展的积极性。

---

① 黄俐晔、张德扬：《地方政府促进农民专业合作经济组织发展分析》，《农业经济问题》2007 年第 7 期。

② 李红卫、徐时红：《绩效考核的方法及关键绩效指标的确定》，《经济师》2002 年第 5 期。

（3）"三会"运行不正常

"三会"制度是农村专业经济协会实现内部管理的重要手段。其中，会员大会是实现会员民主管理的最高权力机构，在实际运营中，其职能大小通常通过召开会员大会的频率和具体表决方式来衡量。理事会和监事会分别作为会员大会的日常执行机构和监督机构。通过对32家样本调查分析发现，尽管都设置了"三会"机构，在章程中也都明确规定了各自的职能、权限和义务，但是，从实际运行情况看，"三会"能够真正行使各自职能的农村专业经济协会很少，大多数农村专业经济协会的"三会"机构和相关制度形同虚设，不能正常发挥和履行本身职责。

（4）章程和规章制度不能正常实施

通过对目前农村专业经济协会的实践调查发现，在实际运营中，大多数章程和规章制度流于形式，对内部会员的约束作用极其有限。这主要是因为我国农村专业经济协会的规范化发展还基本上处于起步阶段，致使协会章程和许多相关规章制度的执行乏力，并且执行程序也极不规范。另外，大多数农村专业经济协会财务制度和监督制度形同虚设，没有建立专门账户，有些甚至没有专职会计，在一定程度上制约了农村专业经济协会规范化发展。

（5）协会缺乏凝聚力

通过实地调研发现，农村专业经济协会绝大部分会员素质偏低，农户会员在很大程度上普遍都把农村专业经济协会看作单纯获取服务的载体，很少履行自己的义务，"搭便车行为"普遍；会员之间缺乏凝聚力，合作意识较差；很多会员与协会之间的利益连接机制比较松散，大多数会员不遵守协会章程，在很大程度上直接削弱了农村专业经济协会的吸引力和凝聚力。

2. 运行机制结构不完善，有些机制构成运行低效

（1）激励机制缺乏

调查中发现，相当数量农村专业经济协会对会员和管理者而言，都没有建立相应的激励机制。从管理者的角度看，由于农村专业经济

协会是非营利性和无偿性的为会员提供生产性服务的社会团体，严格地说，会长、理事长及理事等主要管理者一般没有薪酬，而且，管理者要比一般会员付出的更多，但并未能得到相应的回报。因此，由于相应的激励机制缺失，在实际运行中，管理者的积极性、进取心及工作热情会在很大程度上严重受挫，更不用说创新发展。从会员的参与角度看，由于大部分农村专业经济协会没有建立严格而有效的会员进退会制度，也没有建立相应的会员奖惩制度。

（2）监管机制失效

农村专业经济协会现有的法律法规以及"三会"制度对管理人员的约束力普遍较弱，同时，内部对管理人员的监督力度也普遍乏力，大部分农村专业经济协会没有建立规范的财务制度和会计账簿，会员大会很少召开，致使会员难以表达和反映合理化建议，也难以对管理人员实施有效的监督；监事会或监事会成员的职权没有制定专门的规章制度进行明确规定，而且，监事会的监督权实施缺乏必要的保障措施。

（3）民主决策机制运行低效

由于会员异质问题普遍严重，少数由农村能人组成的"核心会员"较普通会员在发展素质、能力、资金、创新等方面有明显的优势，致使协会的"控制权"和"决策权"经常被控制在少数"核心会员"手中，而且，普通会员参加民主管理的意识不强，并且很少关心和参与农村专业经济协会的经营和管理，对"农村能人"的依赖性严重[①]，这就导致在会员大会选举时，这些"农村能人"就容易占绝对优势，普通会员的民主决策权往往难以得到充分贯彻和发挥。

（4）自然灾害等生产经营风险管理严重缺失

农业生产经营风险控制是农村专业经济协会运行过程中的重要环节，有效控制风险能不断促进农村专业经济协会深化。但是，调查发

---

① 马彦丽、林坚：《集体行动的逻辑与农民专业合作社的发展》，《经济学家》2006年第2期。

现，在实际运营中，多数农村专业经济协会章程对这方面没有做出明确具体的规定，更没有制定具体可行的控制和防范措施，风险管理经验不足和风险防范机制意识淡薄。更甚者，现行农村专业经济协会几乎都不具备自然灾害等生产经营风险管理能力。

（5）筹资融资艰难

调查发现，目前农村专业经济协会普遍存在资金短缺问题。究其根源，首先，筹资和融资渠道非常狭窄，绝大部分发展资金主要来源于会员极有限的会费、领办者的投资以及政府少量的拨款；其次，由于大部分农村专业经济协会的规范化运作程度不高、农业产业面临的各种灾害和各种风险较大、自身属于非营利性组织等原因，固定资产有限，难以从银行等金融机构获取贷款；再次，运营资金受农业生产季节性影响较大，造成在农业生产繁忙季节资金运转困难。

3. 政府层面

第一，认识方面不足。农村专业经济协会长期以来得不到一些地方政府和部门认可，在其发展过程中不予以支持，得不到类似正规合法组织的待遇。

第二，扶持力度较小。与发达国家政府对农村专业经济协会的资金扶持力度相比，目前我国政府对农村专业经济协会的资金扶持方面明显不足，使得农村专业经济协会发展十分缓慢，出现了经营困境。

第三，监督管理缺失。从合作制原则看，农村专业经济协会应是农户会员自主经营和共谋的社会法人团体，但在实际运行中，深受身份不清影响，政府层面监督管理存在严重缺位。

4. 市场等发展环境层面

第一，市场主体地位不明确。农村专业经济协会普遍存在权责不清、财产不明等问题。不能充分享受国家的财政、资金、税务等方面的大力政策，其业务活动和发展方向都受到很大程度限定。

第二，发展环境差。由于农村专业经济协会缺少可抵押资产以及保险公司的担保，遏制了农村专业经济协会的资金供给，直接影响了组织的后期发展。

第五章 国外农村专业经济协会运行特点及其经验借鉴

自 1844 年以来,在世界范围内广泛发展起各种类型的农村专业经济协会等农村合作性经济组织,发达国家更为重视,从政策、财政、立法、资金等方面进行积极支持这些农村合作性经济组织的运行和发展。本章选取美国、日本和法国等国家的农村专业经济协会较成熟的运行经验和做法进行分析。

一 美国农村专业经济协会

在美国农业生产和经营部门中,大约98%以上的农业产业部门和绝大部分农产品组建了专业经济协会等类型合作性经济组织,从小麦、柑橘等大宗农作物到胡萝卜等小农作物几乎都建立了相应的合作性经济组织,尤其是农村专业经济协会发展较为突出。美国农村专业经济协会是由同一农业产业的农场主和相应农产品加工企业等利益相关者,为了各自经济利益最大化以及产业一体化而在自愿的基础上发展的社会团体,该类团体具有组织机构健全、规模大、涉及领域广、跨区域合作性较强、专业性服务功能完善、参与面广泛、产业链条长以及生产加工营销一体化等特点①。

---

① 姚於康:《发达国家农民合作经济组织的发展经验及启示》,《世界农业》2003 年第 12 期。

（一）美国农村专业经济协会运行特征

在美国，农村专业经济协会等合作性经济组织主要由那些分散生产和经营的农场主为了自家农场利益最大化，在相关政府部门的支持下自愿组建的，通常称为农场主专业经济协会，这些不同类型的协会在非营利的基础上，努力为农场主生产提供所需求的各类专业性服务。农场主专业经济协会的发展体系发达，积极与各类农业院校、涉农科研机构及私营农业科技服务公司等机构开展农业科技研发合作，主要为农场主提供农业政策、市场信息、农业科技、农机、农用生产资料、新品种等各类专业性服务，在农产品加工和营销等服务领域采用先进技术和手段，大部分农场主专业经济协会实行生产、加工和营销一体化经营。美国农场主专业经济协会运行特点主要有以下几点。

第一，经费来源及利用。农场主专业经济协会的经费主要由农场主会员按期定时缴纳的会费以及相关政府部门自助资金，协会统一担负各项农产品推广宣传费用。

第二，主要机制运营模式。农场主专业经济协会非常注重声誉和威望等吸引力因素建设。在实际运行中主要依靠利益机制和相关具体的业务活动吸引会员，对会员不进行强制约束，同时，积极争取政府和立法机构等部门的各种支持，强化不同类型协会之间的纵横联系，其目的主要是增强协会的整体发展能力，提高有效抵御反倾销能力和市场竞争力，维护和保障协会的整体利益和会员的经济利益。

第三，注重专业性服务质量和水平建设。农场主专业经济协会的工作人员大部分是本行业技术人员或行业专家，协会设置相应的专门机构，聘任本产业能力强并且办事效率高的职业型人员。协会在先进的农业科学技术培训、新劳动力的培育和生产经营能力的培养等方面对会员提供全方位服务；协会积极开拓国际市场，提高本协会农产品的市场竞争力，采取的手段和措施主要是通过设立在国外的农产品营销分支机构，其次，积极争取驻国外政府机构的支持和帮助，同时，为了及时指导会员调整生产计划和改善农业生产经营，最大限度帮助会员增产增效，建立专门机构具体负责收集、分析和科学预测国内国际市场需求变化，及时掌握农产品市场最新动态和变化趋势。

第四，制定有效的农产品价格协调机制。农场主专业经济协会为了防止会员之间竞相压价、彼此之间抢占市场等不良现象的发生，同时，为了更有效抵御外国反倾销或反补贴诉讼等事件发生，协会对会员的农产品进行统一价格管制，实施"限制最低价格战略、协会内制定统一价格或者适时根据市场行情调整价格"等措施，维护会员的经济利益。

第五，注重农产品商标和品牌建设。农场主专业经济协会制定严格的行业标准，统一创建和使用同一商标，目的是确保农产品质量安全。例如，美国新奇士果橙协会从选种、栽培、采摘、筛选果品到加工、包装、销售等一系列生产工序制定了一套严格的行业生产标准，要求会员按照制定的标准定期定量施肥、喷药、修剪畸形果，水果成熟时由包装厂统一安排专业人员采摘，再由质量检测人员进行严格检查，严格把好质量关，统一使用"新奇士"商标，将那些畸形水果加工生产饮料。

第六，政府正确和强有力的扶持。美国政府为支持农业发展，保护农场主权益，积极动员各方面力量支持和帮助农场主经济协会的发展。在研究、财政、管理和教育等方面给予强有力的帮助，在税收方面实行各种优惠，在信贷方面提供各方面支持，创造条件改善种植业、养殖业和畜牧业的经营和收入[1]。

（二）美国农村专业经济协会的发展经验

美国农场主专业经济协会在运行机制方面的创新以及较成熟的发展经验，对于目前山东省乃至全国农村专业经济协会的运行和发展，的确有很多方面值得借鉴或受到启发。

---

① 苑鹏、刘凤芹：《美国政府在发展农民合作社中的作用及其启示》，《农业经济问题》2007 年第 9 期。

第一，注重农产品加工增值环节的深度挖掘。美国农场主专业经济协会突破传统生产经营方式，积极进行农产品深加工和精加工等纵深方向经营拓展，积极依托营利性单位创办各类经济实体，尽最大限度减少加工和流通环节中农业利益损失。

第二，借鉴现代企业制度和公司产权治理方式。美国农场主专业经济协会积极借鉴现代企业制度和公司产权治理方式，改进协会内部的产权安排和产权制度设计。为了协会稳定发展，实施让会员需缴纳较多会费等措施对会员资格进行严格认定，同时，使会员成为协会实际的投资人，要求会员必须购买与其交易额相当的投资额，确保协会创办经济实体等经济活动所需资金。从农场主到董事长在内的所有会员，都从事某种农业生产和经营，由董事会面向社会聘任职业人员担任经理，专职负责日常事务。协会的资产产权属于所有会员，会员不能随意转让自己的认股权证；年终进行利润结算时，协会在支付股息和提取章程规定的公积金和公益金之后，对剩余部分，按会员与协会交易额进行分配，这种利益机制将会员切身利益与协会的发展紧紧捆绑在一起，增强了协会的凝聚力和发展的稳定性[①]。

第三，设置职责明晰的组织机构和灵活的民主管理制度。美国的农村专业经济协会管理机构由会员代表大会、董事会和经理部组成，一般没有设置监事会，其中，董事会是最高权力机构，由八个经民主选举的成员组成的董事会，由董事会代表会员的利益负责制定协会发展战略、聘用经理以及其他日常经营管理工作，股东的职责是制定农产品经营策略。

第四，实施开放性的管理和经营机制。董事会成员必须依据委托人的愿望，行使其职责，由董事会聘任经理，协会的日常经营和管理由经理全面负责，经理的主要职责是制定短期生产经营规划，执行日常经营管理事务。普通会员的主要职责是选举董事会成员，但是，一

---

① 夏显力等：《美国农业发展对加快我国现代农业建设的启示与借鉴》，《农业现代化研究》2007 年第 7 期。

般不参与重大事项的经营决策；同时，监视董事及其成员的职责行使情况、经济行为、修订协会章程和检查账目。

二 日本农村专业经济协会

日本农村专业经济协会（以下简称"日本农协"）是遵循《农业协同组合法》等法律法规建立的，其发展目的是扶持弱小农户从事农业生产经营，增强抵御农业灾害和各种风险的。日本农协自下而上由基层农协、农协联合会和农协中央会三个层次形成的一个庞大的组织体系。其中，各级农协中央会只从事农协自身的管理，不从事生产经营业务活动，基层农协根据其服务对象又细分为专门农协、一般农协和综合农协。日本的基层农协分布广泛，几乎覆盖所有村庄，从上到下形成一个非常完善的组织体系，其服务领域涉及种植、养殖、营销、采购、农村工业、信用、运输、农产品加工、互济保险等众多领域，经济、社会、政治、文化农村经济发展和生产生活的各个领域。日本每个农村积极动员所有农户建立基层农协，全国99%以上的农户都参加了农协，农户参加农协会的比例居世界各国之最。

（一）日本农村专业经济协会运行特征

日本农协的组织机构由会员代表大会、理事会和监事会组成，会员代表大会是其最高权力机构，其主要职责按"一人一票"制度行使"改进完善协会章程、审议年度工作计划、盈余处理建议、民主选举和任命干部"等决策权力。理事会主管日常经营业务活动，下设若干个具体部门专门主管相应的业务活动。监事会专门就理事会运行状况、财务管理和农协的经营问题监督。日本农协运行机制在实际运行和运作中显示出以下特点。

第一，建立职责分工严密的上下层次结构。日本农协自下而上由"基层农协、县级联合会和中央联合会"三个层次构成，每个层次上的农协会各自具有不同的系统，分别行使不同的职能。县级联合会和全国联合会都分别有"主要从事农业经济事业的民间系统"和"主要从事农协政策研究、向政府提出有关政策建议等业务指导的行政机构"两个子系统。基层农协根据其具体的服务对象又细分化为"专门农协、一般农协和综合农协"三个子系统，其中，综合农协具体负责指导农业生产、合作信用、共同使用农业机械设施、统一采购农资、农业风险保险和农副产品集中销售六大职能；专业农协只限于服务某一特定产业部门，专职服务于农业生产、共同使用农业机械设施、统一采购农资和农副产品集中销售四种职能，农户可同时加入综合农协会和专业农协会。每一级农协组织都与本级行政组织相对应，关系密切。中央和都道府县是一种联合协作的关系，不具有行政命令权。

第二，提供全方位的服务功能。日本各级不同层次的农协会充分发挥服务职能，积极为农户农业生产和经营以及农村经济发展提供农业技术培训、农产品加工等全过程中各个环节的专业性服务。日本农协的主要职能包括指导生产、销售农产品、集中采购农用生产和农户生活资料、共同联合利用农业设施、资金合作融通、同舟共济和提供广泛的社会福利、合作加工农产品。

第三，实行民主化管理。日本农协会坚持"民办、民管、民受益"原则，各级各类农协会都制定自己的一套章规，严格实行"一人一票制"的民主管理方式，保障会员的产权主体和经济利益。

第四，强化不同协会间的纵横联系。注重不同层次农协之间的整体运作是日本农协运行的一大特点，三大层次的不同类型农协积极互动，实行整体协作运行，尽可能减少中间运行环节，节省运行成本和各种费用，共同担负农协的各项业务活动。

第五，借鉴公司和现代企业经营机制。在基本坚持传统农协原则的基础上，积极引入现代企业化管理和经营方式，推行理事会常务负责制，面向社会聘任职业经理具体担当和行使农协的管理事务和经营活动。

（二）日本农村专业经济协会的发展经验

1. 各机构职责明晰、分工明确

日本农协的管理机构主要由会员大会、理事会、经营管理部门和监事会等组成。会员大会作为最高权力机构主要负责通过农协章程和各项规章制度、表决重大事务、审议农协年度发展计划、利益分配方案、选举组建理事会和监事会及其成员等方面。理事会主要担负"代表权"和"执行权"两种职责，主要负责代表农协对外进行谈判和交流、管理和经营农协的日常业务活动，根据农协章程和决议，制定发展方针和具体实施措施，并且对重大问题进行决策等方面事宜。理事会根据日常业务发展，需要设置相关专职性的经营管理部门；同时，为了提高农协的经营能力，理事会还设置农协职员担任的参事充当农协业务总管，在农协的实际运营中，由农协业务总管代替理事来执行各项具体的日常业务，并且负责具体经营活动。监事会的主要职责是督查日常工作完成情况、财务运营情况和农协的日常经营活动和管理状况等方面①。

2. 有效的管理和运行机制

第一，决策机制和产权安排机制。日本农协实行"一人一票制"进行民主决策。农协会员积极主动地参与农协的日常经营和管理，在日本农协中，会员集所有者、业务管理者和经营者于一身。在人事管理和任命方面，强化会员自主和自我管理方式，实行选举方式从农协会员中产生农协干部，职员采取雇佣制聘用方式。

按照会员各自身份和能力，会员的权利被划分为自益权和公益权两类。自益权的职能是维护自己权益，公益权的职能是维护农协的集体公共利益，对农协重大事务决策进行参与。日本农协根据"农耕地是否达到 1 公顷以上以及从事农业生产的天数是否超过 90 天的标准"将会员划分为正会员与准会员，其中，正会员享有农协的一切权利，

---

① 艾云航：《日本农协的发展历程和运作方式》，《世界农业》2002 年第 10 期。

准社员不能享有积极公益权。

第二，完善有效的监控机制。日本农协根据农业发展形势设置一套完善的督查制度和机制，分别设置了自我督查、组织督查以及行政督查三种督查制度。其中，自我督查由监事会对农协内部的日常财务、资产及组织情况等经营和管理事务进行监察；组织督查是指农协体系中上一级农协对下一级农协的业务、组织及经营合法性等方面进行督促，并针对出现的问题提出相关建设性的指导和建议；行政督查是行政督查部门依法对各层次农协的各项业务、财务的合法性等方面进行带有强制性质的监察。日本《农协法》规定，农协中央会和基层农协必须设监察师岗位。

三 西欧国家农村专业经济协会

在西欧国家，农村专业经济协会的发展规模一般都比较大，涉及农业生产、加工、营销、信贷、农业保险和农业专业性服务等各个环节，可分为欧盟、国家级、省级、地区级和基层协会等大小级别，基本上是围绕某主要农业产业产品、某种农业功能或农业生产中的某一项目成立的，突出农村经济发展和农业生产的专业性。

（一）西欧国家农村专业经济协会运行特征

协会的最高权利机构是会员代表大会，理事会是决策机构，理事会下设有若干个事业部或专业咨询委员会。会员大会一般实行"一人一票制"，章程规定那些对协会发展贡献大的会员，可以拥有多票权，但是，最多不超过3票。协会的日常经营随着协会发展规模扩大，逐渐聘任职业经理人来代理，由监事会担负专职经理职责行使情况的监督。例如，在法国，国家层面上建立了全国农业发展联合会，在省级层次上按生产经营对象和所处发展环境类别建立了相应的农村专业经济协会，此外，还按经营种类设立联合组织。目前，法国建立了13000多个农业专业性服务性质的协会，90%的农场主是协会的会员，农户加入某种协会时一般都要缴纳一定数额的会费，而且按照与协会的预期交易量多少交纳股金，但是股金只能获得按低于银行活期存款利率结算的利息，不能参与股金分红。

在财务运营制度和利益分配方面，农协章程规定，根据工作量或劳务量对不拿工资的理事会成员进行津贴。利益分配方式采取：将盈余的一部分按会员的交易额进行盈余返还，将剩余部分作为协会的发展基金，其中，先由理事会提出盈余返还与发展基金的比例建议，经过会员代表大会表决确定，而且，对入股资金支付的股息率也必须由会员代表大会表决来确定。为了帮助会员创收增收，大多数协会积极从事经营实体业务，除了满足会员农业生产经营服务外，许多大规模的农村专业经济协会兴办公司或加工企业。

普遍实行严格的审计制度。为了能够有效地督导董事会和监事会为协会尽心尽责，西欧国家农村专业经济协会普遍建立了完善的审计制度。例如，在德国于 1983 年颁布的《营利合作经济组织和经济合作组织法》规定各个经济协会必须联合组成审计协会联合会，由政府授予合法的审计权，每一个合作性经济组织在其运行中必须接受审计联盟的检查，由审计部门对主要部门机构的运营情况及其业务经营情况、管理制度以及经济效益等方面进行定期审计，并且及时将审计结果向全体会员进行公示，使会员了解经济协会的经营管理和运行状况，以便及时提出合理化建议。目前，德国各个农村专业经济协会审计协会按照国家统一制定的审计监督标准，建立生产经营、加工、销售、利益分配、资金运营等业务活动的监督审计委员会，形成一个代表协会会员意愿和要求的完整而严密监督管理的审计体系。

案例　西班牙蒙德拉贡经济协会模式

在西欧国家农村专业经济协会实践中，西班牙的蒙德拉贡经济协会是举世公认的一个成功范例。协会实行民主决策管理。蒙德拉贡经济协会建立了由会员代表大会、监理会、经理部和监察审计委员会等部门组成的组织机构，其中会员代表大会是最高权力机构，会员严格按"一人一票"制度决定协会的政策和重大业务活动。

第一，实行经理责任制。协会的日常经营业务实行经理负责制，科学处理会员参与决策与经理代理经营比较突出的矛盾和问题。

第二，实行内部会员管理同专家管理相结合的管理制度。蒙德拉贡经济协会为了尽最大限度克服传统管理存在的弊端和会员自身专业素质的缺陷、提高协会运行效率，成立了"管理"和"社会"两个事务委员会，分别由经理、高层次管理人员以及聘用高素质的非会员组成，管理机构之间的职责明晰，制衡机制完善。蒙德拉贡经济协会中"会员代表大会—监理会—经理部—会员"之间形成委托代理关系链条短、内部制衡机制健全、运转效率高的连接机制，使协会组织管理运行有序高效。

第三，有限制性剩余索取权转让保证了经济协会相对稳定性。蒙德拉贡经济协会章规规定剩余索取权一般不能转让，如果有会员选择离开经济协会时必须把自己的剩余索取权转让给经济协会或协会内其他会员，以便保证经济协会在会员发生一定程度的变动时确保持续运行。

第四，改进完善内部产权约束机制。为了使会员个人利益同经济协会的发展命运紧密相连，蒙德拉贡经济协会章规规定会员都需要交纳统一的会费和一定数量的资本金，任何会员都享有一定的剩余产权，形成了以会员自有部分产权为基础的自我约束。

第五，创新利益分配运行机制。蒙德拉贡经济协会在实践中不断创新利益分配的运行，为了在突出协会经济发展效益的同时兼顾效率公平，创造了"3：1"分配定律，即经济协会中会员的收入差距最大不得超过3倍，随着经济协会规模的不断扩大，将这个最大收入差差改为6：1，为了加强会员的团结与合作，在剩余配置上，采取"按劳分配"和"按资报酬"相结合的分配制度，首先将协会剩余的70%用于个人分配、协会30%剩余用于协会准备金和协会发展基金，对会员股本投入按章程规定的利息率进行发放股息，但是最高不得超过地方利率基准的6%。

　　第六，实施纵向一体化下的经营运行机制。蒙德拉贡经济协会实行以加工销售为龙头，以农户家庭自主独立经营为基本微观经营单位，集农作物生产、农资供应、农业技术服务和信息咨询、农产品加工销售等诸多环节于一体的生产经营机制。

　　第七，实行市场导向下的公司化运作。蒙德拉贡经济协会为了实现资本和劳动较高效率的结合，为了适应市场经济发展需求，在确保追求效率优先的前提下充分体现协会对所有会员的公平性，创建了一系列公司化运作制度：为解决会员的资金问题设置了会员劳动银行作为第二级经济协会；对每个会员建立个人资本账户，把会员上缴的平均化股金连同其股息计入其账户，经济协会按 7∶2∶1 的比例把全部剩余初次分为个人分配、公积金和社会基金三部分，然后再按照"按劳分配"和"按资付酬"相结合制度对个人分配的部分剩余进行再分配；要求会员公平入股，实行有限制性的利润分红。

（二）西欧国家农村专业经济协会的发展经验

　　西欧国家农村专业经济协会建立完善的"会员代表大会、监事会和理事会"三会制度，由理事会具体负责聘任经营管理人员从事协会的生产经营活动，对外实行公司制或企业制，在坚持农村专业经济协会传统"一人一票制"的民主管理基础上引入股份制进行管理运营①。

　　实行非官办化自主兴办和发展的模式。西欧国家农村专业经济协会都具有独立的法人地位，政府不委派或任命协会的任何领导成员，农村专业经济协会与政府之间是被支持和支持、被委托和委托的互动关系。

　　执行严格的审计制度。西欧国家农村专业经济协会组织机构健全，委托代理关系简单，制衡机制有效，组织运转效率高，完善的激励约束机制是经济协会发展的动力，委托人和代理人都形成了必要的

---

　　① 何广文：《德国东部农业合作社发展的特征与启示》，《德国研究》2001 年第 3 期。

利益激励和产权约束①。

四　发达国家农村专业经济协会运行经验借鉴

发达国家农村专业经济协会运行机制运作良好与其较发达的农村社会经济文化等综合发展水平以及良好的外部发展环境是分不开的，因此，针对山东省乃至全国目前农村专业经济协会面临的发展基础和条件、发展环境和发展状况，为了尽快提高农村专业经济协会运行绩效，借鉴国外成熟的运行模式和经验，尽快从以下几个方面进行改善。

（一）改善中国农村专业经济协会运行的社会基础条件

日本以及美国、法国等欧美发达国家从国家和政府层面在社会基础条件、农业现代化设施等方面，高度关注和支持农村专业经济协会的运行和发展。

第一，建立发达的农业知识和技术教育培训体系。发达国家非常重视对农业科学知识、务农思想、农业技术等农业生产经营的基础条件的普及和发展，美国目前有100多所大学专门培养农业人才，农业领域专业齐全、师资力量雄厚、生源广泛、农业教育设施和科研设备先进、教学方法灵活，从事农业生产经营的农场主或农场工人基本上都具有高中及以上学历，农业生产经营能力和综合素质都较高。西欧的荷兰等国家从事农业领域的农民的学历层次有60%以上达到大专及以上学历；丹麦农民中有85%是大学毕业生。日本也非常重视农业人才和农业科技教育的培养和发展，目前已有52所农业大学，紧密结合农业生产需求的知识和技术对学科和专业进行设置，从事农业教育的教师基本上都是专业技术人员和农业科研人员。法国特别注重先进农业科学技术的教育和普及，从中央到地方建立了一个从事农

---

① 杨少平等：《英国德国合作社考察报告》，《中国合作经济》2007年第8期。

机、农药、化肥、良种和农艺等农业科技教育培训的立体网络。

第二，完善农业和农村市场体系。现代农业发展离不开发达的各种各样的农业生产要素、农业信息、农产品等农村和农业市场体系，发达国家非常重视建设服务农业发展的各类专业性服务市场。例如，美国农业部主导根据农业发展需要分门别类组建了五大信息机构；日本专门指令农林水产省组建农产品信息服务市场，日本的每一个町都组建了不同类型的农产品市场；德国从联邦—州—县—乡都有相应的服务于农业生产的市场。

（二）积极借鉴现代公司运作方式创新农村专业经济协会运行模式

日本以及美国、法国等欧美发达国家农村专业经济协会在具体运行实践中突破了传统经济合作性组织原则的约束，进行改革和创新。

第一，趋于公司化发展。引进现代企业产权制度融入经济协会的治理，发展股份合作制，筹集稳定的长期利用发展基金；实行精英化管理，经营权与所有权分离，理事会由专业经理人员组成，如德国经济合作组织的"经理革命"；经济协会经营注重创利营利，增加协会的实力；实施外向型、标准化和市场化经营。

第二，积极发展农产品加工业和精加工，拓展农村专业经济协会的服务会员发展经济功能，增加农产品的附加值，为会员增收创收，提高农村经济发展和农业现代化水平。

第三，注重规模化发展。并购相同农业产业经济协会扩大发展规模，实行经济协会之间横向集中化与纵向一体化合作。如德国实行"结构转换"方式扩大农村专业经济协会发展规模，日本农协实行"基层—中央"的二级组织体系，扩大组织规模。

第四，政府加大对农村专业经济协会扶持的力度。农村专业经济协会随着国际国内农产品市场需求的日益多元化和复杂化正演变为现代型、复合型、多功能型和开放型的企业型民间团体。

（三）建立明晰的产权制度和民主管理的治理结构

随着农村专业经济协会规模的扩大和运行的复杂性增加，日本以及美国、法国等欧美发达国家农村专业经济协会借鉴股份公司治理经验，在实践中形成了特色有效的类似企业经营管理运行方式。

第一，明晰会员产权制度。协会组织的产权制度是一种多元化的复合产权安排，会员在协会中基本都担当多种角色，在坚持会员私有产权的基础上适度引进一定程度的股份制管理方式，使会员的权责明确，实行自我发展和自主经营。

第二，建立民主管理的治理结构。农村专业经济协会由会员大会、理事会和监事会组成治理结构，各负其责。会员通过自己推选出的代表组成会员大会反映自己的意志来行使协会的决策权，由能力强、威信高和办事认真的领办人和会员组成的监事会对协会的一切行为实施有力的监督权，由协会中的能人和部分外聘的专家组成的理事会从事协会的业务经营权，这三个机构构成一个有机整体。以自负盈亏、自主发展和自主形式生产经营决策权的农户家庭为微观经营单元，不改变会员原有的生产资料和财产所有制。由理事会聘请具有专业知识的专家来从事经营管理①。

第三，强化农户的农业产业化发展意识。农业产业化和现代化已是农业发展的大势所趋。小规模、分散化的农户不能适应农业发展形势，围绕农村支柱产业、特色农业和龙头企业发展各种不同形式的农村专业经济协会为农户提供有效的农业生产经营所需的配套服务，是农业产业化的客观需要。

（四）走符合目前我国国情的农村专业经济协会运行之路

美国、日本和西欧等国家的农村专业经济协会都是在坚持传统发

---

① 苑鹏、刘凤芹：《美国政府在发展农民合作社中的作用及其启示》，《农业经济问题》2007 年第 9 期；艾云航：《日本农协的发展历程和运作方式》，《世界农业》2002 年第 10 期。

展原则的前提下，基于自身经济基础、农业发展实际、社会文化等条件下形成了具有自己特色的管理和运行模式，在实际管理和运行中，都非常注重物质资本和人力资本的相互共同作用，注重管理人员建设，强化激励与监督机制建设，强化合作原则；今后发展趋势将是向纵向一体化和横向混合发展，在内部管理结构、管理方式及其运行机制逐渐借鉴和模拟现代企业或公司的管理和运行模式。

目前，山东省乃至全国过小规模、分散生产经营的农户经济实力和发展能力弱小、农业科技知识和文化水平普遍低下，现代职业农民严重缺乏，政府的扶持力度不大、相关的法律法规还很不完善、各种农业和农村市场体系还很不发达。面临经济润滑剂新常态发展形势，山东省农村专业经济协会在运行方式、组织结构及其运行机制等方面绝对不能教条化盲目模拟国外农村专业经济协会运行模式，在借鉴发达国家农村专业经济协会运行模式和经验过程中，必须坚持辩证法中"否定之否定"原则，根据自身农村经济社会发展水平，创新一套适应自己农业生产经营需求的管理机构及运行机制，提高农村专业经济协会运行绩效和发展水平。

第六章　农村专业经济协会运行机制改善路径和对策

农村专业经济协会组织结构及其主要构成是否完善直接影响其能否持续有效运行。实践证明，农村专业经济协会组织机制应该与其不同发展类型和运行模式及其不同发展阶段的具体目标、经营业务、运行环境等方面相适应。在上述分析的基础上，以山东省农村专业经济协会为例，主要针对目前我国农村专业经济协会组织结构及其主要构成存在的问题和缺陷提出相应的改进措施；然后，借助目前山东省农村专业经济协会运行模式战略选择，提出当前乃至今后农村专业经济协会主要运行模式。

一　农村专业经济协会组织结构的改善

完善而有效的组织结构及其运行是农村专业经济协会得以生存和持续有效运行的前提基础和保障。借鉴当前比较成熟的公司组织结构设置模式，以山东省农村专业经济协会为例，根据农户生产经营实际需求，探索改善农村专业经济协会组织结构及其运行的措施和路径。

（一）改善农村专业经济协会组织结构总体设想和基本要求

根据组织管理理论，农村专业经济协会组织结构设计应完善会员大会、理事会、监事会"三会"机构及其相关业务职能部门，并合理设置各自的权责，尤其是应该根据农村专业经济协会发展规模、所处发展阶段和经营业务的需要设计相关规章制度，把具体经营活动委托给职业管理人员，努力提高农村专业经济协会为会员提供所需服务的能力和水平。作为农户自己的专业性经济组织，农户会员处于主人翁地位，因此，在实际运营中，应该注重会员大会或会员代表大会的作用，加强对会员权利和权益的保护，以会员大会或会员代表大会为中心，强化会员参与民主管理和重大事务决策，尽最大限度防治"内部人控制"和"委托—代理"等不利于有效运行的问题[①]。

在改善农村专业经济协会组织结构的设计方面，应该使内部机构和部门之间相互配合并能相互协调制衡，以确保内部组织结构符合均衡性、适应性、实效性和制衡性等基本运行要求，这是评判农村专业经济协会组织结构是否完善的重要标准。

第一，均衡性。均衡性是指农村专业经济协会组织结构能确保各利益主体和各类利益相关者的利益均衡。农村专业经济协会作为会员自己的利益共同体，会员作为管理者主体，为了自身经济利益进行自我管理；相关政府部门为发展农村和农业经济而给予各种扶持；涉农企业等其他各种利益主体为了谋求各自利益也不同程度的渗透进来。这些不同类型的利益主体就可能因利益导向而发生各种矛盾和冲突，因此，农村专业经济协会组织结构在确保会员利益最大化的前提下，就要促使各类利益主体之间的利益保持一种均衡状态，这就要求，设置和改善农村专业经济协会组织结构，应该确保其组织结构本身的均衡性。

第二，实效性。实效性是指农村专业经济协会内部组织结构在实际运营中，能够确实履行其服务职能，真正为会员提供各种农业生产经营需求的专业性服务，帮助会员发展农业生产和增收创收。因此，改善农村专业经济协会组织结构，必须确保其能够提高运行绩效，实现其运行和发展目标。

---

①　杜鹏：《法治进程中的农村民间社会组织能力建设初探》，《农村经济与科技》2012年第5期。

第三，适应性。适应性在这里主要是指农村专业经济协会组织结构应该与其所处的初创阶段、从事产业及其农产品、外部发展环境（包括法律、税收等制度环境和农业市场环境）等方面适应。不能僵化模拟任何组织结构模式，必须立足自身发展实际，以提升农户会员农产品市场竞争力为宗旨，去改善目前农村专业经济协会运行低效的组织结构，提高其组织结构运行活力与运行绩效。

第四，制衡性。制衡性是指"三会"机构和其他相关经济部门的权责分配和执行权力的制衡。目前，中国农村专业经济协会普遍存在少数人决策、"内部人"控制、管理不规范等问题，因此，改善农村专业经济协会组织结构，要确保各机构及各相关部门各尽职责、相互促进和相互监督，避免某个机构或部门滥用职权。

（二）改善会员大会制度

调查发现，目前仍然有相当数量农村专业经济协会的会员大会制度，不管在理论上还是在实际运行中都存在很多问题。如何使会员大会或会员代表大会真正成为会员民主管理机构，真正确保会员能够发挥民主管理的职能，是值得关注的现实问题。

1. 维护和完善会员大会的职权

鉴于目前中国绝大部分农村专业经济协会尚处在初级发展阶段，普遍存在重大事务决策主要由领办人等少数主要领导成员决定，而普通会员基本上不能参与重大事务决策和重要项目管理等问题，针对这些问题，在实际运营中，要充分发挥会员大会的作用，使普通会员真正通过会员大会参与重大事务决策和重大项目管理，从根本上改变目前这种会员大会只是一种形式摆设的状况。

应该维护会员大会作为农村专业经济协会的最高决策机构和最高权力机构地位。通过章程确保人事任免权、经营决策权、财务管理权、资产处置权以及涉及会员重大利益的事项决策权等职权真正赋予会员大会，使得重大事务都应当由会员大会或会员代表大会决定，其他任何机构和个人都不能代替会员大会行使这些职权。

2. 维护和完善会员的民主管理和决策权力

农村专业经济协会的重大事项、章程、重大决策内容都必须提交会员大会，通过全体会员或会员代表表决方能通过，会员在会员大会上享有平等的决策权和表决权。按照章程相关规定，为了促进农村专业经济协会创办自己的各类经济实体，对部分投资或购买股份较多的特殊会员附加一定的表决权，但是必须对附加表决权的总票数限定一个最高限额。应该从制度上改善会员的知情权、质询权和提议权，严格限制附加表决权行使的权限和范围。对于涉及和影响会员根本利益的特别事项，必须按"一人一票"制的原则进行表决。

随着农村专业经济协会的发展壮大，普通会员的经营素质水平和经济实力将逐步提高，积极投资入股或者兴办实体经济的热情不断高涨，因此，对于像那些投资、财产处置、盈余分配等经营和发展方面的决策，可以对这些会员附加一定的资本表决权。

3. 设立会员代表大会制度

根据"集体行动悖论"理论和"囚徒困境"原理，对于一个发展规模较大、会员数量较多的农村专业经济协会，由于集体行动逻辑使得较多数量的会员难以采取一致行动。会员大会是一种非常设机构，经常召开会员大会需耗费相当高的成本。借鉴欧美、日本等国家农协运行经验，通过层级选举选出一定数量的会员代表设置会员代表制度，可以减少重大决议表决人数，降低决策成本，提高决策效率，但是，为了有效减少管理者机会主义行为发生概率，提高决策和管理透明度，必须建立披露制度，即时向全体会员透露会员代表大会内容和相关信息。

（三）改善理事会制度

在会员大会闭会期间，理事会作为常设机构和执行机构，因此，改善理事会制度是优化农村专业经济协会组织结构和提高运行绩效的关键。

1. 强化理事会的作用

根据组织治理原理，如果组织所有权与经营权发生分离，就很有可能会引发委托—代理问题的产生。在农村专业经济协会实际运营中，理事会作为常设机构和执行机构，其主要职责是维护全体会员的权益，托管和代理农村专业经济协会的所有资产和资源，是农村专业经济协会委托—代理链条的核心环节，在会员大会或会员代表大会授权范围内经营协会，担负着实现农村专业经济协会宗旨和发展目标的关键机构。

2. 明晰理事会的职责和职能

农村专业经济协会理事会的权力是由会员大会授予的，理事会可以就发展战略、经营方针、经营计划等一些重大事情享有一定的拟定权，但不能行使这些事项的决策权，因为，从本质上说，这些重大事项的决定权理应属于会员大会或会员代表大会。理事会的正常职责主要有组织召开会员大会或会员代表大会、报告工作、代理执行经会员大会表决通过的决议、制订发展规划和经营计划以及部分管理规章制度等，同时，理事会还负责决定会员进出、除名、奖励、处分、组织会员培训、聘用或解聘经营管理人员和财务管理人员等具体事务。

3. 合理确定理事会的规模

运行良好的农村专业经济协会发展实践证明，理事会成员数量和素质水平对于理事会的有效性影响重大，理事会的规模适度与否直接关系到其执行能力、效率和凝聚力。如果人数过多会造成其成员与会员的沟通、协调不畅，并有可能产生不同程度的"小集团"行为和"搭便车"行为；当然，如果理事会人数过少，决策权过于集中，就可能造成难以正常发挥其应有的职责，甚至会容易滋生"内部人控制"问题。理事会规模必须与其职责、协会发展规模、所担负使命与任务的复杂程度以及外部发展环境等因素相适应，同时也要兼顾其运作成本与收益的比较。

4. 改善理事会成员结构

理事成员需要具有专长、经验、经历、知识层次等多元化组合。理事会成员构成除了核心社员和农村"能人"以外，为避免滋生"内部人控制"问题，应该推选一定数量的较有能力和专长等综合素质较高的普通会员进入理事会，增强理事会号召力和凝聚力，减少理事成员的机会主义行为。

5. 规范理事长的职权范围

从农村专业经济协会运行实践看，如果理事长的权限过大，就很可能压抑理事会成员权能和能力的正常发挥，理事会的职责就难以正常施展，而且容易助长理事长专权跋扈行为，侵犯其他会员的利益，不利于农村专业经济协会健康发展和运行。因此，应该通过章程或制定相关规章制度，对理事长的职责和行为进行规范性限制。在实际运行中，不同农村专业经济协会根据各自实际情况，对理事长建立有效可行的激励机制和约束机制，理事长必须由全体会员选举产生，每届理事长任期3年。

（四）完善监事会制度

根据权力制衡理论，农村专业经济协会作为非营利性的法人社团，在资产所有权、经营权和受益权彼此分离的情况下，可以借鉴公司治理模式来设置和改善其监督机构及其职责。

1. 规范监事会及其成员职责

在实际运营中，农村专业经济协会几乎都不同程度存在委托代理问题，为确保领导成员、核心会员和经营管理人员能够尽职尽责，就必须进行有效的监督与约束。监事会作为专职监督机构，其基本职能是代表全体会员监督理事会及其管理者的职责行使及其经济行为，督促他们有效地履行和行使其职权，有效防止滥用职权以谋私利；同时，监事会的职责还包括督查自有的经济实体、财务处等部门的经营状况和财务状况以及其他事务的执行情况。

对监事会成员构成及其任职资格要通过章程给予明确规范，选定那些公正无私、热衷于协会发展、关心会员利益、熟悉协会管理事务、威望较高、乐于奉献的会员担任监事会成员，为了确保监事会真正发挥监控作用，其他机构领导成员尤其是理事会成员及其亲属不能担当监事会成员。

借鉴发达国家农村专业经济协会监督机制和监督机构设置的成功经验，规模较小的农村专业经济协会也可以只设一名执行监事，其职责主要是专门针对理事会的经营决策、理事长和其他理事会成员的职权行使以及财务人员的职责等方面进行督促和监察。

2. 强化监事会的独立性和权威性

根据公司治理的实践经验以及国内外发展成熟的农村专业经济协会较先进的监事会运行经验，监事会能否有效履行其职责的关键在于确保其在履行监督职责中应该具有完全的独立性和一定的权威性。

监事会履行其职责的独立性主要体现在：监事会人员安排上的独立性，使其职责不受制于理事长、理事会成员和那些核心社员的左右或掌控，应当通过会员大会以民主选举方式选定监事会成员，监事会成员只对会员大会和全体会员负责；权力机构上的独立性，监事会与理事会都分别是同属于会员大会之下的两个独立的执行机构，两者地位是平等的；监事会成员与理事会成员彼此不能发生交叉、相互兼职。

监事会履行其职责的权威性。为树立监事会的权威性，农村专业经济协会的章程中应明确规定监事会有权就更换理事会成员或相关部门经理提出建议，要确保监事会对农村专业经济协会运营和发展情况的知情权，监事会有权参议理事会和相关经济部门的决策等。监事会成员在履行职责中，务必坚持实事求是和客观公正的原则，认真履行本部门的督察职责，但不能干预其他部门的正常经济活动。

3. 构建监事会的业绩评估和激励机制

为确保有效促进监事会履行职责的积极性和工作动力，应该构建监事会的业绩评估和激励机制。由会员大会和相关政府主管部门负责对监事会及其成员的业绩进行客观公正的考核和评估，业绩考核和评估的内容主要包括工作能力、职责履行情况、态度、道德等方面，并且将业绩考核结果及时公示于众，接受会员的监督。同时，借鉴公司管理中对监事会进行奖励的做法，对那些业绩突出的监事会成员，可以发一定数额的奖金，或者进行名誉奖励。也可借鉴公示给以监事会一定的"签单权"的做法，监事会可以自行聘请社会中介机构对农村专业经济协会的经营管理、财务状况协助调查，其费用由监事会签单，由协会给以报销。

综上所述，农村专业经济协会组织机构和治理结构的设计和改善，应当紧密联系我国农村和农业发展实际、农村专业经济协会所处发展阶段、"三农"问题等方面情况，借鉴公司治理的组织结构和发达国家农村专业经济协会的组织管理经验，形成由会员大会、理事会、监事会等机构组成的组织结构。农村专业经济协会的组织结构应当以"会员大会和会员代表大会"为中心，其组织结构应该体现均衡性、适应性、实效性和制衡性等特征。

会员大会是农村专业经济协会最高权力机构，决定一切重大事务的决策，保护会员的利益和权益不受侵犯，会员要享有平等的选举权和被选举权，严格规范表决程序和有关规则，确保会员大会代表中普通会员占半数以上的比例。

在农村专业经济协会日常管理中，应强化理事会的职责和作用，理事会是农村专业经济协会委托—代理链条中的核心。在农村专业经济协会初创阶段，理事会的规模不宜过大。理事会成员组成尽可能要求多层次化和多元化，而且，必须有一定数量的成员是普通会员，强化理事会成员的组合合力。合理确定理事长及其成员的职权范围和执行规则，以确保其履行职责的科学性和有效性。

规范监事会及其成员职责以及监事会成员的任职资格，强化监事会在农村专业经济协会中的独立性和权威性。要构建监事会的业绩评估和激励机制以促进监事会成员的工作有效性和积极性。对那些规模较小的农村专业经济协会应当建立执行监事，以专事监督之职。

随着农村专业经济协会的发展壮大，尤其是那些纵向一体化程度和战略联盟较发达的大规模农村专业经济协会，决策问题和相关经济活动日趋复杂化，应当设置部门经理和经理制度。

实行工作人员每天晨会制度，制定工资待遇和奖惩制度，所有工作人员必须按规定时间到会议室集合，安排一天的主要工作。并且辅以"竞聘制、淘汰制、降职、停职、辞退"等细则，实行"奖金、提成、晋升、名誉"等形式的激励机制。

二　农村专业经济协会产权结构的改善

（一）规范政府部门在农村专业经济协会的作用

发展成熟的农村专业经济协会运行实践证明，任何农村专业经济协会不能一直处于政府部门的支撑、庇护或左右之下，否则，就难以自我自主发展和有效运行。对山东省农村专业经济协会的运行和发展现状调查分析的结果也证明，那些一直受政府左右的农村专业经济协会，基本上没有真正的发展潜力，并且大部分中途走向消亡。因此，必须规范政府部门的参与程度及其在农村专业经济协会运行中的角色，对于那些具有管理公共事务职能的政府部门，应该逐步地减少直至退出。政府部门也应该重新界定对农村专业经济协会的支持方式及其角色。

（二）明确制定会员认购股金及进退会章程和规定

应该通过章程对于加入农村专业经济协会的会员认购股金及其进退会方面进行明确的规定，以明晰会员在农村专业经济协会的所有权。实践证明，会员在农村专业经济协会的所有权是通过会员认购的股权及其进退会资格来得以实现的，明确的会员进退会资格是确保会员基本权利的前提和保障，否则，随意性的会员进退会资格势必会弱化会员的权利、责任和义务意识，进而冲击农村专业经济协会的正常运作和发展。另外，会员拥有多少收益权在很大程度上是通过拥有股金的多少来体现的，同时，让会员认购股金这种特殊的制度安排能够使会员的进退会可以通过所认购股金的转让有序实现，还在一定程度上有利于保障会员进退会的权利。

（三）合理设置和安排股权结构

投资性非生产者会员拥有较雄厚的资本、农产品市场网络、先进的农业科技及相关信息等稀缺资源，从农村专业经济协会可持续的发展观点看，必须处理和协调好投资性非生产者会员与生产者会员之间在产权方面的关系。农村专业经济协会传统运行原则及其发展本质要求生产者会员为主体。为了确保农村专业经济协会的可持续运行和发展、增强自身发展实力和后劲，在设置股权结构及其相关制度上必须为投资性非生产者会员与生产者会员留有相对合理的发展空间，一般的，投资性非生产者会员占总额的1/3，生产者会员占总额的2/3。

（四）合理限制投资性会员的表决权

为了增加农村专业经济协会的运营基金与发展经费，激励和调动那些以营利性为目的非生产者会员及涉农企业、农村专业合作社等营利性组织加入农村专业经济协会，同时协调投资性非生产者会员和生产者会员的积极性与合作性，在坚持"一人一票制"的原则下，合理制定关于投资性非生产者会员的"附加表决权"，必须通过章程明确规定"附加表决权总票数的最高限额"，能够享有附加表决权的会员及其附加表决权数，必须即时告知全体会员。

三　农村专业经济协会主要运行机制构成的改善路径和对策

（一）决策机制的改善

农村专业经济协会在决策机制设计上应该在民主与效率之间进行权衡，充分尊重和发挥会员的民主决策权，尽量拒绝各种内外部力量的控制，创新决策的具体方式和方法，尽最大限度减少决策失误，确保决策过程和决策结果的时效性和正确性。

第一，合理配置决策权。农村专业经济协会的所有权结构属于非资本控制，会员的劳动要素是通过与协会之间交易间接的进行支配生产与分配，其法定资产委托"使用者"控制，由"使用者"掌控农村专业经济协会的主要决策权和重大事务决策权，会员的决策权主要通过会员在会员大会上对重大事务进行表决或者把决策权委托给理事会进行决策。因此，农村专业经济协会合理配置决策权的关键就是要明确会员大会、理事会、理事长以及部门经理等几个主体的决策权配置。

根据农村专业经济协会的性质与发展目的，在决策权的配置上必须坚持会员大会是最高决策机构，理事会是在会员大会授权下履行职责的，理事长与理事会决策权的大小是根据授权而定，应当合理划分会员大会、理事会以及理事长和部门经理的权力界限，其中，部门职业经理的权益应该通过合约给予明确界定（见图6-1）。

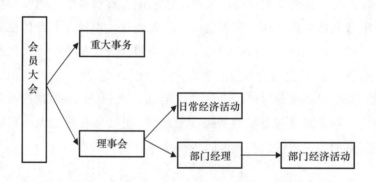

图6-1 农村专业经济协会的决策层次和结构

第二，构建"能人"管理与民主管理相协调的运行机制。由于在农村专业经济协会的实际运营中，大多存在"能人治会"的现象，这就发生了"能人治会"与民主管理不协调的问题，因此，在实施民主决策中如何激发"能人"的积极主动性和创新性是非常重要的。允许一定程度的实行"一人多票"形式，但应当明确规定其上限。从合作性经济组织发展实质上说，决策机制问题不在于是否允许"一股多票"形式，而在于如何将其限制在一定程度和范围内。

第三，规范决策的程序与方式，明确合作社重大决策的程序。

针对农村专业经济协会经常发生的违规现象、机会主义行为和

"搭便车"行为等不利于协会发展的问题,通过规范协会的决策程序在一定程度上可以有效解决这些问题。因为明确重大决策的程序能够确保理事会、理事长、部门经理等决策行为和经济活动能符合协会发展要求和维护会员利益。农村专业经济协会的重大事务决策应该在协会的章程上明确规定:重大事务的决策需要有 60% 以上的会员表决才算通过,理事会要规定议事规则,严格限制核心会员或理事长对理事会事务的内部控制问题,必要时可以实施"理事回避"决策制度,理事会所做出的决议必须经过半数以上的跟理事会没有关联的会员表决通过。

(二) 合作机制的改善

第一,加强传统文化和合作价值观教育以促进合作机制的稳定和发展。农村长期发展中形成的农村优秀传统文化及合作价值观能够为生活在同一村落的农户提供基本的行为标准和规范,对农户的合作行为及其合作策略选择产生积极影响。传统形成的合作价值观和道德评价能使会员在"是与非""善与恶"等行为的选择达成一致,在一定程度上降低合作成本,增加会员对合作的未来预期。而且,传统合作价值观能够对会员形成一种无形的约束,形成一种自我激励,使他们自觉修正个人的行为,自觉遵守传统形成的优秀价值观和伦理道德,减少"搭便车"现象。

第二,积极争取和扩大外部资源的输入以促进合作机制的稳定。对农村专业经济协会而言,所拥有的外部发展条件和发展环境有利于合作的生成和发展,尤其是政府的支持、个人的捐赠、社会的帮助、其他组织的介入、企业的赞助等外部资源积极的输入能在很大程度上减少会员的合作成本,增加会员的合作技能和对未来的预期,促进农村专业经济协会合作机制的稳定和发展[1]。

---

① 葛晓军、张军民:《农村专业经济协会成员间利益共享的演化博弈分析》,《统计与决策》2014 年第 19 期。

第三，强化领办人的信誉权威以促进合作机制的稳定和发展。领办人的信誉和权威往往能使农村专业经济协会的集体行动变成会员个体行动，使合作程序简单化。由于在集体行动逻辑中，每个成员不可能都参与决策，部分决策权力赋予领办人，由他们担当"智猪博弈"中的大猪角色，以减少决策成本，提高决策效率。

（三）利益机制的改善

根据国际合作社联盟（ICA）规定的"会员经济参与原则"，农村专业经济协会利益分配应该坚持资本报酬有限和盈余按交易额返还原则，利益分配内容主要包括公共积累和剩余利润分配两部分。在制定利益分配方案时，首先扣除当年各项支出、债务和公共积累，再由理事会提出分配方案，经社员大会讨论通过后进行分配；剩余利润分配方法实行按交易量返还、按股分红等盈余返还方式。按交易量返还主要指以社员与合作经济组织之间发生的商品采购和交易农产品的实物量或货币量为依据，以盈余返还为主要形式；按股分红指对当年盈余的一部分，按照会员购买的股金进行分配，按股分红的比例应高于银行同期利率但要低于按交易量返还比例[1]。

保持农户会员的产权不变。农村专业经济协会利益分配机制必须在不改变会员生产资料产权的基础上进行，应以会员为本，充分尊重会员的权益，这是体现我国农村专业经济协会利益分配机制的最根本特色。

明晰协会公共积累和各种扶持资金。农村专业经济协会应该通过章程规定，或者通过会员大会表决，每年应当提取一定比例的盈余作为公积金和公益金。其中，公积金主要专用于弥补以往亏损、提高服务职能和自身发展能力或者按照章程规定量化为每个会员的出资。同时，应当设立每个会员的账户，用于记载每个会员的出资

---

① 孔祥智、周振：《分配理论与农民专业合作社盈余分配原则——兼谈〈中华人民共和国农民专业合作社法〉的修改》，《东岳论丛》2014 年第 5 期。

额、交易额以及国家资金补助和捐赠的财产平均量化到会员的份额。

坚持利益分配形式的多样性。由于农村专业经济协会的发起方式和组织形式有较大差异，不同地区不同类型农村专业经济协会有各自面临的矛盾及解决主要问题的途径，因此不同农村专业经济协会的具体利益分配模式也必然各有差异，在基本遵循国际合作经济组织原则和我国相关法律法规的前提下，允许根据自己的实际情况和发展实际制定灵活的利益分配机制。

强化和改革利益机制设置。当前在农村专业经济协会实际运营中把各类利益分配比例的决定权完全留给了协会本身，这种产权制度安排在给予农村专业经济协会更多的自主权和自我发展空间并激励农民创兴精神的同时，导致农村专业经济协会利益分配机制制定的随意性增加。因此，章程中必须明确规定盈余分配比例，体现按资分配和按劳分配相结合的分配特点。

完善会计制度，培训提高农村专业经济协会会计人员的素质和水平。完善的会计制度是利益分配机制的基础。实践证明农村专业经济协会会计制度缺位、会计工作人员素质和水平普遍低下已经成为农村专业经济协会的主要障碍和问题。现有的《村集体经济组织会计制度》《民间非营利组织会计制度》《企业会计制度》不能满足农村专业经济协会会计核算的要求，因此应制定具体的农村专业经济协会会计制度。调查显示大多数农村专业经济协会的会计人员不懂会计基本知识，造成账目混乱。

加强利益分配监督机制建设。在调查中发现那些中途夭折的农村专业经济协会和会员意见和问题较大的农村专业经济协会究其主要原因是由于管理人员利用其职权以权谋私，因此，农村专业经济协会的利益分配监督机制设置应实行内部监督和外部监督有机统一：

改进内部利益监督机制。针对农村专业经济协会内部人控制等问题发挥监事会和会员的共同作用建立述职评议、事务公开、账务公开等规章制度，对主要管理人员的经济行为进行年度述职评议、审查财务支出是否符合协会章程规定、审查利益分配机制实施中的不规范行为以及会员着重关注的其他重大事项等①。

建设和完善外部利益监督机制。建立由政府主管部门对农村专业经济协会的运营情况进行监督检查等系统监督机制和由会计师事务所及相关审计机构进行监督检查等社会监督机制。监督检查的内容应该包括农村专业经济协会的经营状况、外部关系、章程执行情况、会计档案资料是否及时收集整理等具体项目。

（四）基本保障机制的改善

国内外发展良好的农村专业经济协会运行实践证明，一个有效的激励机制能够使农村专业经济协会的经营者、管理者和所有者的利益更好的达成一致，能有效提高协会的吸引力、凝聚力和发展活力，有效防止懒做、机会主义、"搭便车"行为等问题的发生。

（1）强化对经营者和管理者的激励机制

农村专业经济协会的经营决策者的工作态度、工作热情和工作动力在很大程度上影响到农村专业经济协会的运行状况。因此，建立一套完善的激励机制有效激发每一个经营者积极主动努力工作，把协会利益和会员的利益放在第一要位。

（2）赋予管理人员和经营人员一定的剩余索取权

如果理事长、理事会成员、监督会成员及专业部门经理等协会的主要管理者和经营者在进行利益分配时与普通会员相等，显然经济激励不足，就很容易使他们产生败德行为、滥用职权谋取私利等机会主义行为。

实践证明，农村专业经济协会的整体效益与管理者和经营者的工作努力程度、工作热情高低、经营管理水平等方面呈现明显的正相关关系，只有赋予他们一定的剩余索取权，才能激发他们的潜能和创造

---

① Tennbakk, B, "Marketing Cooperatives in Mixed Duopolies", *Journal of Agricultural Economics*, 46（1），1995：33 - 45.

力，有效防止他们的投机和私利行为。改善激励机制的具体措施：让管理者和经营者持有经济实体中的一部分股份，参与经济实体的股份分红；对管理人员和经营者实施绩效工资；将报酬与其实际管理或经营业绩相互捆绑在一起。

由于农村专业经济协会是以为会员提供农业生产经营所需求的优惠服务作为自己的发展和经营目标，在制定激励标准时，在按与协会的交易量分配为主的基础上，适度允许技术、信息、管理等生产要素参与收益分配。同时，在改善对管理者和经营者的激励机制设置上，应当重视社会激励的作用，通过社会力量提高对农村专业经济协会的发展有突出贡献的管理者和经营者的声望、尊敬及其社会地位，充分满足他们的个人成就感和心理满足感。

（3）完善对会员的激励机制

农村专业经济协会的公共物品性会让会员缺乏参与管理的热情和积极主动性。解决措施就是让会员对农村专业经济协会的准公共物品生产感兴趣。提高普通会员的入会费用和出资比例，激励普通会员采取行动监督协会管理者和经营者的管理和经营行为。尽量提高普通会员出资额度，使普通会员与核心社员接近均衡状态，促使普通会员减少"搭便车"现象，更加关注农村专业经济协会发展。

规范农村专业经济协会盈余在会员中的分配。科学制定合理的分配制度，严格按照会员与协会发生的交易额比例和交易量进行返还，把惠顾收益的产权安排给会员个人，促进会员与协会发展业务关系。

合理确定股金分红的比率。在交纳"入会费"之外，可以向会员发放股份筹集资金开办经济实体，根据会员的投资额进行按股分红，但要明确和限制资本分红的权限。

设置年终奖励。为激励会员与协会进行交易，对惠顾比较多的会员，除了按惠顾额返还盈余之外，在年终再按照其惠顾量对其进行额外奖励，以此激发会员积极参与和关注农村专业经济协会的持续发展。

设置会员的隐性激励。对那些惠顾额较多和对协会发展贡献较大的会员，协会可以对这些会员以后的农产品支付更高的价格或者向他们提供价格更低的有偿服务等。

强化对会员的精神激励。农村专业经济协会是农户这些市场竞争中弱势群体的联合，大力宣传和提倡对会员的自助、自强、平等、自尊和团结等价值观，注重对会员自身的心理满足的激励。

（五）经营发展机制的改善

第一，利用现代企业制度创新农村专业经济协会运营模式。鉴于农村专业经济协会持续发展的关键是自身能力的发展，因此，利用和借鉴现代企业制度知识和理论设计和改进农村专业经济协会运营模式，积极提高规模化及集约化水平，建立规范的组织制度和有效的激励机制，积极进行项目建设，通过实施优势项目建设促进农村专业经济协会发展。引进企业化运作模式，明晰会员等利益相关者产权和职责，对一些较有经济实力的项目可以实行股份制改造，建立市场化和以股份制为基础的管理制度和运行机制，使农村专业经济协会运营具有持续的发展活力。

第二，加快农村专业经济协会科技化运营模式。农村专业经济协会在运营中积极促进科研、种植、加工和销售等环节的科学技术的利用，强化会员的各种农业技术的教育和培训，可以采取市场化运作方式进行多元化的培训，尽快解决会员文化素质较低与现代农业迅速发展之间的矛盾。

第三，加强协会自身经济实力建设。加强经济协会自身建设，体现协会特色，增强吸引力，提高服务履行职责和帮助会员创收增收的能力；在不违背非营利性质的前提下，积极开办自己的龙头企业或公司会员。

第四，明确农村专业经济协会的市场主体地位。积极转变和促进农村专业经济协会的市场主体建设。通过各种多样的组织规范和行为规则，将分散农户与龙头企业、市场有效衔接，促进农户之间或联合生产经营，以此提高农户及其农产品的竞争力，降低了各种不确定性的市场风险，积极拓展农产品销售渠道，积极打造农产品品牌建设。积极以市场为导向创新农村专业经济协会发展模式和运行方式。积极推进区域或行业品牌建设，积极帮助和鼓励企业会员争创"优质产品基地生产基地"和"名优品牌产品"。

第五，完善农业科技信息专业性服务体系建设。设立门类齐全的农村科技栏目，使农民可通过网络向专家进行各种咨询，从而获得技术指导、知识培训。在服务方式和实施措施上，农村专业经济协会应该积极游说政府可采取花钱买服务的办法，帮助农业生产技术和科技等服务项目建设。

（六）监督机制的改善

目前，由于大部分农村专业经济协会的理事长、理事会主要成员及其他经济部门的主要经营和管理人员大都来自涉农企业、农技等相关政府部门、农村能人等群体，容易使得知识、资本和才能的投入与所获得有限报酬之间极不相称，导致这些利益主体难以长期热衷于本职工作，而且，在信息不对称和监督失控的情况下，他们可能会利用职权来实现自身的私人利益和目的。

第一，建立完整的监督体系。发动全体会员共同积极主动参与监督，构建由监事会、全体会员、会员大会的监督、理事会等主体共同监督，形成一个完整的监督体系。此外，还要将社会审计机构的监督纳入到农村专业经济协会监督体系中来，将内外监督结合起来。

第二，建立委托审计制度。借鉴欧美国家对合作性经济组织内部管理进行有效监督和制约的成熟经验，可以建立委托审计制度，委托政府的审计部门来承担。

第三，完善会计监督机制。

改善农村专业经济协会的财务会计制度，强化会计监督机制，充分发挥和利用监事会和会员的作用，实施社务和账务顶起及时公开等方式，成立专职的财务督察小组，对农村专业经济协会的财务不定期审查，及时发现问题和不规范行为等；同时，上级主管部门也要相应加强对农村专业经济协会的经营管理情况和财务管理不定期地进行督查。

第四，建立信息定期披露制度。让全体会员及时准确地了解和熟知农村专业经济协会的财务、管理和经营状况、重大业务发展及其经营动态、收益状况等方面。

总之，对普通会员应以道德和舆论等进行监督和约束，对管理者的约束主要实施严格监督和控制，防止滥用职权，对那些不合格的管理者和执行者应该依据其行为带来的损害程度给予相应的物质惩罚、降职或撤职等处罚。

四　农村专业经济协会运行模式选择

同全国其他省份一样，山东省农村专业经济协会在实际运行和发展过程中，由于其内生力量和内生条件的不同以及所依存的外部环境和运行条件的差异，在不同农村区域或不同农业产业，呈现出不同的具体运行模式，这些运行模式各自呈现出不同的运行特征、优势及缺陷，需要不同的运行条件和运行环境。

（一）农村专业经济协会运行模式一般性总结

从实际运行情况看，农村专业经济协会根据其内生力量、内生条件及其所依托的外部力量和运行条件等方面的不同，在实际运行中主要呈现以下几种常见的运行模式。

第一，能人牵头型运行模式。在实际运行中，这类农村专业经济协会大都由农村能人凭借自身在农业生产技术、专业威望、管理经验、资金、销售能力等方面具有的优势，组织或联合所在区域从事同类产业的分散经营农户组建专业经济协会，围绕某一农业主导产业或支柱产业或特色农产品，不断扩大生产或经营规模，带领会员增收创收。

　　第二，龙头企业带动型运行模式。为了实现标准化农产品生产以及为了确保农产品加工原料的稳定来源和质量安全，由龙头企业牵头创办农村专业经济协会。这类农村专业经济协会在实际运行中，一般由协会作为中介，代表个体农户会员与龙头企业签订农产品生产—购销合同，并且由协会全程监督合同的实施。龙头企业为农户会员提供一定的资金、生产技术、管理技术，农户会员按时根据合同要求提供初级农产品。这类农村专业经济协会的农业生产经营规模较大，农村专业经济协会的中介与纽带作用发挥如何往往关系到协会的生存以及能否健康运行，也关系到农产品生产基地、加工基地和市场能否有机对接以及能否形成比较紧密的产加销一体化的农业生产经营体系①。

　　第三，涉农部门兴办型运行模式。这类农村专业经济协会由所在县域或乡镇的农业技术推广站、种子站、兽医站等涉农部门牵头组建的，在实际运行中，涉农部门依托在人才、技术、设备等资源和技术优势方面具有的优势，为会员提供农业生产中所需的相关服务。实践证明，这类协会，一般规模不大，由于提供的服务多数是无偿性的，运行资金缺乏成为发展的瓶颈，致使许多该类型农村专业经济协会在运行中，或者转化成营利性的农村专业合作社，或者转变为股份制型的专业协会，或者中途破产。

　　第四，政府发起型运行模式。这类农村专业经济协会是由相关政府部门发起或牵头组建的，在实际运行中，政府部门主要发挥组织和协调作用，依托在经济、政策、资金和市场等方面优势，能够在较短时期内，帮助农村专业经济协会形成一定规模或在组建初期能够克服困境。但是，实践证明，这类农村专业经济协会的运行效果较差，在运行中往往偏离"民办、民管和民受益"原则，农户会员自身愿望和自身发展目标难以实现，这样，协会最终就难以壮大自身发展能力。

---

　　① Feinerman, E. M, Falkovitz, "An Agricultural Multipurpose Service Cooperative: Pareto Optimality, Price-tax Solution and Stability", *Journal of Comparative Economics*, 15 (1), 1991: 95 – 114.

第五，供销社带动型运行模式。在实际运行中，该类型农村专业经济协会尽管能够在一定程度上依托供销社具有的销售网络和营销优势，但是，一般情况下，这类型农村专业经济协会与农户会员的农产品生产关系比较松散，利益机制和监督机制等运行机制运行效率较差。

第六，科研院所引导型运行模式。这类农村专业经济协会在实际运行中，科研院所旨在向会员传播、推广和利用先进农业生产技术或新品种，一般发展规模不大，由于提供的技术服务多数是免费的，缺乏运行资金，许多该类型农村专业经济协会在运行中，或者转化成营利性的诸如种子研发、蔬菜病虫害防治等研发机构，或者转变为股份制型的专业协会，或者中途破产，还有部分协会按照合作制或者股份合作制的原则，由松散型向实体型转变，逐渐转变为产业化组织。

第七，中介人联结型运行模式。在实际运行中，这类型农村专业经济协会往往以某类农产品运销大户、批发商、经纪人等中介人员为核心，农产品数量和价格往往由这些核心人物操纵，许多该类型农村专业经济协会往往最终蜕变成这些中介人自己的组织，或者演变成为这些中介人自己的公司或企业组织，一般会员基本不能维护自己的权益。

第八，农村社区组织支持型运行方式。该类型农村专业经济协会借助农村社区集体经济组织的条件和力量，以产权关系为纽带，吸收农户入股组建农村专业经济协会。例如，莒南县洙边镇富民养牛专业经济协会，就是以洙边镇富民社区集体兴办的种牛场、奶牛场和饲料加工厂为骨干，联合该社区53户养牛专业户组建的。

以上都是山东省目前比较盛行的农村专业经济协会运行模式，它们的共同特点表现在：会员构成比较单一，基本上以个体农户会员为会员构成主体，运行机制构成也比较简单，而且，各类运行机制构成要素之间的相互关系也不复杂。

第九，"协会+企业会员+经纪人+农户会员"运行模式。这类协会会员构成比较复杂，在协会的统一协调和运筹下，企业会员与农户会员都从事所在区域内同一个农业主导产业或支柱产业。在实际运行中，企业会员作为下游产业会员，主要专门从事农产品的精深加工、贸易和出口；农户会员作为上游产业会员，主要从事农产品的种植和初级加工；这两类会员分工明确，两类会员在协会的统一协调下，每个企业会员雇用1名或2名经纪人员，每个企业会员通过自己的经纪人联结各自的农户会员。

第十，"协会＋龙头企业＋合作社＋农户会员"运行模式。这类协会不同于由龙头企业牵头组建的农村专业经济协会，该种类型协会的会员构成复杂，为了突破传统的"非营利性"经营的束缚，依托区域产业或农业生产资源优势，积极吸纳龙头企业和从事相同产业的农村专业合作社作为会员。在实际运行中，由协会统一协调，龙头企业和由专业合作社兴办的各类经济实体起主要带头作用，不断拓展农业产业链，提高农产品科技含量和附加值，带动和帮助个体农户会员增收创收。

"协会＋企业会员＋经纪人＋农户会员"型与"协会＋龙头企业＋合作社＋农户会员"型属于复合型运行模式，是在传统单一型运行方式的基础上，克服单一型运行缺陷并集相关单一型运行优点而逐渐发展的，目前都还处于初级探索阶段。

（二）山东省农村专业经济协会运行模式的战略选择

侧重于产业角度，分析农村专业经济协会分布的产业和地域差异及其成因，搞清楚合作优势产业与弱势产业，可以使我们能够更好地把握农村专业经济协会发展和运行规律。经过查阅、统计和归纳山东省农村专业经济协会在农业不同产业的分布情况，截至2018年12月，从事蔬菜、水果等经济作物种植业所占比重为38.33%，从事养殖业所占比重为36.98%，从事沼气、农机等其他产业所占比重为26.62%，从事粮、油、棉等大宗农产品产业所占比重约为4%。根据相关资料分析，农村专业经济协会的产业分布差异将进一步加大，某些农业产业集中趋势进一步增强，其中，将种植业和养殖业这两大农业产业进行混合经营的农村专业经济协会所占比重会成为今后发展主流。同时，农村专业经济协会这种产业分布上呈现明显的地域差异，是由于其运行特点、运行条件、不同农产品市场发育和发展状况、农村社会经济和农业发展水平等诸多因素呈现明显的地域差异而造成的，其中，以下因素是造成农村专业经济协会产业分布地域差异明显的主要原因。

第一，农产品生产和储存特性。大部分种养殖业农产品一般生长期较短、鲜活性强但持续期短、季节性明显、不宜保存、运输中易损等特点，而且，市场需求变化大，农户面临的市场风险和不确定性较大，需要大批量和及时性销售或加工。这些生长、生理和储存等方面的特征需要较大的储存成本、信息搜寻成本和交易成本，对小规模分散经营的农户而言很难做到，农户对农村专业经济协会等合作性经济组织需求的愿望较高，导致从事种养殖业农产品的农村专业经济协会所占比重就较大。

第二，不同产业或农产品市场化和商品化程度不同。农业部门不同产业或农产品对市场依赖程度不同，一般地，畜牧业依赖市场程度远高于种植业及农业其他产业，在种植业中，蔬菜、水果等经济作物依赖市场程度又远高于花生、大豆等其他经济作物和粮食作物，农产品商品率越高，其依赖市场程度就越大。依赖市场程度越大的农业产业或商品化越高的农产品，面临的市场风险和各种不确定性越大，其交易成本及市场信息、客户等搜寻成本就越高，为了规避市场风险和各种不确定性带来的损失、降低各种成本，从事这类农业产业及其农产品生产的农户，对农村专业经济协会的需求程度就越高。

第三，农村市场体系发育和发展程度的差异。市场经济发达的农村区域，农村市场体系发育和发展程度较高，各种农村专业经济协会不仅数量多，而且发展状态较好。许多农村区域已培育和发展了具有相当规模的优势产业和支柱产业，同时，培育和发展了比较完善的农村市场体系，随之，各种农产品批发市场和农资销售市场比较发达，致使相应类型农村专业经济协会发展较好。

1. 基于区域主导产业或支柱产业的整体战略选择

经过实际走访调查和参阅分析相关资料发现，山东省农村专业经济协会比较集中于区域内那些主导产业或支柱产业以及具有未来发展优势的农业产业及其农产品生产，主要原因是：首先是由于这些优势产业及其农产品的生理、生长、储存和运输等特征，其次是由于其市场化、产业化和商品化程度较高以及对市场的依赖性较，再次取决于所在区域内农村市场体系发育和发展程度的差异。

截至目前，山东省农村专业经济协会从农业产业分布看，从事蔬菜、水果等类型种植业和生猪、鸡、牛、羊等类型养殖业以及水产养殖业的农村专业经济协会比重约占 75.31%，这基本符合农村专业经济协会发展的总体发展战略应该选择从事农业优势产业这一基本运行规律。因为，结合山东省目前农村经济水平、农业发展状况、农户个人农业生产经营能力及农村市场发展情况等外部发展环境和运行条件，这些产业中的农户对合作经营和共同应对大市场的欲望较强，种养殖大户、经营大户等农村能人和现代职业型农民的拥有数量也基本达到一定的比例，农户的合作意识等基本素质和文化水平比较高，各类农产品需求市场体系和其他农村市场体系发育较完善，发展程度较高，而且，各类农产品加工企业众多并且发展形势较好，这些外部发展环境容易催生"农村能人牵头型"和"龙头企业牵头型"等多种类型的农村专业经济协会组建模式和运行模式，易于使那些优势农业产业的合作示范效应得以更大范围扩散和产生作用，激励更多分散经营农户积极参与农村专业经济协会的组建和发展。

2. 基于区域差异的农村专业经济协会运行模式战略选择

（1）山东省发达地区农村专业经济协会运行模式选择

山东省东部沿海发达地区包括烟台、威海、青岛、济南、日照、临沂东部临沭和莒南及沂水三县、潍坊、东营等东部沿海地区，依靠明显的区位优势和国家优惠发展政策，经济、社会、科技等发展迅速，经济实力雄厚，农业生产基础设施比较完善，各类农村市场体系发育较完善并且发展水平较高，人才资源丰富；在三大产业比例上，东部沿海地区第一、第二、第三产业的比重分别为 9.27%、48.87%、41.85%，三大产业比例结构较为合理，农户家庭人均纯收入为 6238.13 元；农产品商品率较高，出口创汇能力较强，农产品市场化程度和标准化生产程度较高，农村市场体系发育完善，培育了大批各类型农村能人和现代职业农民，农业产业化水平高，各类农产品加工企业、农产品现代流通业及物流业不仅数量多而且发展态势较好，其中，涌现出很多家农业龙头企业。因此，山东省东部沿海发达地区适宜选择采取"农村能人牵头型""龙头企业牵头型""农村能人＋龙头企业牵头型""农村专业合作社＋龙头企业混合型"等类型农村专业经济协会运行模式，通过农村专业经济协会的协调、整合与中介作用，将龙头企业、农村专业合作社和分散农户组结或联合成现代农业一体化、标准化、商品化和社会化的生产和经营体系。

（2）山东省较发达地区农村专业经济协会运行模式选择

山东省较发达地区包括临沂市除了临沭和莒南及沂水三县的其他县市、淄博市、泰安市、莱芜市等地区，是山东省人口密集区与重要农业产区，地形以山区为主，其农业区位重要，农业资源和农产品优势突出，尤其山区农特产异常丰富，土地、气候、日照、雨量等发展农业的自然资源条件较好，农业劳动力丰富，是山东省重要的农业生产基地和重要的农副产品主产区，水利、交通等农业基础设施完备，蔬菜、稻谷、小麦、花生、玉米等主要传统种植物生产在山东省乃至全国都具有一定的比较优势。沂蒙山和山东中部的山地和丘陵地区则有利于特色水果、花卉、畜产品、药材等特色产品的规模经营。自改革开放以来，这些地市的农业产业和农村经济结构不断进行优化调整，农业产业化和现代农业进程较快，主要粮食产量、花生、山区特色作物种植及养殖业等农业产业都具有一定的比较优势，各类食品饲料、木材、油类、肉类、茶叶和畜产品等农产品加工产业逐渐呈现出规模性和集群性发展态势，许多农业产业基本上发展成为区域性乃至全省性主导产业或支柱产业。

目前，这些地市的农村专业经济协会不仅发展数量在全省最多，而且农村专业经济协会的会员数和会员数占乡村总户数的比重均高于东部沿海发达地市和西部落后不发达地市。根据上述分析，这些地市农业基础和农业生产条件较好，在蔬菜、稻谷、小麦、玉米、花生、蔬菜、水果和茶叶、药材等山区特色经济作物以及生猪、家禽、野生动物特色养殖等农业产业都具有明显的比较优势。随着近些年来该区域工业化和城市化进程加快，对农业产业结构和农村经济结构也积极进行调整，上述农业产业都基本上逐渐发展成为区域主导产业或支柱产业，逐步形成农业生产集群，涌现出一定数量的各类型农村能人。因此，山东省较发达地市比较适合发展"种养殖大户牵头型""涉农部门牵头型"等类型农村专业经济协会等运行模式。随着农村市场体系的不断完善和发展，围绕这些农业主导产业或支柱产业发展了相当数量的龙头企业，在此基础上，培育和发展"龙头企业牵头型"或"合作社牵头型"等较高级类型运行模式的农村专业经济协会已成为必然发展趋势。

（3）山东省落后不发达地区农村专业经济协会运行模式选择

山东省落后不发达地区包括菏泽、枣庄、济宁、德州、聊城、滨州等地市，这些地市由于历史、地理位置、自然条件、社会和经济基础及发展环境等各方面原因，经济、社会、科技、文化等方面比较落后，城镇化、市场化和工业化进程较缓慢，尤其是现代农业发展水平更为落后。据《2018年山东省统计年鉴》计算得出，2013年这些地市农业人均产值为4313.17元，第一产业从业人口比例远高出上述两类地区，农村居民家庭人均总收入约是3928元，远低于山东省上述发达和较发达地市，这些地市的耕地面积远多于上述两个区域，而农业产值却是最少，农业科技研发水平和推广利用水平都较低，农业生产力落后、农民的农业生产经营能力和科技文化素质普遍较低。迄今为止，大部分农村没有培育和发展区域性农业主导产业或农业支柱产业，农村市场体系发育不完善，种养殖业专业大户、经营能手等农村能人相对稀缺。这种状况直接影响农村专业经济协会的组建、发展和运行，较前两个区域，现行农村专业经济协会的数量、参加会员数以及会员数占乡村总户数比重等方面都是最低的。

从农业生产经营资源看，尽管这些地市有相当部分特色农业产业具有明显的比较优势，但是，由于这些特色农业产业一般对生产和经营技术、科技文化水平、劳动力素质及经济发展、市场发育程度等发展环境和发展条件要求较高，投入资本较大，周转时间较长，然而，目前这些落后不发达地市农村在上述条件和基础还相当落后，各类农村能人稀缺。因此，这些落后不发达地市农村专业经济协会的发展和运行模式，在初级阶段首先应该选择"政府扶持推动型"或"涉农部门带动型"等类型运行模式，在实际运行中，应该积极依靠相关政府部门和涉农部门不断发展壮大，在此基础上，加快农业产业结构调整优化，依托区域特色产业或特色农产品优势，培育自己的区域性主导农业产业或支柱产业，同时，积极培育一批具有现代农业生产科技和经营能力各类型农村能人，逐步摆脱对相关政府部门和涉农部门的依赖及其控制和干扰，真正将农村专业经济协会发展成为会员自我管理和自我发展的社会团体，逐步转型升级，发展更高级形态的诸如"专业大户主体＋龙头企业型""龙头企业＋农村专业合作社混合型"等类型农村专业经济协会运行模式。

综上所述，鉴于山东省农业人口多、17个地市经济发展很不平衡，各地市农村专业经济协会的发展和运行模式不能千篇一律，应根据各地市的不同农业生产经营条件和基础选择不同的发展和运行模式，农业生产经营条件和基础及发展环境较好的地市可以选择较高水平的农村专业经济协会运行模式，那些农业生产经营条件、基础和发展环境较差的地市切不可盲目求高和盲目模仿，应该根据实际发展条件，选择适合当地农业和农村发展水平及农户实际状况的、并且能够为众多农户普遍接受的农村专业经济协会发展和运行模式。

五 政府扶持农村专业经济协会
有效运行的政策建议

由于制度安排的特殊性及农村专业经济协会天然的弱质性，农村专业经济协会在其实际发展和运行过程中，自身具有天然弱质的农民社会团体单纯依靠自身力量直接闯入竞争日趋激烈的大市场进行竞争存在资金不足、信息缺乏等诸多困难，山东省乃至全国农村专业经济协会几十年来的发展实践证明，如果任其自然发展，在严酷的市场法则下，有许多农村专业经济协会在运行中被强者扼杀在摇篮中，因此，尤其在初期发展阶段，农村专业经济协会的有效运行需要政府积极引领和有力的扶持。农村专业经济协会的有效持续运行不仅仅依赖于农业生产专业化、标准化和规模化水平等内部环境，而且还依赖于整个经济、社会和文化等外部发展环境，政府作为重要的外部推动力，虽然不能从根本上改变农村专业经济协会自身发展规律，但是，能在很大程度上影响、加快或延缓农村专业经济协会发展进程和运行效率。

在当前新常态经济社会发展形势下，在农村专业经济协会发展初期，各级相关政府部门的积极介入有其合理性，但是，当农村专业经济协会逐步进入常态后，政府就应该不再过度介入，应该切合实际制定新的扶持政策以及明晰新形势下的职能定位，尽快扶持农村专业经济协会走上自助、自主、自强的有效持续运行之路。政府对农村专业经济协会的扶持更多的应当体现为制定有效的扶持政策、提供必需的公共产品以及营造良好的运行环境和发展空间。

（一）加强农村市场制度与体制建设

从目前山东省农村专业经济协会运行效果及其发展状况来看，其运行效率与其发展程度、所在区域的农村市场发展状况、农产品的商品化水平、农业标准化程度、专业化生产农户的数量等紧密相关，因此，加强农村市场化制度和体制建设，促进农村商品经济的培育和发展，推进农业和农村经济结构与产业结构的优化调整，尽快培育和发展优势主导产业，营造有利于农村专业经济协会良好发展的外部市场环境。相关政府部门可采取以下有效措施。

第一，规范和发展农村区域农产品批发市场的发育和延展。相关政府应该积极在农产品批发市场的规划、建设资金、市场信息管理、规章制度建设等方面大力扶持。

第二，坚强农村市场的软件和硬件建设。相关政府部门应该积极出台相关政策以及大力进行财力支持，尽快完善和建设农村市场交易和管理规则、改进农产品安全生产标准、提高农产品质量、改善农业生产设施和农业生产条件、改善和提高农产品仓储设施和储藏保鲜技术等[①]。

第三，创新发展农产品贸易体制，培育和完善农村市场体制。相关政府部门应该在发展政策、资金、技术等方面加大扶持力度，促进农村专业经济协会的贸工农一体化和标准化经营，加快农村土地、产权、劳动力、农业生产技术等方面市场的发育和发展。

（二）准确定位政府管理主体和管理职能

考虑到农村专业经济协会是特殊的市场主体，经营对象是农业产业，服务对象和所在地域分别是分散经营、生产能力较低的农户和相对落后的农村区域，其内部治理结构运行低效，因此，这需要政府建立专门部门对农村专业经济协会的组织和管理给予积极正确引导和协调，从农村专业经济协会的运行和发展实际出发，创新管理机制，面向那些基础好、产业关联度高的农户宣传合作的原则、意义和条件，培育和发展现代职业农民，建立和完善农村专业经济协会运行的监管服务制度，建立和完善农村专业经济协会档案，时刻掌握农村专业经济协会运行和发展动态，加强科学引导和服务。在发展条件较好的地市，培育几个典型的农村专业经济协会作为推广培训基地，专门培育农村专业经济协会的牵头领班人和主要领导成员，并与全国其他省份先进的农村专业经济协会广泛开展交流和合作，从而科学引领农村专业经济协会更好的运行和发展。

---

① 李彦普：《"十二五"时期农民专业合作经济组织发展中地方政府职能研究》，《江苏农业科学》2012 年第 9 期。

（三）强化信贷、财政、税收等方面的支持与实施

根据山东省农村专业经济协会实际运行状况，借鉴发达农业国家对农村专业经济协会在信贷、财政和税收等方面的支持经验，相关政府部门应当采取以下措施进行支持。

在信贷支持方面，一是采取政府贴息方式对农村专业经济协会提供专项信贷支持。二是由相关主管政府部门牵头担保，协调农村发展银行等金融组织设立专项资金，对农村专业经济协会实行信贷倾斜的政策，扶持农村专业经济协会的经营和发展。三是创造宽松的金融环境帮助农民建立和发展诸如农民信贷互助组等农民自己的金融组织，在农户会员之间融通资金。

在财政支持方面，一是应该建立相应的政府主管部门，设立农村专业经济协会专项发展基金，建立和完善良性的基金筹集注入机制、基金利用机制、基金收回机制和基金监管机制，专门扶持农村专业经济协会的建立、运行和发展。二是在财政支农资金和农业产业化专项资金中专门设置一部分农村专业经济协会专项资金，主要用于农业科技推广、改善农业生产性基础设施、发展生态农业、建立和改善农业信息化等方面建设，或者用于帮助农村专业经济协会建设标准化生产基地、农产品仓储设施和兴办农产品加工企业等经济实体。

在税收支持方面，根据农村专业经济协会所从事的农业产业类别和生产经营的农产品特征，分别采用减税、低税或免税的政策来切实支持农村专业经济协会的运行和发展。例如，对农村专业经济协会自产的农产品实行免税，对农村专业经济协会为农户会员农业生产中提供技术服务或劳务服务所取得的收入实行免征所得税，对农村专业经济协会在新开发的荒山、荒地等地域上生产的农特产实行免征农业特产税。

（四）完善农业生产和农村经济发展信息建设与支持

完善及时的农业生产和农村经济发展信息对农村专业经济协会的

有效运行与持续健康发展影响极大，完善的信息环境很容易诱致农户以行之有效的方式联结起来组建和发展农村专业经济协会。政府的主要职能之一就是为农村专业经济协会的运行提供完善、及时和正确的信息导航和公共服务，以最大限度减少农村专业经济协会的市场交易等各种费用。政府应当采取以下有效措施。

第一，建立和健全农村市场信息统计与发布系统。相关政府部门通过报纸、信息网络、信息广播等媒介建立和健全农村经济社会发展和农业生产信息网络，及时向农民发布信息，以帮助农户获得及时、准确、完全的市场信息构筑组织基础。

第二，建立各级农村专业经济协会信息网络。相关政府部门应该充分利用和发挥网络资源，将同一区域内甚至不同区域间的相同或相近农业产业农村专业经济协会连接起来，以便于加强对农村专业经济协会的管理和指导，整合众多不同农村专业经济协会的农业生产和经营资源。

（五）加强宣传与教育培训工作

从国内外发达国家和地区农村专业经济协会的较成功实践经验表明，政府组织的农业生产技术和农业科技的教育培训以及对农村专业经济协会的宣传推广对农村专业经济协会的长远发展有重大正面影响。与发达国家相比，山东省乃至全国农民的科学文化水平和农业生产科技水平相对较低，而且，相当数量的农村专业经济协会仍然处在初级发展和运行阶段，自身发展实力不强，因此，政府应该积极在人力、物力、智力等方面给予农村专业经济协会大力支持。政府应该积极采取以下有效措施。

第一，加强和引导农村专业经济协会积极与农业高等院校及农业职能部门进行联结与合作。相关政府部门应该积极筹划，培养具有合作思想和合作意识及合作能力、掌握先进农业生产科技和知识及经营能力的农村专业经济协会领导人。

第二，强化农村专业经济协会示范和典型建设。实践证明，扶持农村专业经济协会健康发展和有效运行的最有效途径就是政府部门积极开展试点示范和典型建设，总结农村专业经济协会发展和有效运行经验，逐步推广和宣传，使广大农民了解农村专业经济协会的优越性和积极作用。

第三，要强化培育和发展适应现代农业生产的农民精英。相关政府部门充分利用相关农村社会化服务网络等社会资源，积极培育和发展现代职业型农民，为农村专业经济协会的发展和有效运行积储领导力量和领导队伍。

第七章　案例分析

一　农村专业经济协会目前主要运行模式比较

（一）农村能人引领型运行模式

1. 运行特点

此处的农村能人主要指那些在所在区域掌握一定水平的农业生产和经营技术并具有一定水平的组织管理能力的农户，或者在某一农业产业的种养殖专业大户、某类农产品的营销大户，或具有相当规模销售网络的经纪人以及有较高威望的乡村干部。由这些农村能人牵头组建的农村专业经济协会在实际运行过程中，农村能人凭借其特有资源和优势条件，基本上操纵整个协会的重大事务和重大生产经营决策，主导协会的运行和发展，农村能人的生产经营才能、所拥有的资源及管理能力决定了该类型农村专业经济协会的生存状况及其能否持续发展壮大。农村能人与普通会员之间以及普通会员彼此之间关系一般都比较松散，普通会员基本处于从属地位，普通会员与农村能人等核心会员之间在经营决策、产权维护等方面一般不对等，会员之间合作性较差，利益联结性较弱。普通会员一般只缴纳少量会费甚至免费入会，普通会员对所在协会的发展状况的关注度不强，该类型农村专业经济协会的运转主要依靠那些牵头领办的农村能人，在日常运营中主要负责普通会员农产品的收购和推销，通常采取买断方式、代理推销方式、中介作用或保价收购等营销方式。

2. 运行优点

这种类型运行模式，能够充分发挥和利用农村能人所具有的优势资源和自身能力以及与当地农户之间的地缘和人缘优势，对农户的吸引力较强，农户的接受程度和认知程度较高。由于这些农村能人具有较强的生产经营能力、组织管理能力和决策能力，能够就重大事务迅速进行决策，在很大程度上避免或减轻那些综合发展素质较低的农户的无效干扰，从而降低协会内耗和运营成本。

3. 运行缺点

该类农村专业经济协会运行模式在实际运行中，对那些农村能人的依赖性较大，民主管理意识和能力较差，那些农村能人的资源状况及其能力大小关系到农村专业经济协会的生存与发展。一旦农村能人缺位或者农村能人的行为出现重大偏差，就会导致该类型农村专业经济协会的正常运行，更甚者，可能会导致农村专业经济协会破亡。同时，在实际运行中，监督机制难以发挥作用，监事会形同虚设，容易出现"内部人控制问题"，甚至使协会最终转变成农村能人为自己创利的组织和公司，这样，就会严重损害普通会员的参与积极性。

4. 适用条件

该类农村专业经济协会运行模式在实际运行中需具备以下条件：首先，所在区域内需要有一定数量的各类型农村能人；其次，所在区域的农产品商品化程度较高，已形成较大的产业规模，农户有强烈的增收创收意识，比较容易接受这种农村专业经济协会运行模式，认可那些农村能人；再次，那些农村能人的思想素质水平较高，具有较强的带动农户致富或组织进行现代农业生产的发展意识。

（二）涉农部门带动型运行模式

1. 运行特点

所在区域的农业生产科技服务机构、供销社和信用社等涉农部门，根据农户会员自身农业生产发展经营需求和农村经济发展的实际状况，依托本部门在信息、技术、服务和经营项目、技术和服务能力等方面优势，牵头组建相应的农村专业经济协会。该类型农村专业经济协会实际运行中，无偿以技术、劳务、资金等资源参与合作，涉农部门与农户会员的关系比较紧密，协会的重大事务和重大经营服务项目往往由涉农部门自行决策，农户会员一般不参与或很少参与协会的管理和决策，是利益接受者和服务享受者，会员对协会的运行状况和发展前途等方面的关心程度不高。

2. 运行优点

该类型农村专业经济协会运行模式，在实际运行中依托涉农部门的人才、科技、信息及各种设施等方面农业生产资源，工作人员与农户会员一般交往较深，声誉较好，农户对该类型农村专业经济协会的认可度和信赖度较高，农业科学技术、先进的品种及经营管理经验等很容易得到广泛推广和应用。

3. 运行缺点

首先，该类型农村专业经济协会在管理上是从上而下的，不同类型涉农部门之间在业务经营中基本上互不联系，而且，不同涉农部门的专业性和技术性资产较鲜明，因此，该类型农村专业经济协会与外部其他不同组织和部门之间往往缺乏良好的沟通和交流，难以发展为区域内综合性的农村专业经济协会合作关系网络或服务网络体系。其次，由于农村专业经济协会的非营利性发展特征，该类型农村专业经济协会的领导成员和服务人员基本上是由涉农部门工作人员兼职的，缺乏有力的激励机制，致使协会领导成员和服务人员整体素质和工作激情不高、创业和创新能力较差，因此，该类型农村专业经济协会的发展后劲不足，难以发展壮大。再次，尽管该类型农村专业经济协会组织效率较高，但是在实际运作中会员的民主参与性较低，农户会员之间的合作性差。

4. 适用条件

所在区域必须具有正规的涉农部门或涉农机构，并且，这些涉农部门或涉农机构具有较强的服务能力和服务意识。从目前来看，在现代职业农民和农村能人比较稀缺的农村区域，或者在农业现代化水平较低的农村区域，较适合选择该类型农村专业经济协会运行模式，作为过渡形式，先将分散经营的农户组织起来，逐渐培育农户的农业生产经营能力和合作意识。

（三）政府扶持推动型运行模式

1. 运行特点

地方政府为了促进地方经济发展，瞄准区域内某一农业主导产业、支柱产业或地方特色产业，依托行政力量和行政资源，组建该类型农村专业经济协会运行模式。在实际运行中，组织和动员从事该农业产业的农户参加，指派某些政府官员担任农村专业经济协会的会长、理事等主要领导成员，政府行政色彩较浓郁，行政力量介入程度一般较高，协会的重大事务和重大经营活动深受政府行政行为和政府职能影响，该类型农村专业经济协会的公益性程度较高，农户会员的主动参与性和合作性差，会员的"搭便车"行为非常普遍，协会的运行和发展深受牵头政府部门的影响和左右，农户会员的民主管理意识和自我管理能力较差。

2. 运行优点

该类型农村专业经济协会由于是政府自上而下推动组建的，在实际运营中尤其在组建初期，牵头组建的政府部门的影响力、催生力和支持力较大，农村专业经济协会发展比较迅速，运行效率较高，能够克服和解决分散经营农户在生产经营中面临的许多困难和问题，对农户的吸引力较强，能够组织会员进行较大规模现代农业生产。

3. 运行缺点

由于政府行政力量的过度介入，该类型农村专业经济协会在运行中，会员的民主管理意识和管理能力差、独立运作能力和管理能力较差、自我经营和发展能力普遍较低、对政府等部门依赖性大，会员之间的合作意识和合作能力差；随着农村专业经济协会的发展，尤其到了后期，协会面临的问题和困难增多，大部分走向消亡。

4. 适用条件

比较适合那些农村经济不发达地区，或者现代职业农民和农村能人稀缺，分散生产经营的农户生产能力和经营能力低，但有一定的农业生产和经营基础或具有某些农业主导产业发展潜力的农村区域。

二 "协会+企业会员+经纪人+农户会员" 运行模式——临沭柳编工艺品协会

"协会+企业会员+经纪人+农户会员"运行模式中的企业会员主要是指那些在同一区域内从事相同农产品加工、贸易和经营，具有一定发展实力和市场竞争力的涉农企业，它们对该区域内的某种农业主导产业或支柱产业发展中具有较强的影响力和带动力，它们基本上都实行规模化、标准化生产和经营，都需求其加工或流通所需要的初级农产品原料拥有能够批量生产、稳定供应的生产基地。这里的农户会员专指那些本协会中专门从事区域内某种农业主导产业或支柱产业的种植或养殖或者从事最基本的农产品初加工的农户。这里的经纪人特指本协会内专门从事联结企业会员与相应种养殖农户会员的中介人以及双方合同担保人和监护人。现行的大部分农村专业经济协会由于非营利性的制约和禁锢，单靠普通个体农户会员有限的会费和弱小的生产经营能力根本不能使农村专业经济协会持续运行。因此，在新常态发展形势下，农村专业经济协会应该创新传统的会员构成特点，积极吸纳龙头企业、农村专业合作社等营利性的组织为会员。

该类型农村专业经济协会运行模式通过对企业会员及一般个体农户会员统一协调，发挥和利用各自的生产经营优势和资源优势，在坚持常规农村专业经济协会非营利性属性的前提下，积极帮助和鼓励企业会员、农村专业合作社等营利性会员创利营利，增强协会的整体发展能力，进而带动和提高一般个体农户会员的生产经营能力。

（一）"协会+企业会员+经纪人+农户会员"运行模式总体特征

1. 运行特征

该类型农村专业经济协会运行模式在实际运营中，在协会的统一调度下，企业会员主要通过各自的专职经纪人与个体农户会员签订农产品采购合同，并制定高于同时期农产品市场价格的收购价格或相应的利益分配机制；或者由协会统一对企业会员和个体会员根据当时市场需求制定参考性的农产品采购价格，并制定相应的利益机制。通过实施这种农产品采购运作方式，对企业而言可以提高原材料收购效率、节约相应的流通成本和交易成本，确保原材料生产和供应的稳定性和质量；对个体农户会员而言，可以获取龙头企业免费提供的种养殖技术、病虫害防治技术、新研制或引进的新品种及科学的管理手段和相关设备，获取高于同类农产品市场价格的部分收益。

在不同类型会员的经济行为和职能分工方面，一般是个体农户会员负责生产，企业会员侧重农产品的采购、加工和营销。

在利益机制设置及其运行方面，在协会的统一协调下，企业会员与个体农户会员之间可以选择签订合同或股份制方式进行利益联结和分配，这种利益机制确保企业会员与个体农户会员之间建立了紧密的利益联结体，企业会员与个体农户会员实行按股分红和按交易量分配，将农业产业化、标准化、商品化有机集中于一体化进程中。

在产权安排和运作方面，主要实行以下几种方式：企业会员向农产品生产环节延伸，引导、扶持和组织农户会员及合作社会员建立农产品生产基地，并且分别以合同契约关系进行产权安排；企业会员与农户会员之间或者以股份合作制形式结成利益经济体，或者企业会员吸收农户会员入股，这样，农户会员可以确保和维护农产品加工和销售等环节利润的收益权益。

2. 运行优点

这种运行模式可以确保企业会员与农户会员之间在农村专业经济协会这个统一整体内，形成稳定的合作关系和权益对等关系，有效避免像单独由龙头企业牵头组建的农村专业经济协会等类型协会中利益和权益在实际运行中会出现严重向龙头企业倾斜、农户权益受损等问题，可以同时发挥企业会员和个体农户会员各自的优势。由于有农村专业经济协会在整个运行中对所有资源进行整合和充分开发利用，不仅使企业会员和个体农户会员都可以减少农产品交易费用，而且，保证了企业会员拥有稳定的原材料供应基地，改变了农户会员对龙头企业的依附地位，降低了市场不确定性等带来的风险。企业会员和农户会员地位同等，在确保企业会员和个体农户会员一样获取农村专业经济协会的各种免费服务及各种应享受的权益的同时，企业会员可以获得国家的各项扶持，发挥其营利性等发展特征，不断发展壮大，这样，可以为农村专业经济协会带来一定的发展基金，为农村专业经济协会的整体发展带来后续力量。

该类型农村专业经济协会运行模式，不仅降低了个体农户会员与企业会员之间的谈判成本、交易成本和摩擦成本，而且，由于企业会员经济实力强大这一优势，能够增强农村专业经济协会的吸引力、凝聚力和自身发展能力，同时，也不断吸纳更多的农户参与，确保该类型农村专业经济协会发展规模不断壮大。

3. 运行特点

"协会＋企业会员＋经纪人＋农户"类型运行模式，由于是近几年刚刚兴起的农村专业经济协会发展类型，正处于初创探索阶段。在许多运行环节的掌控和某些运行机制的设置上还很不成熟，在关于企业会员、个体农户会员之间及经纪人的产权设置和权益维护方面还存在很多不足，随着发展规模的不断扩大，协会的整体运筹成本、管理成本和监督成本都在大幅度增加。

4. 适用条件

"协会＋企业会员＋经纪人＋农户"类型运行模式比较适用于经济社会发展水平发达和较发达地区的农村区域，对农业产业化、标准化和商品化程度要求较高，要求农户的农业生产科技素质和发展经营能力较高。实践证明，该类型农村专业经济协会运行模式必将成为今后山东省乃至全国农村专业经济协会主要发展形式之一。

（二）临沭柳编工艺品协会分析

通过临沭柳编工艺品协会的典型案例，就该协会的运行基础、运

行机制、运行效果、适用条件等进行具体分析，并详细阐述各会员主
体在协会运营中的相互作用，以期为农村专业经济协会的可持续运行
和发展提供参考。

1. 临沭柳编工艺品协会发展和运行状况

临沭柳编工艺品协会原名是临沭县柳条协会，成立于 1998 年 8
月，2009 年更名为临沭柳编工艺品协会。自建会尤其从 2009 年以
来，临沭柳编工艺品协会在县委和县政府的正确引导和支持下，在临
沂市和临沭县工商联的具体指导下，始终坚持"团结协作、开拓创
新、互助共赢、服务为本"的办会宗旨，充分发挥柳编工艺品协会的
服务以及整合、协调资源等功能，注重企业家队伍建设，搞好企业管
理培训，培植标准化杞柳种植基地，搞好新产品研发，为企业会员搞
好物流配送，加强农户会员柳编产业公共服务平台建设，促进了柳编
产业快速健康发展。在坚持传统农村专业经济协会运行原则的前提
下，不断突破传统农村专业经济协会某些原则的僵化性束缚，创新会
员构成结构和某些具体的运行机制，在原先主要为柳编加工贸易出口
企业提供相关服务的基础上，为了稳定和巩固这些加工企业的初级原
材料及其质量，积极将本县的柳编种植或柳编编织农户纳入会员，这
样，临沭柳编工艺品协会的会员主要由柳编加工贸易出口企业与个体
柳条种植或编织农户两类会员构成，这两类会员地位平等，各负其
责，他们之间的联系不是像传统农村专业经济协会那样通过协会中介
签订合同，而是由每个企业会员专职的经纪人作为桥梁上下联系紧紧
连锁在一起，也就是说，基本上每个企业会员都有自己专有或稳定的
柳条种植或编织会员。柳编工艺品协会作为整体对全体会员负责和服
务，整合协调生产和经营资源，这样，企业会员充分发挥其营利性和
创业性特点，尽其全能创利营利，进而其专有的农户会员也随之增收
创收，当然，在实际运行中，不同的企业会员营利能力不同，进而彼
此专有的农户会员增收创收水平就互不相同。

截至 2018 年 12 月，临沭柳编工艺品协会建有杞柳种植基地面积
5 万亩，其中临沭基地面积 3 万元，北大荒种植基地 2 万亩，会员由

企业会员和个体柳条种植或编织农户两类组成，个体柳条种植或编织农户会员 1526 人，带动相关农户达 5.3 万户，柳编加工企业会员达到 68 家，在柳编加工企业从业人员共 8673 人，已形成柳木、柳铁、柳草等数十大类、2 万多个花色品种。临沭柳编工艺品协会已经形成完善的杞柳种植、编织加工、出口销售的上联龙头企业、下联基地农户、外联国际市场的特色产业化体系。柳编工艺品协会具有经纪人行业资历 10 年以上的经纪人（柳编工艺品放货员）达到 200 多人，经营管理行业资历 20 年以上的企业管理者达到 100 多人，拥有 2000 多人的国内外专业营销队伍，有熟练掌握条柳种植、病虫害防治、生产管理的技术人员 69 人。柳编工艺品协会现在已基本具有健全的专业销售机构和销售网络，68 家柳编加工企业会员建有 120 多个专业销售机构，产品销往国外的东南亚、中东、日本和欧美等 120 多个国家和地区，国内销售网络也覆盖全国 90% 以上的省、市、自治区，同时，建有 2 万个互联网用户和 346 家柳编工艺品专业网站进行国内外柳编工艺品销售。2018 年柳编工艺品协会的所有企业会员出口总额达到 14767 万美元，较 2013 年同比增长 17.7%。临沭柳编工艺品协会会员构成与运行（见图 7-1）。

（1）建会背景

临沭县杞柳栽培与加工历史悠久，仅以柳命名的白旄镇"柳庄"村就有 1400 多年的历史。自改革开放后，青云、白旄、郑山等 7 个乡镇的农户大多从事柳条种植或柳编，有 5 万多农户从事杞柳编织，占全县总农户数的 25%，约有 10 万农民熟练掌握杞柳加工工艺，占全县农村总人口的 20%，人人技艺精湛，拥有丰富的柳条编织经验；1998 年，共有从事柳编加工贸易出口的企业达到 128 家，其中规模以上柳编企业 30 家，占全县规模以上企业的 20%。但是，由于缺乏统一的组织进行资源协调和整合，很多农户的柳条或初级柳编制品不能找到固定的销售厂家或者稳定的销售渠道，市场价格忽高忽低、变化无常，致使很多柳条种植或柳编织农户收入很不稳定，严重影响他们的生产积极性，很多柳编织和柳条种植农户纷纷改行；对那

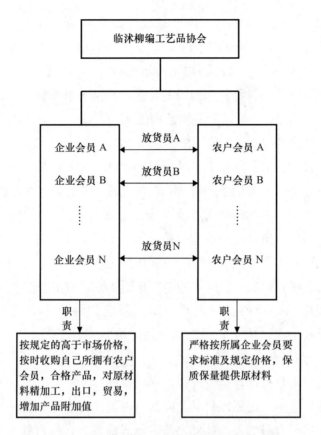

图7-1 临沭柳编工艺品协会会员构成与运行

些从事柳编初级产品精加工的企业更是苦不堪言，一方面由于没有固定的初级原材料生产基地和供应农户，缺乏稳定的初级原材料供应来源和稳定的供应渠道，致使所需初级原材料有时供不应求，有时供过于求，严重影响产品的市场稳定供应和市场竞争力。因此，不论对从事柳条种植或柳编的农户还是对进行精加工的企业而言，都急需一个自己的专门组织来提供相关服务以及进行相关资源的整合与协调。

（2）组建过程

临沭县白旄镇、青云镇等西部地区位于山东省最大河流——沂河东岸，耕地面积4299公顷，该地区农民从事柳条编织已有30多年的历史，但是，柳条种植和编织的农户分散经营，经济效益低，很难增收。1998 年 8 月，在临沭县委、县政府以及县商业局、文化局、贸易局等政府部门的引导和支持下，以从事柳编加工、营销和出口为主的加工企业为核心，通过各自的专业经纪人（柳编工艺品放货员）联系和动员经营柳条种植和柳编的分散农户自愿组成临沭县柳编经济协会，2009 年 11 月更名为临沭县柳编工艺品协会。临沭县柳编工艺品经济协会理事成员 18 名，协会组织结构：协会总部一个，下辖 9 个分会，其中，8 个分会分散在 8 个主营柳条种植和编织的乡镇驻地，会员主要是经营柳条种植和编织的分散农户，属于协会中的基层会员；一个在临沭县经济开发区，会员主要是经营柳编制品精深加工、营销和出口贸易的企业或公司，属于企业会员，现已入会 68 家，企业会员职工人数达到 8673 人，每个企业分别雇用专门的柳编工艺品放货员 25—30 名，每个放货员根据各自的能力下联名额不等的种植柳树和柳条编织的基层农户会员；形成"协会 + 上层会员（企业） + 基层会员（农户）型"农村经济协会。

（3）运行特点

①加强行业自律，统一协调，抱团发展

临沭县柳编工艺品协会成立以前，由于没有组织来统一协调，各加工企业出于自身利益，彼此之间进行恶性竞争，经常处于无序发展状态，影响了整个产业的健康发展。柳编工艺品协会成立以来，坚持服务立会，从加强柳编行业自律入手，协调各企业会员之间以及农户会员之间的经济行为，出实招，用实劲，强化行业自律约束，推动会员抱团发展。

第一，加强柳编工艺品协会领导班子建设，增强会员向心力。协会自更名以来，已经历了三届，每届都十分注重领导班子建设，本届协会选举产生了 1 名会长，1 名常务副会长，7 名副会长，18 名理事，1 名秘书长，1 名副秘书长的协会领导机构。每季度定期召开理事会会议 1 次，每月定期召开 1 次会长会议，研究和解决协会工作中遇到的困难和问题。同时，还建立了集体学习制度，积极组织领导成员学习相关专业知识和国家产业政策，定期聘请市商务局、市检验检疫局、省市海关的领导和专家讲解和学习出口贸易政策、市场开拓、出口产品质量安全管理、报关报检和企业管理等知识,提高领导成员的决策能力和工作水平。

第二,加强柳编工艺品协会制度建设,增强企业会员自律性。相继制定和完善了《临沭县柳编商会章程》《临沭县柳编行业自律公约》《协会会议制度》《会员教育培训制度》等各项规章和管理制度,确保协会工作有序开展。特别是在行业自律方面,建立了《协会共采共用共检管理制度》,自2012年起,为了规范企业会员行为,防止个别企业会员为降低成本,使用原辅料达不到市场标准,出现质量安全事故,同时,克服个别企业会员单独报检费用大、成本高、费时费力等缺点,以便提高所有企业会员的整体经济效益,通过会员代表大会通过,制定了企业会员原辅料共采共检共用制度,要求所有企业会员统一实行。这项制度的实行,不仅提升了柳编工艺品协会的出口贸易产品的整体质量和标准,而且还大幅度降低了企业会员的相关费用,例如,商会对实行共采共检共用制度的企业会员统一提供产品合格检测报告,使企业会员年节约检测费用30多万元以及年节约采购成本200多万元。

第三,加强柳编工艺品协会文化建设,增强吸引力和凝聚力。柳编工艺品协会在实际运行中始终注重全体各层次会员文化建设,定期举办柳编技能大赛和柳编产品设计创意大赛,以促进柳编文化传承、增强柳编产业市场竞争力。先后举办了"超人杯""佳景杯""金柳杯""中行杯"等大型柳编技能大赛,选拔了一批技术精湛、技艺高超的柳编技艺会员,同时,鼓励会员积极申报工艺美术大师,2013年有10名会员被授予临沂市工艺美术大师称号。2018年10月15—16日,柳编工艺品协会与山东省工艺美术协会联合举办第三届山东省柳编技能大赛和首届临沭柳编工艺品出口交易会,以促进会员柳编文化技艺的交流和提高。积极举办柳编文化博览会,2013年9月在第十届书圣文化节期间,柳编工艺品协会与市、县宣传部门联合举办了首届柳编文化博览会。为了加强柳编工艺品和工艺技术的宣传,柳编工艺品协会还创作了"柳编之都之歌"以及组织编写了10万多字的非物质文化遗产《临沭柳编》。

②坚持解决会员问题为导向，强化协会吸引力

柳编工艺品协会始终把贴近会员、服务会员、团结会员作为立会之本，把解决会员生产和经营中的实际困难和问题作为协会工作的首要任务来抓，从解决单个会员难以解决的困难和问题入手，夯实服务平台，推动柳编工艺品协会健康持续发展。在实际运营中主要从以下几个方面进行。

第一，着重办好会员最关心的问题。一是帮助企业会员解决负担过重问题。柳编工艺品协会针对国际国内市场需求萎缩，劳动力等经营成本提高的实际情况，组织专人就影响柳编工艺品产业发展的制约因素进行深度调研，书写调研报告上报给县委和县政府等主管部门，县就此事成立了柳编工艺品产业发展领导小组，制定了支持柳编工艺品产业发展的具体政策和相关措施，在出口退税、规费收缴等方面予以大幅度支持，降低了企业会员的经营成本，提高了企业会员的经济效益。同时，柳编工艺品协会还积极与省、市商务及其他组展部门协商，保障企业会员以协会名义集体参加华交会、广交会、文博会、青岛跨国采购会等传统展会，在一定程度上降低了参展费用，提高了产品市场竞争力。

二是帮助企业会员解决环评难题。柳编工艺品协会与环保部门协商，对未办理环评的企业会员统一办理环评手续，41家企业会员共免除因未批先建等事项的环保处罚费用30多万元。同时，柳编工艺品协会积极与环评机构协商，统一代表企业会员制作环评报告，为企业会员节约环评费用28万元。

三是帮助会员进行产品品牌建设和商标注册等事项建设。为尽快提升企业会员产品的市场竞争力，柳编工艺品协会积极组织和帮助企业会员搞好产品品牌建设和商标注册，目前已有"金柳""晴朗""欧拉""白云""柳风"等10家企业注册了商标，申请专利200多项；鼓励企业会员积极申报农产品加工龙头企业，目前已有3家企业

会员被确定为省级优质农产品加工龙头企业;柳编工艺品协会还积极打造柳编工艺品区域品牌,2010年"临沭柳编"国家工商总局确定为"国家地理标志",2011年被省商务厅授予"省级外贸转型升级示范基地",2011年"临沭柳编"被确定为省级"非物质文化遗产"。2012年有2家企业会员被商务部、中宣部批准为"国家文化重点出口企业",2013年有7家企业会员被授予"山东省重点文化产品和服务出口企业",有2家企业会员被评为"国家文化出口重点企业"。

帮助企业会员进行产品推广宣传。为进一步推广宣传企业会员产品,柳编工艺品协会建立了"中国柳编之都网站",编写制作了"柳编之都之歌",制作"临沭柳编"专题宣传片,宣传内容包括柳编工艺品品种系列及其各种功能、企业会员的各种生产和资源优势、柳编工艺品工作人员的各种风采等。同时,柳编工艺品协会还计划将与中央电视台合作,联合拍摄《柳编技艺》和《中国柳编之都技能大赛》,充分挖掘传统柳编产业文化内涵,进一步打造柳编特色文化品牌,扩大柳编工艺品在国内外的知名度。

第二,夯实服务会员的基本平台。一是夯实柳编文化展示平台。柳编工艺品协会结合会员柳编工艺品产业发展实际,积极向县政府等部门进行建言献策等各种游说活动,说服县政府等部门先后投资7800万元兴建了柳编文化艺术馆,展示临沭柳编1400多年的历史和现代各种柳编工艺品系列,柳编文化艺术馆自开馆以来,已先后接待10万多参展人次,柳编工艺品创意文化产业的发展,促进了企业会员的经贸合作。

二是夯实柳编工艺品科技研发平台。柳编工艺品协会于2011年成立临沭县柳编研究所,重点开发办公、酒店、家庭、旅游、礼品休闲等系列产品,实现了柳编工艺产品由传统单一条柳型向草柳、布柳、铁柳、木柳等多元化产品发展的重大突破。目前,研究所开发新工艺品种类已达到2万多种。同时,研究所还积极与中央美院、清华美院、广东美院、山东美院等知名工艺品研发人员进行交流与合作,一方面进行柳编工艺品新产品的深化挖掘,另一方面为会员提供技术咨询、技术培训和技术信息等服务活动。

三是夯实原材料基地平台。柳编工艺品协会组织和动员企业会员和条柳种植农户会员共同合作，在青云镇、郑山镇、白旄镇等乡镇建立了5万亩杞柳种植基地。同时，柳编工艺品协会还与北大荒的黑河、北安、大庆等国有农场对接，建立了5万亩北大荒条柳种植基地。目前，柳编工艺品协会已建成了10万亩杞柳种植基地，有效地保证了企业会员的初级原材料供应。

（4）创新经营发展机制

第一，加强对上层企业会员的业务知识和能力培训。柳编工艺品协会非常重视对上层企业会员的业务理论、相关法律法规、产业政策、科技和信息技术等方面知识的培训和学习。探讨产业政策对柳编产业发展的影响，使企业会员能够及时了解和掌握国内外的各种市场信息，组织企业会员定期学习业务理论知识，出口产品质量安全管理、报关报检知识等知识，不断提高工艺品经济协会企业的业务和管理水平，加强各企业会员的技术研发中心和清华美院、广东美院、山东美院等工艺品机构研究的教授和专家的对接和交流，积极研发柳编新产品，降低企业技术研发成本。

第二，提高基层农户会员柳条种植技术和柳编技能。柳编工艺品协会以提升柳编人员的柳编专业技能和技术创新能力为目标，定期举办"超人杯""佳景杯""金柳杯""中行杯"等形式的柳编技能比赛和柳编产品设计创意大赛，营造基层柳编会员互相学习的良好机会，提高了基层柳编会员的学习热情、实践能力和创新能力，打造一批促进柳编产业快速发展的技术队伍，培养了一大批技术精湛、艺术高超的柳编行业技术人员。

第三，强化柳编出口产品质量统一管理和监督。柳编工艺品经济协会严格规范68家企业会员的辅料采购和使用行为，控制有毒有害物质，确保柳编出口产品质量安全，制定和实施"共采共检共用"制度，有效防止了个别企业会员为降低成本，所用的原料达不到国家标准，容易出现质量安全事故等问题。

第四，开展柳编品牌建设。柳编工艺品经济协会积极打造临沭柳编区域品牌。组织企业会员的商标注册，加强出口产品的品牌营销，目前已有"金柳""晴朗""欧拉""白云"等10家柳编企业注册商标，申请专利200多项。2009年临沭被国家轻工协会批准为"中国柳编之都"，2010年"临沭柳编"被国家工商总标确定为"国家地理标志"，2011年"临沭柳编"确定为省级"非物质文化遗产"。

第五，积极创建龙头企业或龙头公司。柳编工艺品经济协会积极组织企业会员的"农产品加工龙头企业"的申报，提高企业的知名度，2011年有3家企业被确定为省级优质农产品出口生产基地龙头骨干企业；2012年上半年四家企业被商务部批准为国家文化重点出口企业，同时临沭文化产业基地被批准为国家文化重点项目，有2家企业被授予"2012年中国最具活力的服务贸易企业50强"；2013年上半年有7家企业被申报并已授予"山东省重点文化产品和服务出口企业"，同时，共有5家企业申报为"2013—2018年度国家文化出口重点企业。"

2. 临沭柳编工艺品协会运行的成功经验

（1）强化协会的自律和声誉建设

柳编工艺品协会不仅会员数量多，而且会员构成复杂，并且每个企业会员的从业人员较多。为求得整个协会的持续健康运行和发展，协会敢于突破传统农村专业经济协会的运行机制，着重加强行业自律机制的设置及其具体实行措施，在实际运作中，强化会员的合作机制的设置及其措施的实行，发挥协会整体发展和协调整合功能，不断提升协会声誉。

第一，注重协会领导成员的培育和发展。柳编工艺品协会自成立以来，已经历了六届，每届都十分注重领导成员的培育和发展。2013年，经过会员大会选举产生了第六届协会主要领导成员，本届选举产生了由1名会长、1名常务副会长、7名副会长、18名理事、1名秘书长、1名副秘书长等成员组成的协会领导机构。协会专门建立了领导成员集体学习制度，积极组织领导成员学习专业知识和相关产业政策，定期聘请市商务局、市检验检疫局、省市海关的领导和专家讲解和学习政策、市场开拓、出口产品质量安全管理、报关报检和企业管理等知识，努力提高领导成员的决策能力和工作水平。

第二，不断改善协会章程和规章制度以促进协会发展的规范化。柳编工艺品协会在实际运行中，根据发展需求及外部发展环境条件的不断变化，相继改善了《柳编工艺品协会章程》《柳编工艺品协会行业自律公约》《柳编工艺品协会会议制度》《柳编工艺品协会会员教育培训制度》等各项规章和管理制度，确保协会运行的有序开展和规范化。在行业自律方面，建立了《企业会员共采共用共检管理制度》，自2012年起商会实行商会企业原辅料共采共检共用，即由协会统一采购、统一检测和统一使用，这项制度的实施，不仅规范了企业自律行为，防止个别企业为降低成本，使用原料达不到国家标准，容易出现质量安全事故的现象，同时又克服了柳编企业单独报检费用大、成本高、费时费力的缺点，提高了企业会员的经济效益。

第三，注重柳编工艺品协会声誉建设。柳编工艺品协会为提高声誉和社会地位，始终注重文化建设，定期举办柳编技能大赛和柳编产品设计创意大赛，先后举办了"超人杯""佳景杯""金柳杯"等大型柳编技能大赛，2013年7月举办"中行杯"技能大赛，选拔了一批技术精湛、艺术高超的柳编技艺人才，2013年有10名会员被授予"临沂市工艺美术大师称号"。2013年9月在临沂文化中心，柳编工艺品协会与市、县宣传部门联合举办了首届柳编文化博览会。2018年9月举办《中国柳编产业发展高层论坛》，并协助中央电视台《走遍中国》栏目拍摄《柳编技艺》节目。2018年5月，柳编工艺品协会展品参加了深圳全国第十届文博会，获得了全国文化产品展示大奖。柳编工艺品协会创作的"柳编之都之歌"，在2018年春秋两季广交会和第十届文博会上滚动播放。

（2）强化服务兴会为第一要务的建设

柳编工艺品协会始终把贴近会员、服务会员、团结会员作为兴会之本，从解决单个会员难以解决的困难和问题入手，互动合作，共谋发展，如重点建设了三个公共服务平台、解决会员最为关注的问题等。

（3）强化协会会员合作意识培育和凝聚力建设

柳编工艺品协会积极探索作为非营利性社会团体在实际运行中的新路径、新模式和新理念，充分发挥协会领导成员的核心引领作用和模范作用，在会员中积极开展"信念、信任、信心、信誉""四信"教育活动。加强党基层组织建设，发挥党员的模范带头作用，坚持把党组织建到企业会员，68 家企业会员基本上都建立了企业党支部各企业会员设立了党员先锋岗，以实际行动带动企业职工干事创业。积极开展公益活动，关爱社会弱势群体。柳编工艺品协会积极引导企业会员投身新农村建设，积极参与捐资助学、助残、扶老、扶危、赈灾、济困等社会公益事业，关爱弱势群体，共尽企业社会责任，商会和企业共向社会捐款捐物达 100 多万元，帮扶困难职工 30 万元，贫困大学生圆梦计划 10 万多元，抗旱救灾捐款 20 多万元，为当地困难党员捐款捐物 5 万多元，安置下岗职工 1000 多人，党员与农户结对帮扶 120 人。临沭柳编工艺品协会坚持以会员为本、搞好服务，努力把协会办成"会员之家"，真正让会员满意。

（4）强化协会会员人才的培育和发展

柳编工艺品协会加强对管理人才队伍的培育和发展，利用国内知名培训机构等教育培训资源，加大对企业经营管理人才的培养，定期培训出口知识和管理知识，解决出口、通关、商检、市场开拓等方面的业务难题。柳编工艺品协会加强对工艺创新、品牌设计、杞柳编织等专业技术人才的培养及物流、油漆等相关产业的联系及引进，积极与高等院校、职业学校等对接，聘请国外专业设计机构联合研发，加强产学研基地建设，提高产品科技含量和市场竞争力。柳编工艺品协会成立临沭柳编工艺美术师资格评委会，对工艺美术设计和编织人才进行评定评审和推荐申报工艺美术大师。

（5）强化外部发展环境和条件的改善与内在化建设

柳编工艺品协会积极搭建柳编企业融资合作平台，创新融资产品，给予柳编企业优惠利率，引导金融机构加大对柳编企业的信贷投入。对柳编出口企业投保短期出口信用保险，经报批后，在每企业最高不超过 10 万元的补贴额内，按其实际投保费用总额 30% 以内的比例予以补贴。

柳编工艺品协会对符合小型微利企业范围和条件的企业会员，将资料送税务机关备案后，可减按 20% 的优惠税率征收企业所得税，对于账务健全的柳编企业实行查账征收。增值税一般纳税人出口按照规定时限申报的享受出口免抵退税政策，增值税小规模纳税人出口按照规定时限申报的享受免税政策。

柳编工艺品协会积极游说相关政府部门对企业会员减免行政收费和罚款。企业会员新建投资项目在建设过程中涉及的行政事业性收费除上缴省、市部分外，县级行政事业性收费一律免收，服务性收费按照最低标准的 50% 收取，免收企业会员"一费制"中的排污费项目，免收企业会员育林基金和河道工程维护费。

3. 临沭柳编工艺品协会运行中存在的问题和制约因素

（1）放货员（经纪人）素质参差不齐及其监管机制乏力

临沭柳编工艺品协会的会员根据生产经营过程中具体分工不同分为专门负责上游生产提供初级原料的农户会员与专门负责下游精加工贸易出口的企业会员两大类，这两类会员从实质上说地位同等，彼此之间不发生直接的关系，而是通过每个企业会员各自的专职放货员（经纪人）上下沟通的，在实际运营中，放货员根据所属的企业安排的所需初级原材料的数量、质量、标准、交货时间及每单位（每公斤或每件）合格产品的价格，召集自己在实际生产和交往中早已固定的柳条种植户或柳编户会员，将企业所要求的初级原材料的数量、质量、标准、交货时间及每单位（每公斤或每件）合格产品的价格详细说明，然后，农户会员根据要求保质保量按时交货。可见，放货员的素质、办事能力及其对双方会员的尽职程度是非常重要的，不仅关系到两类会员的利益，也关系到整个协会的稳定和发展。但是，由于不同放货员的素质、办事能力及其尽职程度各不相同，必须对放货员制定相应的激励机制和监管机制。因为，一旦某放货员在其经济行为上出现问题，小的问题会危机两类会员的正常交易，大的问题就会危及会员之间的团结与合作。例如，在 2012 年，某企业会员的某放货员因贪财有意对农户会员压低按公司要求的原材料收购价格，将每公斤条柳降价 1.20 元，事发后，有很多农户会员直接找到协会闹事，还有些农户改转为其他企业会员生产提供原材料。再如，少数放货员依托农村地缘、人缘、血缘等关系联结起来的柳种编农户会员，由于担心如果严格根据企业会员要求，就会使某些农户会员的产品因达不到合格要求而减少收购量，就有可能减少农户的收入，甚至认为，"依照历史经验来看"一旦出现风险，最终反正由企业担当，风险意识和责任意识严重缺乏，有时对农户的不合格产品视而不见，轻易过关，影响企业加工产品的质量安全。这种情形下，即使建立了相关监管机制，但是由于农村熟人社会的实际情况以及缺乏风险意识，极易出现监管不到位的问题。

（2）柳条种植或编织会员退会问题严重

近几年来，随着化肥、农药等农资价格快速高涨，加上地蚕、大灰象甲、杨毒蛾、绿刺蛾、蚜虫、卷叶虫、柳篮金花虫等病虫害影响较重，条柳种植比小麦等普通作为种植施肥多、施药多、浇水多和人工多，柳条种植成本提高，条柳种植农户会员的比较利益降低，不少条柳种植农户会员纷纷退会改种小麦等其他作物或者外出打工，致使企业会员所需的原材料 60% 以上需要从内蒙古、安徽、河南等地大量购进，从现有柳编工艺品协会的农户会员自身生产的柳条数量看，远不能满足企业会员加工生产的需要。

（3）企业会员缺乏龙头企业带动，高层次管理人才缺乏

现有企业会员普遍规模小、发展基金实力较弱，缺乏龙头的带动效应，2012 年出口额 500 万美元以上的企业只有 7 家，抵御市场风险的能力差。从柳编工艺品协会的 100 多名企业管理者的文化水平来看，有大专以上学历的比例不到 10%，在 2000 多名营销人员中，大专以上学历的比例不到 30%，绝大部分没有经过专业的管理知识培训，具有中级以上职称的比例不到 5%，柳编工艺品协会急需高级管理人才。

（4）品牌意识和会员合作意识有待于进一步提升

目前，柳编工艺品协会的企业会员中，仅有金柳、晴朗、荣华等少数企业会员只是在国内注册品牌商标，多数企业会员缺乏知识产权保护意识，产品的更新速度缓慢，开拓创新能力较差，导致多数企业会员的产品附加值低和效益低。同时，在实际运营中，企业会员之间为争市场、争客户互相压价竞价等展开的无序竞争现象依然存在，致使与外商的订单价格始终处于低价格水平，导致柳条种编农户会员的收益偏低，影响了柳条种编农户会员的积极性。

（5）监管机制内容不明晰不完善，问责机制乏力

虽然柳编工艺品协会建立了监事会，但由于协会规模大、会员构成复杂，每个企业会员通过各自的专职放货员（经纪人）联结自己的柳条种编农户会员，形成各自的原料生产—加工—贸易出口一体化运作模式，不同的企业会员及其农户会员之间彼此独立，缺乏有效的沟通与合作。尽管柳编工艺品协会对所有会员都有较为详尽的章程和规定，但这些章程和规定过于千篇一律化和原则化，缺乏实际可操作性，相当一部分企业会员没有对自己的放货员制定适应自身发展的内部风险监管制度、监管内容及具体的处置方法，导致部分放货员在实际运作中含有相当多的人为因素，引发本不应该发生的问题。

由于部分企业会员的原料生产—加工—贸易出口一体化运作模式内部以及对其放货员缺乏相应的问责机制，再加上对放货员防控风险没有制定明显的激励机制，造成部分放货员自身的腐败，从而导致上下游生产环节不能很好地协调。

三 "协会 + 龙头企业 + 合作社 + 农户会员" 运行模式——寿光蔬菜协会

"协会 + 龙头企业 + 合作社 + 农户会员"运行模式中的龙头企业主要是指那些发展实力和市场竞争力较强的农产品加工业农产品流通企业等涉农企业，它们在一定区域内的某些农业产业发展中具有较强

的影响力和带动力，它们基本上都实行规模化、标准化生产和经营，都需求其加工和流通所需要的初级农产品原料拥有能够批量生产、稳定供应的生产基地。这里的个体农户会员不包括农村专业合作社会员中的成员。现行的大部分农村专业经济协会由于非营利性的制约和禁锢，单靠普通个体农户会员有限的会费和弱小的生产经营能力使农村专业经济协会往往难以为继，在新常态发展形势下，农村专业经济协会应该创新传统的会员构成特点，积极吸纳龙头企业、农村专业合作社等营利性的组织为会员。

该类型农村专业经济协会运行模式通过对龙头企业会员、农村专业合作社会员及一般个体农户会员统一协调，发挥和利用各自的优势和资源，采取这种运行方式，既可以突破常规农村专业经济协会单一农户会员构成方式因其非营利性属性导致的自我发展能力不足，又可以充分发挥和利用龙头企业与合作社的营利性属性及其优势，提高一般个体会员的生产经营能力。

（一）"协会 + 龙头企业 + 合作社 + 农户会员"运行模式总体特征

1. 运行特点

该类型农村专业经济协会在实际运行中，在协会的统一调度下，龙头企业主要采取分别与个体农户会员和农村专业合作社签订农产品采购合同，并制定不同的农产品采购价格和利益分配机制；或者龙头企业与专业合作社签订农产品采购合同，并制定相应的利益机制；或者由协会统一对龙头企业、合作社和个体会员根据当时市场需求制定参考性的农产品采购价格，并制定相应的利益机制等主要农产品采购方式。通过实施这种农产品采购运作方式，对企业而言可以提高原材料组织效率、节约相应的流通成本和交易成本；对专业合作社会员和个体农户会员而言，可以获取龙头企业免费提供的种养殖技术、病虫害防治技术、新研制或引进的新品种及科学的管理手段和相关设备；提高个体农户会员增收创收的同时，还确保农产品生产和供应的稳定性和质量。

在三类会员的经济行为和职能分工方面，一般是个体农户会员负责生产，专业合作社侧重农资采购、兴办小型的经济实体和服务，龙头企业侧重农产品的采购、加工和营销。

在利益机制设置及其运行方面，在协会的统一协调下，龙头企业与专业合作社会员、个体会员之间可以选择签订合同或股份制方式进行利益联结和分配，这种利益机制确保龙头企业会员、专业合作社会员、农户会员之间建立紧密的利益联结体，企业或农民专业合作与个体农户会员实行按股分红和按交易量分配，将农业产业化、标准化、商品化有机集中于一体化进程中。

在产权安排和运作方面，主要实行以下几种方式：龙头企业会员向农产品生产环节延伸，引导、扶持和组织农户会员及合作社会员建立农产品生产基地，并且分别以合同契约关系进行产权安排；龙头企业与农户会员、专业合作社会员以股份合作制形式结成利益经济体，或者龙头企业吸收农户会员入股，或者龙头企业向农民专业合作投资入股。农户会员可以确保和维护农产品加工和销售等环节利润的收益权益。

2. 运行优点

这种运行模式可以确保龙头企业、农村专业合作社、农户三类会员之间在农村专业经济协会这个统一整体内，形成稳定的合作关系和权益对等关系，有效避免像单独由龙头企业牵头组建的农村专业经济协会等类型协会中利益和权益在实际运行中会出现严重向龙头企业倾斜、农户权益受损等问题，可以同时发挥龙头企业和合作经济组织各自的优势。由于有农村专业经济协会在整个运行中对所有资源进行整合和充分开发利用，不仅使龙头企业会员和个体农户会员都可以减少农产品交易费用，而且，保证了企业会员拥有稳定的原材料供应基地，改变了农户会员对龙头企业的依附地位，降低了市场不确定性等带来的风险。农村专业合作社作为与龙头企业和农户同等地位的会员，在确保同龙头企业会员和个体农户会员一样获取农村专业经济协会的各种免费服务及各种应享受的权益的同时，本身作为营利性农民自己的合法组织，一方面可以获得国家的各项扶持，另一方面可以发挥其营利性等发展特征，不断发展壮大，这样，同龙头企业会员一样，可以为农村专业经济协会带来一定的发展基金，为农村专业经济协会的整体发展带来后续力量。

该类型农村专业经济协会运行模式，不仅降低了个体农户会员、农村专业合作社与龙头企业之间的谈判成本、交易成本和摩擦成本，而且，由于龙头企业会员和农村专业合作社会员经济实力强大这一优势，能够增强农村专业经济协会的吸引力、凝聚力和自身发展能力，同时，也不断吸纳更多的农户参与，确保该类型农村专业经济协会发展规模不断壮大。

3. 运行缺点

"协会＋龙头企业＋合作经济组织＋农户"类型运行模式，由于是近几年刚刚兴起的农村专业经济协会发展类型，正处于初创探索阶段。在许多运行环节的掌控和某些运行机制的设置上还很不成熟，在关于龙头企业会员、农村专业合作社会员、个体农户会员之间的产权设置和权益维护方面还存在很多不足，随着发展规模的不断扩大，协会的整体运筹成本、管理成本和监督成本都在大幅度增加。

4. 适用条件

"协会＋龙头企业＋合作社＋农户"类型运行模式比较适用于经济社会发展水平发达和较发达地区的农村区域，对农业产业化、标准化和商品化程度要求较高，要求农户的农业生产科技素质和发展经营能力较高。实践证明，该类型农村专业经济协会运行模式必将成为今后山东省乃至全国农村专业经济协会主要发展形式之一。

（二）寿光蔬菜协会分析

1. 寿光蔬菜协会运行状况

（1）基本状况

寿光蔬菜协会于1994年6月20日，由冬季蔬菜大棚之父——寿光市三元朱村党支部书记王乐义牵头组建的，于 2003 年 3 月正式注册。寿光蔬菜协会的办会宗旨是"强强协作，科技兴会、心心向农"，以向菜农无偿传授蔬菜种植技术为根本，在实际运营中充分发挥协会的"沟通、协调、组织、引导"等职能，在菜农与企业及政府之间担负媒介进行沟通与对话。2001 年 3 月，建立了寿光蔬菜批发市场，2004 年 8 月，申请注册寿光无公害蔬菜商标。自 2007 年 7 月《中国农村专业合作社法》正式颁布和实行以后，面对本身具有营利性发展属性的农村专业合作社在《中国农村专业合作社法》笼罩下，政府大力支持、信贷条件不断改善等外界发展环境和条件日益改善，非营利性属性的农村专业经济协会深受农村专业合作社快速发展的冲击，外部发展环境和条件较以前没有好转甚至比以前更加恶化，致使很多农村专业经济协会纷纷改弦易辙，转型到农村专业合作社行列。面对这种发展形势，寿光蔬菜协会在坚持整体非营利性和建会确定的宗旨的前提下，进行开拓创新，创新会员结构、组织结构和运行机制，大胆在引进股份合作制各类方式和运行模式，遵循传统农村专业经济协会无偿为会员提供生产经营服务的运行方针，作为整体是非营利性的社会团体，但是，可以积极创造发展条件和运行环境，创新会员增收创收的方式和路径，帮助会员营利。2007 年 12 月，寿光蔬菜协会吸纳寿光市田苑果菜生产有限公司（下设寿光市燎原现代农业有限公司、北京销售分公司，沈阳田苑现代农业有限公司）和寿光市燎原果菜专业合作社入会，改变了原先只有那些生产规模小、细碎化经营、资金困乏、经营管理能力低的菜农单一构成会员的局面，把发展资金雄厚、信息来源丰富而真实、经营管理能力强、可以营利的企业性质的涉农龙头企业和农村专业合作社吸纳为会员，这样，其会员就包括菜农个体会员、公司和农村专业合作社[①]，在寿光蔬菜协会统一协调和整合下，各类会员之间在协会的地位同等，彼此之间积

---

① 寿光蔬菜协会章程明确规定，本协会的个体菜农会员与加入本协会的农村专业合作社地位同等，菜农会员就不能再加入本协会的农村专业合作社，本协会的农村专业合作社也不能再纳入本协会的菜农会员为合作社会员。

极合作，充分发挥各自优势，一般地，在实际运营中，菜农会员与合作社专职负责为龙头企业提供初级加工原料，龙头企业专职负责加工和销售，同时，合作社会员也可与龙头企业联营，兴办营利性的经济实体。在利益机制方面，由协会统一确定股份总额，针对龙头企业会员与合作社会员制定相对的最高购买股份上限额，然后对全体会员实行股份认购。

截至 2013 年 12 月底，会员包括龙头企业一个（下辖 3 个分公司）、农村专业合作社 1 个、个体菜农会员 1125 人，其中个体菜农会员中购买股金的会员有 825 人，未认购股金的会员 300 人，聘请技术人员 3 人，病虫害专家 2 人，协会会长、副会长、理事及理事成员、秘书长、副秘书长、监事及监事成员及其各职能部门领导成员共有 29 人。协会蔬菜总种植面积为 9670 亩，其中，无公害蔬菜基地 7670 亩。寿光蔬菜协会确定"优质高效、无公害品牌、标准化、规模化、市场化以及生产—加工—销售一体化经营"的运行路径，主导蔬菜产品为黄瓜、西红柿、芹菜、韭菜等。截至目前，寿光蔬菜协会先后获得"山东省十佳农村经济协会""山东省科普示范基地""潍坊市明星农村经济协会"等荣誉称号。寿光蔬菜协会会员构成与运行（见图 7 - 2）。

（2）组织管理与产权结构

创新民主决策和民主管理制度。打破传统农村专业经济协会"一人一票制"的僵化管理方式，创新实行"一人一票"与"一股一票"有机结合的决策和管理方式。调整优化组织管理机构，在完善会员大会制度及健全理事会和监事会等机构职责的基础上，设置蔬菜品种和种植技术研发部、信息服务部、蔬菜生产部、蔬菜病虫害防治部、蔬菜加工部、蔬菜销售部、蔬菜生产农资采购服务部、财务管理部和综合管理办公室"八部一室"。协会统一协调整合各类会员资源，在坚持"自愿、互利、公平"原则的基础上，倾斜于实行股份制管理方式。

通过协会章程制定会员认购股金的相关规章制度，进行规范化管

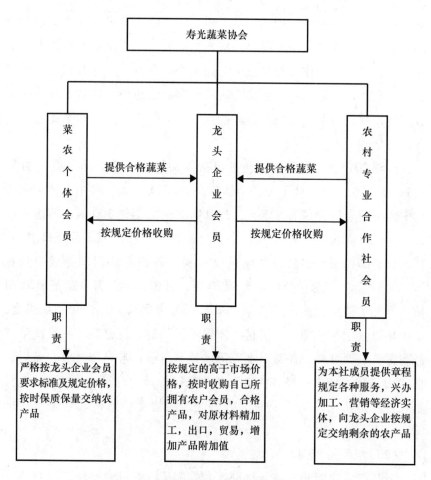

图 7 - 2   寿光蔬菜协会会员构成与运行

理，对会员身份资格做出严格规定：会员加入协会必须认购协会股
金，按照股份享有表决权、分配权和所有权。优化调整各种股份结构
比例：蔬菜种植股股金比例要占总股金的80%以上，从事管理、销
售及其他经营活动的股金不能超过总股金的20%；设定每股股份额
为1万元，可一人多股、也可多人一股，实行股金份额与蔬菜种植面
积和蔬菜产量相配比，菜农个体会员与农村专业合作社会员必须交足
与其股份额相配的合格蔬菜到协会蔬菜批发市场，协会必须保证按规
定收购会员的合格蔬菜；调整理事会和监事成员及其他职能部门领导

成员等管理成员的股权结构，在规定的额度内，实行责任轻重和股资比重相配套，权、责、利相一致。截至 2013 年 12 月，协会股份已发展到 1325 股（每股为 1 万元），其中蔬菜销售股 200 股，蔬菜种植股 1125 股。

（3）运行特点

寿光蔬菜协会突破传统的单一个体会员构成方式，实施会员构成创新发展，既吸纳个体会员，同时又积极吸纳公司和农村专业合作社作为协会会员，在整体上作为为会员提供无偿服务的非营利性社会团体，但在协会内部，积极为公司会员和专业合作社会员提供各种服务和便利条件，鼓励公司和合作社这两类营利性组织积极营利，带动菜农个体会员增收创收，为协会发展提供一定的发展资金和各种活动经费，实践证明，寿光蔬菜协会的这种运行模式是适应当前我国农村和农业发展以及农户生产的实际需求。

①明晰会员的权利和义务

寿光蔬菜协会的会员包括个人会员类型和组织会员类型两类，其中组织会员类型又包括涉农企业和具有企业性质的农村专业合作社。通过会章对会员入会的条件、入会程序、享有权利、承担的义务及进退会程序等方面进行明晰界定。

②明确界定协会各组织机构及其领导成员的职权与职责

会员大会是协会的最高权利机构，其职权主要包括：制定和修改章程、选举和罢免理事、审议理事会的工作报告和财务报告、决定终止协会的重大事宜。会员大会须有 2/3 以上的会员出席方能召开，其决议须经到会会员半数以上表决通过方能生效。会员大会每届 3 年，因特殊情况需提前或延期换届的，须由理事会表决通过，并经社团登记管理机关批准同意，延期换届最长不超过 1 年。

理事会是会员大会的执行机构，在闭会期间领导本协会开展日常工作，对会员大会负责。理事会的职权主要包括：执行会员大会的决议、选举和罢免理事会会长和秘书长等主要领导成员、筹备召开会员大会、向会员大会报告工作和财务状况、决定会员的吸收或除名、决定各机构主要负责人的聘任、制定内部管理制度、决定其他重大事项。理事会须有 2/3 以上理事出席方能召开，其决议须经到会理事 2/3 以上表决通过方能生效，理事会每年至少召开一次会议；情况特殊的，也可采用通讯形式召开。寿光蔬菜协会设立常务理事会，常务理事会由理事会选举产生，在理事会闭会期间行使理事会的主要职权，对理事会负责，常务理事会须有 2/3 以上常务理事出席方能召开，其决议须经到会常务理事 2/3 以上表决通过方能生效，常务理事会至少半年召开一次会议；情况特殊的，也可采用通讯形式召开。

寿光蔬菜协会会长为本团体法定代表人，不能再兼任其他团体的法定代表人。本协会会长行使、召集和主持理事会或常务理事会、检查会员大会或会员代表大会、理事会或常务理事会决议的落实情况、代表本团体签署有关重要文件等职权。

寿光蔬菜协会秘书长主要行使主持开展日常工作、组织实施年度工作计划、组织协调各分支机构和实体机构开展工作、提名副秘书长以及各办事机构主要负责人、决定各办事机构专职工作人员的聘用、处理其他日常事务等职权。

③明晰协会的业务范围和运营目标

第一，传播推广先进的蔬菜种植技术；第二，组织菜农会员进行技术人才培训和交流；第三，组织蔬菜专家进行蔬菜受损评估；第四，组织蔬菜等农产品销售渠道和销售市场与网络建设；第五，宣传推广使用先进蔬菜品种、农资和农技产品；第六，指导组织现代蔬菜园区规划、设计和建设。

（4）始终坚持为会员服务的发展宗旨

开展全方位、立体化的蔬菜技术推广服务。编辑出版技术会刊《山东科技报·寿光蔬菜》科普周刊，内容主要围绕蔬菜栽培管理进行技术指导，分析农业政策，发布致富、市场信息等，截至目前已发放 600 多期；开通蔬菜病虫害视频诊断实时服务系统，同时，协会开通了两部蔬菜技术免费咨询热线。

开展蔬菜园区一条龙服务。针对近年来蔬菜市场需求变化和发展趋势,寿光蔬菜协会成立了现代农业园区服务中心,开展农业园区规划建设、专家技术指导和技术员派遣等项目的一条龙服务工作。同时,设立了专家和技术员人才库,对有一技之长的蔬菜种植技术员进行摸底登记,分类管理,经培训合格后,颁发"蔬菜园区技术员上岗证",目前已拥有各类技术员100余人。

(5)不断改善利益机制

寿光蔬菜协会在利益分配上对会员的股份和交易额分别对待,股东会员在协会提取了公积金、公益金和各种风险保障基金后按出资比例对利润的10%左右进行按股分红;普通会员得到了高于市场价收购的利润。

(6)明确协会的资产管理和使用原则

寿光蔬菜协会经费来源主要有会费、捐赠、自筹、会章核准的业务范围内开展各种活动或服务的收入以及其他合法收入。经费必须用于会章规定的各种业务和事业的发展,不能在会员中进行分配。协会的资产管理必须执行国家规定的财务管理制度,接受会员大会和财政部门的监督,协会的资产,任何会员和部门不得侵占、私分和挪用。协会专职工作人员的工资和保险、福利待遇,参照国家对事业单位的有关规定执行。

2. 寿光蔬菜协会运行的成功经验

(1)实施公司、合作社和菜农个体等不同会员共同参与的一体化运作

协会将公司、专业合作社和一般个体会员有机联结在一体化运营中,以"燎原"牌绿色蔬菜、瓜果为主营业务,兼营其他农产品,采取生产种植—验收—加工—物流配送—市场销售—安全追溯等生产经营一体化运作模式,对种植、技术指导、农资采购、产品检测化验、产品合格检验收购、加工、品牌销售、返利分红进行全程统一管理。

(2)推行产品质量安全生产规范化管理

寿光蔬菜协会推行生产农资的标准化、规范化采购、使用和管

理，由设置的专门机构具体全权负责无公害蔬菜生产、农资采购和供应、技术指导，引导蔬菜生产会员科学合理使用各种肥料及严格执行《农药管理条例》《无公害蔬菜农药合理使用规范》等规范性标准，严禁使用剧毒、高毒、高残留农药，严格执行农药使用安全间隔期，尽量减少用药量和使用次数，从根源上确保蔬菜产品质量。

（3）坚持科技兴会

寿光蔬菜协会自成立以来，始终把帮助会员学习和提高蔬菜生产种植管理技术作为第一要务。在实际运营中，为了能全面提高会员蔬菜种植管理技术，针对不同的农时季节对会员进行技术指导，为了便于会员随时解决生产中遇到的技术问题，寿光蔬菜协会还开通了两部农事服务热线，随时解答会员在蔬菜生产种植方面遇到的技术性难题，同时，蔬菜病虫害防治部安排专职技术人员到菜农会员的大棚里现场诊断蔬菜病害和现场解决问题。寿光蔬菜协会还编辑了专业性强、针对性高的蔬菜技术性会刊《山东科技报·寿光蔬菜》科普周刊，内容主要包括蔬菜生产种植技术、市场、致富信息、蔬菜病虫害防治技术、蔬菜生产科技知识等专题，至今已编辑出版 600 多期。自2003 年以来，共组织会员参加培训科学知识和实用技术 81 次，开展蔬菜生产技术讲座 22 次，发放蔬菜生产技术资料 12 万份，指导会员进行蔬菜标准化生产。

（4）不同类型会员分工联营从事一体化生产适应生产差异化需求

寿光蔬菜协会在运行中确定"整体非营利但帮助会员营利创利"的发展宗旨，根据三类会员不同的生产经营优势进行整合资源、合理分工，让不同类型会员之间充分发挥各自优势、取长补短、相互带动、增收创收。在生产种植—验收—加工—物流配送—市场销售—安全追溯等生产经营一体化运作模式，寿光蔬菜协会利用其协调和整合功能，针对不同会员的优势进行科学合理分工，菜农个体会员专职负责保质保量的生产符合龙头企业会员加工需求标准的蔬菜；龙头企业会员专职负责以事先确定的高于市场平均价格收购菜农会员合格的蔬菜，对蔬菜进行精深加工和销售出口，并尽最大限度的追求蔬菜加工产品的科技含量和附加值以获取最大利润；农村专业合作社会员除了满足自己兴办的加工实体所需蔬菜之外，将剩余的合格蔬菜按事先确定的加工出售给龙头企业会员。

三类不同类型会员在生产一体化中相互交叉合作、保持长期的紧密合作关系，在实际运营中，寿光蔬菜协会从整体上掌控三类不同会员各自的经济目标，尽最大限度为各类会员提供各自需求的服务。在管理和利益机制设置及其运行中，三类会员各自经营好和管理好自己的生产环节，龙头企业会员与农村专业合作社的加工、营销等类型营利性经济实体发挥利用自己的优势，以利润最大化为经营目标，不断增加产品科技含量和附加值，同时，确保以按事先规定的高于市场平均价格按时收购个体菜农会员与农村专业合作社剩余的合格的初级原材料；个体菜农会员与农村专业合作社要确保按时按量向龙头企业会员与农村专业合作社的加工、营销等类型营利性经济实体生产提供合格原材料，以获取高于市场的差价，达到增收创收的目的。

在寿光蔬菜协会统一协调下，不同类型会员分工联营从事一体化生产还有利于内部风险防范，由于三类不同类型会员都是在同一协会组织协调下的产业一体化内部运行，因此，不同类型会员生产经营环境仍然是在"熟人社会"的安全范围之内，同一协会组织的资源、信息、优势等互补共享能克服诸如"龙头企业牵头型"等传统类型农村专业经济协会在运行中龙头企业与农户会员博弈信息不对称等问题，三类不同会员之间利益关系有专业分工生产以及协会进行整合协调的保证，对不按章程和规章制度的经济行为的监督被局限在同一个协会内，任何会员的违约成本较高，这在一定程度上对违章行为引发的风险起到一定防范作用。

四　结论与讨论

从调查分析发现，目前山东省农村专业经济协会同全国其他省市区一样尚处在不成熟运行阶段，并且大部分农村专业经济协会在实际运行中基本上完全依据传统农村专业经济协会运行原则，但是，由于其非营利性以及其农户会员构成的单一性，导致在实际运行中缺乏运行资金和拓展创新能力，因此，相当部分农村专业经济协会基本上在原有规模上艰难维持着，还有一定数量的农村专业经济协会因缺乏资金、动力不足而最终走向了消亡。

近些年，有少数农村专业经济协会在基本上不违背"非营利性""无偿性提供服务"等运行原则的前提下，创新会员单一由个体农户构成格局，将涉农企业、农村专业合作社、信用社等营利性组织通过实行适宜的运行机制纳入会员构成，这样既坚持了传统农村专业经济协会非营利性特征，对内创造条件让会员营利、相互带动，最终带动个体农户会员增收创收；同时，克服传统农村专业经济协会的一些不利于自身发展的外部不利环境和因素，充分利用国家支持企业和农村专业合作社的相关优惠政策、发展环境和法律法规；再有，这种运行模式还能有效克服和避免诸如那些"龙头企业牵头型"以及以企业为媒介代表个体农户会员与龙头企业等企业性组织签订购销合同等类型的农村专业经济协会的许多不利于农户的弊端。实践证明，这些创新运行模式，切合当今新常态下农村实际，在给涉农企业、农村专业合作社、信用社、个体农户等所有会员带来了良好的经济效益和社会效益的同时，还不断提升农村专业经济协会的经济和社会地位，不断增强自身发展实力和不断扩大自身发展规模，促进农业现代化和一体化进程。

临沭柳编工艺品协会和寿光蔬菜协会在经过一定时期运行后，面对农村专业经济协会非营利性、社会性和无偿服务性等发展属性带来的运营资金困难以及现实农村发展环境条件，创新会员组成结构及运行机制，改变了原先只有那些生产规模小、细碎化经营、资金匮乏、经营管理能力低的农户单一构成会员的局面，健全组织机构，组成强有力的领导成员，进一步改善章程和相关规章制度，在创造条件支持那些营利性会员组织以利润最大化为目标积极营利创利的同时兼顾扶持和带动个体农户会员增收创收，能够在生产一体化中根据不同类型会员所从事专业分工的不同及其生产环节的差异性，很好地处理不同类型会员之间互补共助的合作关系，并且通过提取一部分营利性会员组织所创造的利润扩大协会公积金和公益金规模，弥补了因本身非营利性而导致的发展基金不足、缺乏发展活力等缺陷，增强了农村专业经济协会自身发展能力，拓展了发展空间，而且将生产规模小、发展能力低、资金困乏的个体农户纳入现代农业一体化进程中，帮助和提高了农户增收创收能力，促进了现代农业的发展。

然而，目前在山东省大部分农村，类似上述两个典型运行模式创新的农村专业经济协会仍然较少。那么，是否任何农村专业经济协会都可以采取上述案例的运行模式呢？在什么环境和发展条件下可以采取类似上述案例的运行模式呢？纳入不同类型会员在产业一体化进行中联合运营，确实可以整合利用各自优势资源、降低运营成本、共同增收创收，但是，在很大程度上提高了内部监督效率和管理成本，并且隐含着"个人投机主义""搭便车行为"等较大的运行风险。

第一，临沭柳编工艺品协会运行模式中，会员主要由从事柳编精深加工出口贸易的 68 个企业和从事柳条种植或简单初步编织的农户两类会员组成，两类不同会员之间主要通过每个企业各自的放货员（经纪人）联结的，他们之间的利益关系是这样形成的：企业会员以远高于市场同类产品平均价格来收购农户会员的合格的初级产品，农户会员按时保质保量向企业会员交纳初级产品，农户会员的利益主要来源于高出市场价格的差价，企业会员的利益主要来源于因所需原材料具有稳定的生产基地和渠道而降低的大量交易成本和其他不确定性因素带来的风险。这种运行模式主要利用了两类不同会员在生产一体化中的具体生产分工环节不同以及技术、生产资料、信息等生产资源不同，两类会员可以优势互补、利益共享。

这种运行模式主要风险来源于两个方面：一是部分企业会员没有始终遵守章程和规章制度，以低于同类产品市场价格收购农户会员的合格产品，或者部分农户会员见利忘义，私下以更高的价格出售给其他企业或市场；二是少部分放货员不能认真履行自己的职责或"个人投机主义"作祟，自身修改或操纵企业会员的有关规定，例如修改收购价格或篡改产品验收标准等行为。这些风险因素就要求协会高屋见瓴、制定严格的相关制度规定防微杜渐，并且制定严格的监督机制并加以实施；同时，为确保企业会员初级原料来源和生产供应的稳定，必须组织动员。企业会员积极开发建立新的原材料生产基地。

　　第二，寿光蔬菜协会运行模式中，会员主要由从事蔬菜精深加工、国内知名超市和大型市场、出口贸易等经营业务的龙头企业和从事蔬菜初步加工、批发、销售、贸易及蔬菜生产农村专业合作社以及专职从事蔬菜生产的菜农三类会员组成。三类不同会员之间的利益关系是这样形成的：龙头企业会员以远高于市场同类产品平均价格来收购农户会员的合格的蔬菜以及农村专业合作社满足自己加工、营销等经济实体需求后剩余的蔬菜；菜农会员按时保质保量向龙头企业会员交纳蔬菜，菜农会员的利益主要来源于高出市场同类蔬菜价格的差价，龙头企业会员的利益主要来源于因所需原材料具有稳定的生产基地和渠道而降低的大量交易成本和其他不确定性因素带来的风险；龙头企业会员与农村专业合作社会员之间，农村专业合作社会员必须将满足自己需求后剩余的合格蔬菜按事先规定交纳给龙头企业会员或自己加工实体的初级加工产品，龙头企业必须按规定及时向农村专业合作社传递信息、传授相关加工技术等，有时可以共享市场资源。这种运行模式主要利用了龙头企业与农村专业合作社两类不同会员的发展优势及有利的国家优惠政策等发展环境、菜农会员与龙头企业及农村专业合作社的经济实体在生产一体化中的具体生产分工环节不同以及技术、生产资料、信息等生产资源不同，三类会员可以优势互补、利益共享。

　　这种运行模式主要风险来源于三个方面：一是龙头企业会员没有始终遵守章程和规章制度，以低于同类蔬菜市场价格收购菜农会员的合格蔬菜，或采取有意提高蔬菜质量验收标准而压低对菜农的收购价格，或者部分菜农会员见利忘义，私下以更高的价格出售给其他蔬菜加工企业或市场；二是少部分蔬菜收购员不能认真履行自己的职责或

"个人投机主义"作祟，私自压低蔬菜收购价格或篡改蔬菜验收标准等行为；三是龙头企业会员与农村专业合作社会员不能真诚合作，例如，同类蔬菜加工实体相互"搭便车"行为。这些风险因素就要求蔬菜协会首先要高屋见瓴、制定严格的相关制度规定防微杜渐，其次制定严格的监督机制并加以实施；同时，为确保龙头企业会员初级原料来源和生产供应的稳定，应该创造条件帮助龙头企业会员积极开发蔬菜后备生产基地。

第三，在生产一体化进程中，如果不同类型会员之间没有明确的不同生产环节的专业性分工，就不能牵强附会将他们纳入同一个农村专业经济协会之中，例如，如果把没有明确不同生产环节分工的农村专业合作社与龙头企业纳入同一个农村专业经济协会，即使农村专业合作社兴办有自己的初级加工性的经济实体，但是，由于基本上是从事同质性的生产活动，这样使得生产主体面临共同的市场风险和自然风险，一旦遭遇到某种市场因素发生较大变迁或遭遇旱涝等自然灾害，就很可能导致这些生产主体同时蒙受巨大损失，因为他们之间缺乏生产性优势资源的异化性和互补性。

只有在生产一体化进程中能够具有分别从事不同环节生产活动的异质性和互补性，才能将这些不同生产经营的会员纳入同一个农村专业经济协会，充分发挥和利用他们各自的优势生产经营资源，促进彼此之间进行有机合作和互补，在现代农业生产一体化进程中实行联合运营方式的"大联合"，也就是从事不同生产环节的会员在农村专业经济协会内部这个整体平台上进行合作，其主要优势表现在：能够降低或减轻单一类型会员闯市场所面临的各种市场风险和各种不确定性因素带来的损失；能够共同抵御各种突发性社会灾害或自然灾害；由于不同生产环节的时间、资源、技术、生产资料等方面的异质性致使资金需求、劳动力需求等生产性需求错开。

应当看到，将分别从事不同生产环节的生产主体有机组织在同一个农村专业经济协会，在现代农业生产经营一体化进程中实行"大联营"，需要一定的搜寻成本、组织成本、管理成本和监督成本，因此，只有当一个农村专业经济协会所从事的农业产业链足够长、并且不同生产环节之间的产品差异性和生产差异性足够明显、协会规模足够大、核心领导成员管理能力和组织能力足够强时，不同类型会员之间的生产经营"大联营"才能够顺利并有效运行。

第八章　主要结论、建议与展望

一　研究结论

农村专业经济协会经过 30 余年的运营已经开始进入逐步规范发展阶段，在农村专业经济协会规范发展和运行中，进一步改善其组织结构及其运行机制将是当今乃至今后农村专业经济协会研究的重点。本书系统地分析了农村专业经济协会的组织结构及其运行机制的生发条件、运行现状及改善路径，结论如下。

第一，农村专业经济协会是一个多种运行机制动态互动的系统，它的效能在于会员共同合作、节省各种市场交易费用以获取农业生产经营所需求的准公共物品和服务。其最终成效大小或者组织目标是否能够达成，根据代理理论和交易费用理论，从本质上看，农民专业经济协会作为一个惠顾者与所有者统一的非营利性组织，其经营管理者通常是由少数农村能人为主的核心会员担负，绝大部分普通会员并不经常担当管理者和经营者，他们经会员大会委托那些核心会员来代为管理，代理问题在农村专业经济协会中是客观存在的，这是发生某些滥用职权谋取个人私利、运行效率不高等问题的根源。

第二，根据农村专业经济协会的发展目标界定了其管理和运行目标，农村专业经济协会管理和运行的最终目标是帮助和支持会员创收增收，其具体运行目标主要体现在降低各种交易成本、市场风险及代理成本，维护会员及其他利益相关者的权益。农村专业经济协会经营管理的实质在于建立合理有效的运行机制。农村专业经济协会是一种自主治理机制的农民团体，有效的运行机制对农村专业经济协会的持续发展和壮大非常重要，它是实现会员共同利益的基础条件。农民专业经济协会自主管理和自我经营的生成路径包括强化汲取农业发展资源的能力、完善组织结构和规章制度、培育会员的合作意识以及提高会员的自我发展能力等方面。

第三，在对中国目前农村专业经济协会组织经营管理结构问题和运行机制运行效果分析的基础上，剖析了农村专业经济协会管理和运行存在的主要问题：组织机构及其相关规章制度本身存在缺陷和一定程度的偏差，如会员的维权没有得到有效保障，对理事会的设置和理事长及其成员的任职资格和行使职权缺乏有效的规范，监事会及其成员的督查乏力；某些机制在运行中出现不同程度的偏差与失效，虽然，农村专业经济协会的经营管理结构、规章制度和运行机制的框架在形式上和表面化已经建立起来，但是，在实际运行中某些机构如会员大会、监事会等形同虚设，章程和某些规章制度并没有真正的得以贯彻和落实，民主决策机制、合作机制等难以正常运行，"内部人控制"问题、"搭便车"现象、机会主义行为、"能人"决策代替民主决策等不良问题和现象普遍存在于绝大部分农村专业经济协会，激励机制和监督机制等机制不能充分发挥作用。这些问题严重影响农村专业经济协会的健康发展，使其发展目标难以实现。

第四，中国农村专业经济协会目前在管理和运行中出现问题的根本原因在于农村的社会经济发展水平、农户的文化和思想政治素质、农户发展能力、生产经营条件、发展的外部环境、相关制度等方面与农村专业经济协会发展的要求还有差距，同时，会员的合作意识不强、发展观念变迁缓慢、相互间的异质性较大、适应现代农业发展需求的职业农民严重稀缺等方面也是造成了农村专业经济协会经营管理失效和运行机制作用效率不高的主要原因。此外，尽管农村专业经济协会在农村生产性公共服务领域发挥越来越大的作用，但是对政府部门和市场组织的依赖性仍然较突出，在我国服务型政府职能正在逐渐形成的形势下，农村专业经济协会自我经营管理及其运行机制的完善将是一个渐进发展和改善的过程。

第五，发达国家农村合作性的经济组织成熟的发展经验表明，农村合作性经济组织与政府之间的良性互动关系非常有利于彼此的发展。但是，对于中国目前处于初步发展阶段的农村专业经济协会而言，政府主导和支持作用在今后较长时间内不会有太大的改变，农村专业经济协会与政府的良性互动关系在一定的时空内还难以得到发展。因为，中国目前的绝大数量的农村专业经济协会发展规模小而分散、整体经济实力不强、影响政府公共决策的能力有限等现实状况，导致农村专业经济协会和政府之间的关系突出体现为依赖性、不均衡性和过渡性等特征。

第六，提出了优化中国目前农村专业经济协会经营和管理结构的改善路径：借鉴发达国家农村合作社经济组织经营和管理结构设置及其规章制度安排的成熟经验，根据我国目前农村专业经济协会经营发展基础与所处的时代背景，在经营和管理结构设置及其制度安排上，应坚持"会员大会的核心权力地位"，强化会员大会的最高权力机构与作用；严格规范理事会、理事长的职责权限及其权力的行使，提高协会的民主管理与科学决策的效率，理事会的规模及其成员组成要设置适度合理，加大普通会员在理事会成员组成中的比例；强化监事会的职责，对监事会建立相应的业绩评估和激励机制；那些发展规模较大、会员较多、运行良好的农村专业经济协会，应当建立部门经理制度，聘任职业经理，实现经营管理的职业化和专业化。

第七，针对农村专业经济协会在实际运行中某些运行机制存在的突出问题，提出相应的改善措施和路径。

一是激励机制的改善。在不忽视地位、声誉等社会激励作用的基础上，应在章程及其相关管理制度中明确规定对那些在经营和管理中贡献较大、业绩突出的经营管理人员赋予一定的剩余索取权和相应的薪酬奖励；在对普通会员的激励机制设置上，可通过增加会员的出资比例、强化隐性激励等措施，以促使会员参与协会发展的热情和积极主动性。

二是监督机制的改善。发挥监事会或执行监事的职能，采取一定的奖励措施强化监事会成员的责任心和使命感，建立审计制度和财务公开制度，推广和加强全体会员共同参与监督的制度。

三是利益机制的改善。要形成"风险共担，利益均沾"的利益联结机制，除了有"利益共享"以外，还要形成多元化的"利益分配"方式和手段以加强会员之间以及会员与协会之间的利益联结。

四是经营发展机制的改善。以降低经营发展成本和提高会员收益为核心，强化协会发展的内生动力和动力机制，注重加强外生动力向内生动力的转换，强化企业机制和市场机制运行模式的引进和利用，积极利用和发挥所具有的资源开办经济实体，积极拓展主导农产品的产业链。

二 政策建议

（一）农村专业经济协会要坚持自强和自主发展

农村专业经济协会在其实际运行中，必须坚持自主性和民办性，不能事事都过度依赖于政府扶持。要坚持"自愿、互利、民主、自强、创新"原则，加强内部管理和建设，尤其要加强民主决策机制建设和自我发展机制建设，要根据发展环境变化不定创新和规范运行方式，提高自我发展的活力和能力，把自身建设成为真正推广现代农业技术、促进现代农业生产、帮助农户会员提高生产能力的服务载体。以协会文化建设为突破口，科学设置有效的协会组织治理结构，完善和改进有助于协会发展的长效运行机制；充分尊重会员合作过程和合作方式的多样性和创新驱动精神；与此同时，农村专业经济协会在发展和运行过程中，还要积极与政府部门建立良好的互动关系，努力争取政府及其有关部门的政策、资金、管理、技术、财政、法律法规以及发展战略等方面的支持，积极协助政府营造良好的发展和运行的外部环境。

（二）政府要理性扶持农村专业经济协会

政府在实际工作中应坚持"有所为原则、尊重农民意愿原则、扶持形式多样原则、合理界定政府行为边界原则"等原则。根据农村专业经济协会所处不同发展阶段，制定实施不同支持政策，采取相应的具体扶持方式和手段。选择区域性主导产业建设农村专业经济协会试验示范性基地，或者帮助建设高科技农业生态园，引进先进的农业技术、现代农业生产经营管理方式和信息服务，目的主要是进行典型示范、管理指导以及进行经验推广和普及。积极组织动员和支持涉农企业和农业专业合作社加入农村专业经济协会。政府在扶持过程中，遵循市场经济规律，依靠经济手段，实施政策导向作用，成立专门机构或部门有效监督农村专业经济协会的运行，真正做到扶持但不过度干预、参与但不包办，做到"政府搭台、协会唱戏"的扶持格局。

（三）加强与农业科研机构及农业科技服务机构的良性互动

现代农业科学技术的进步能迅速促进农业产业化和一体化，农村专业经济协会在组织会员和帮助会员进行农业生产必须依靠现代科学技术，以市场为发展导向，增加现代科技投入，加强对会员的农业科技教育和培训，提高农产品科技含量，推广科学化农业生产和经营，组织会员依靠科技进行标准化和无公害化种养殖，提高农产品质量。农村专业经济协会在实际运营中广泛联系农业高等院校、农业科研院所等科研机构以及各类农业科技服务机构，加强与这些机构的合作，要从各方面引进现代农业科技生产设备、新品种和农业科学技术，利用科学技术广泛获取全球化的农业生产及经营战略，及时掌握现代农业市场动向，建立加强技术合作、信息交流和沟通的长效运行机制。

（四）处理和界定好发展营利性与非营利性的关系

由于农村专业经济协会是一种非营利组织，发展资金主要来自会员的少量会费和政府有限的扶持资金，致使农村专业经济协会在实际运营中面临的一个最大发展障碍就是发展资金不足，因此，这就必然要求农村专业经济协会要制定一种长效的发展机制来确保其发展所需要的资金，必须处理好和界定好如何通过开展营利性活动筹集发展资金与非营利发展属性之间的关系问题。

农村专业经济协会的"非营利发展性"主要是指不能以营利为目的，从实质上讲，并不是不能创造利润，在做好为本协会会员提供各项服务等本职工作的基础上，可以通过为非会员提供有偿服务获取一定资金，但要保证这些资金不能在管理者和会员之间进行分配，应该专项用于提高为会员的服务水平、引进和推广农业科学技术以及提高自身发展能力等公益性活动，提高内部服务水平和服务层次，提高自身的吸引力和对会员的亲和力。

农村专业经济协会的"非营利性"不等于"会员不营利"，农村专业经济协会应该培育自身经济实力和发展能力，可以依托核心会员、涉农企业创办诸如购销服务中心、专业性服务网点、农产品高附加值加工业等类型经济实体；也可以改变以往会员单一由个体农户构成的格局，将企业或准企业性质的营利性组织纳入会员，在农村专业经济协会统一协调和组织下，让会员彼此之间相互带动，最终实现带动农户致富的目的。

（五）适应新时代乡村振兴发展需求不断强化协会生态文明和文化建设

强化农村生态文明建设，培育生态文明理念，构建农村生态文明体系，优化生态环境，加强生态文明监管，发展乡村生态产业；走"协会智慧化"之路，坚持城乡一体化发展理念，积极组织协会会员进行教育宣传乡村振兴战略及新型城镇化等知识理论，促进城乡深度融合，完善城乡之间的共建共治共享机制，以城乡均等化理念为指导，以城乡均衡发展为目标，推进城乡公共服务、社会保障和生活便利性均等化，推进乡村智慧生产和智慧生活进程；旨在"城乡一体化"，以产业发展为纽带，积极开展城乡协调发展的产业融合工程，建设并不断完善城乡产业网络、城乡要素流网络和城镇间网络，积极推动城乡一体化①。

不断加强农村专业经济协会的组织文化建设。一方面，积极组织会员学习新时代先进的农业科学知识、理论和技术，掌握市场经济知识和理论，掌握先进的发展理念；另一方面，积极弘扬并创新传承中华优秀传统文化基因打造独具特色的协会文化，例如，传承创新农圣贾思勰著的《齐民要术》所内涵的经济、生态、爱民等优秀农圣文化思想，充分整合利用各类农圣文化元素，积极开展城乡特色塑造工程②。

三　研究展望

第一，农村专业经济协会发展的规律性问题。在本书研究中，认为农村专业经济协会发展与所在地域经济、社会和文化等发展水平具有紧密相关性，到底经济、社会和文化等发展水平与农村专业经济协会发展之间的相关性有多大。在这方面有待进行深入研究，有助于针对不同农村地区采取不同的农村专业经济协会发展策略。

第二，如何处理农村专业经济协会与会员的关系问题。农村专业经济协会和其内部会员是农村专业经济协会发展中涉及的两个最重要的主体，处理好二者的关系，是农村专业经济协会持续发展的重要保障。本研究中只提出要建立合作机制与约束机制来发展农村专业经济协会与会员之间的关系。到底建立怎样的合作机制与约束机制这方面问题是今后有待继续研究的方面。

第三，如何发挥政府和市场在农村专业经济协会发展及其具体运行中的作用和角色定位问题。政府和市场在农村专业经济协会发展中到底起着多大作用以及应该如何更好地发挥它们的作用也是有待深入研究的。

---

① 王绘：《社会转型中农村社会组织文化建设探析——以农村专业经济协会为例》，《行政论坛》2014 年第 6 期。

② 李兴军：《〈齐民要术〉所见我国六世纪的农业文化交流》，《中国农史》2019 年第 3 期。

后　记

　　作为一个来自农村并一直眷念农村发展的我，始终对"三农"问题及相关农村合作组织发展问题表现出极大的研究兴趣，经常利用各种节假日到农村去走访，深入农村专业经济协会、农民专业合作社和其他类型的农村民间社会组织进行调研，以便更多的了解一些关于农业发展、农村建设、农村各类实用人才生产生活情况等方面存在的实际问题。对我触动最大的、也是我始终关心的就是类型多种多样的农村专业经济协会近几年历经曲折而艰辛的发展过程。新时代面临乡村振兴战略的全面实施、农村社会主要矛盾的转化、新型职业农民不断涌现等新的发展背景，以及农民农业农村现代化面临的新问题新情况不断出现，给农村专业经济协会的持续健康发展带来许多新的困难和障碍，如何有效整合利用政府和市场两类资源对农村专业经济协会的支持作用和规避风险职能，以及如何更有效的与其他农村经济组织协同发展，是有待学者们做进一步研究的一个重要问题，使农村专业经济协会在推进乡村振兴战略实施中发挥出更多更好的社会与经济效益。为此，为了解答这些问题，本书是根据目前农村专业经济协会面临新的发展情况以我的博士论文为基本内容做进一步修改而成的，就新时代农村专业经济协会的运行机制及其运行规律进行了更深层次的探索，以期能够为解决乡村振兴中不断出现的新问题贡献自己的绵薄之力。

　　我要深深感谢鼓励、引导和帮助我深造学习的导师张军民教授，他在精神上对我的激励和鞭策、在学术研究上对我的引领和塑造、在方向方法上对我的指导和培养，帮助我顺利地完成了博士阶段的学习和科研任务，在此献上对我的导师最真挚的谢意和崇高的敬意。同时，我也真挚的感谢在我博士学习阶段和撰写论文过程中指导我和帮助我的龚新蜀教授、张红丽教授、杨兴全教授、李万明教授、蒲佐毅副教授、王江副教授、唐勇副教授。谢谢在专业学习、学术研讨、论文写作等环节给予我指导、帮助和支持的每一位老师和同学。感谢我工作单位的领导和同事们的关爱、帮助和支持。感谢张友祥教授在本书撰写中提出的宝贵意见和合理化的建议。

　　本书在撰写、修改过程中，参阅和借鉴了国内外专家学者在同领域的相关研究成果，在此，衷心对他们表示真挚的感谢。

葛晓军

于潍坊科技学院经济管理学部

2019 年 9 月 28 日